本书的出版获得以下课题的资助：

国家社会科学基金项目“数字赋能平台供应链实现价值共创的机制与路径研究”（项目编号：23BGL042）

北京工商大学首都流通业研究基地“基于共生理论的京津冀流通业网络化协同发展研究”（项目编号：JD-KFKT-2020-007）

南京审计大学青年教师培育项目“数字经济背景下网络信息安全风险的多主体共治机理与路径研究”（项目编号：20QNPY012）

南京审计大学“数字经济”应急管理项目“数字经济背景下网络平台企业安全风险规制研究：基于博弈模型的分析”（项目编号：21YJGL002）

王永青◎著

B2C网络平台
嵌入风险生成与传导研究

RESEARCH ON EMBEDDED RISK GENERATION AND
CONDUCTION OF B2C NETWORK PLATFORM

经济管理出版社
ECONOMY & MANAGEMENT PUBLISHING HOUSE

图书在版编目（CIP）数据

B2C 网络平台嵌入风险生成与传导研究/王永青著. —北京：经济管理出版社，2023.9
ISBN 978-7-5096-9271-4

Ⅰ. ①B… Ⅱ. ①王… Ⅲ. ①电子商务—风险管理—研究 Ⅳ. ①F713.36

中国国家版本馆 CIP 数据核字(2023)第 179620 号

组稿编辑：丁慧敏
责任编辑：丁慧敏
责任印制：许 艳
责任校对：王淑卿

出版发行：经济管理出版社
（北京市海淀区北蜂窝 8 号中雅大厦 A 座 11 层 100038）
网 址：www.E-mp.com.cn
电 话：(010) 51915602
印 刷：唐山昊达印刷有限公司
经 销：新华书店
开 本：720mm×1000mm/16
印 张：14
字 数：244 千字
版 次：2024 年 1 月第 1 版 2024 年 1 月第 1 次印刷
书 号：ISBN 978-7-5096-9271-4
定 价：98.00 元

前　言

网络平台的兴起带来商业模式的创新，典型的有以阿里巴巴为代表的 B2B 模式、以京东为代表的 B2C 模式、以淘宝网为代表的 C2C 模式等。其中，面对最终消费者的 B2C 模式与其他模式相比，其交易涉及企业群（B）和消费者群（C）两个层面，具有链接范围更广、决策理性程度差（与企业群相比）等特点。依托 B2C 网络平台的准市场环境，入驻企业与最终消费者作为交易主体借助平台进行网络化的交易活动。入驻企业嵌入网络平台成为网络节点的过程中，其嵌入行为产生了两个方面的效果：一方面，大规模的嵌入促进了网络平台的发展壮大，其积极的网络外部性效应在一定程度上提升了网络平台的价值与竞争力。另一方面，鉴于网络平台的虚拟性，入驻企业的注册制与低廉的专用性投资以及多归属行为导致了“嵌入不足”或“低度嵌入”，入驻企业的不当嵌入行为会给网络平台带来多重嵌入风险。

随着 B2C 网络平台的快速发展，嵌入商户的“刷单炒信”“假冒伪劣”等行为给平台带来的嵌入风险越来越明显。因此，从嵌入行为的视角，基于嵌入性理论研究 B2C 网络平台的嵌入风险显得更为迫切与现实。鉴于此，本书立足于我国 B2C 网络平台企业的商业实践，在既有国内外研究文献和相关理论基础上，按照“嵌入风险生成机理分析—嵌入风险传导机理分析—嵌入风险内部传导模型构建—嵌入风险外部传导模型构建”的思路，试图厘清 B2C 网络平台嵌入风险产生的动因与机理，明确 B2C 网络平台嵌入风险的动态传导过程，为网络平台企业管理层治理嵌入风险提供相关政策建议。本书首先采用扎根理论的研究方法对 B2C 网络平台嵌入风险的生成机理进行定性分析；其次结合嵌入风险传导的内涵和机理，运用三方演化博弈模型对嵌入风险在平台内部的动态传导过程进行建模分析；再次运用复杂网络和传染病模型对嵌入风险在网络平台外部的动态传导过程进行建模分析，并用 Matlab 软件对传导过程进行仿真模拟；最后归纳本书结论，并提出了治理 B2C 网络平台嵌入风险生成与传导的政策建议，说明了本书的研究局限及未来的研究展望。

本书的主要研究结论有：

第一，采用扎根理论构建了 B2C 网络平台嵌入风险的驱动因素和生成机理概念模型。通过收集调研和访谈资料、文献和书籍资料以及网络资料的开放式编码、主轴编码和选择性编码，得出过度竞争的市场环境是嵌入风险生成的主要驱动因素，入驻商家的道德风险高是嵌入风险生成的内驱因素，网络平台中“赢者通吃”的网络效应为嵌入风险生成的外部情景因素；在这些驱动因素作用下生成了平台对商家的“锁定失效”、入驻商家间“竞争扭曲”和平台对消费者的“关系失信”三类嵌入风险，其中入驻商家的违规行为是嵌入风险生成的主要诱因，平台对入驻商家的弱势锁定是“锁定失效”嵌入风险生成的中介条件，入驻商家之间的传染效应是“竞争扭曲”嵌入风险生成的中介条件，网络平台的信息失真和消费者权益受损是“关系失信”嵌入风险生成的中介条件。

第二，构建嵌入风险主体间包含“网络平台—入驻商家—消费者”的三方演化博弈模型，刻画了 B2C 网络平台嵌入风险在平台内部传导的动态过程。运用演化博弈理论和李雅普诺夫判别法分析了均衡点的渐进稳定性及系统的演化稳定策略，找出嵌入风险收敛或扩散的稳定条件，并分析不同稳定条件下入驻商家和消费者嵌入度的变化对系统稳定性的影响，使用 Matlab 软件对嵌入风险的传导过程进行仿真模拟。研究结果表明：嵌入风险在网络平台内部的传导是各利益相关主体博弈的结果；降低网络平台的监管成本、加大违规行为的惩罚力度、提高商家的违规成本有助于推动系统向（监管、不违规、购买）的理想策略演化，嵌入风险在网络平台内部的传导得到控制。

第三，基于 BA 无标度网络构建了 B2C 网络平台嵌入风险在网络平台外部传导的 SIR 模型，揭示了嵌入风险在网络平台外部的动态传导过程。结合 B2C 网络平台嵌入风险在网络空间中的传导特性，考虑到节点度值的权重参数、风险偏好、风险信息时效性以及网络平台干预速度等因素对 SIR 模型的状态转移率进行修正，并用 Matlab 软件仿真模拟了嵌入风险在网络空间中的传导过程，研究发现：网络的平均度越大、初始传播节点个数越多、初始传播节点的度值越大越有利于嵌入风险的传播；在网络空间中，嵌入风险传播阈值接近 0，即有效传播率很小的情况下，少数传播节点也能造成风险的大规模传播；增大传播欲望随时间的变化率、提高网络平台干预速度、降低极端风险信息拥护比重、增大风险信息时效性变化参数，有利于降低嵌入风险在网络空间中传导所波及的范围，降低嵌入风险对网络平台企业的影响。

第四，为 B2C 网络平台企业管理层提出防止嵌入风险生成与传导的政策建议，具体包括优化平台规则、提高准入机制、实施监督行为、设立声誉评价系统可防止嵌入风险的生成；降低监管成本、加大监管力度、提高入驻商家的违规成本以及优化维权体验等可阻止嵌入风险在网络平台内部传导；增强平台企业的公信力、降低网民传播欲望、建立风险信息监测系统以及提高平台干预风险传导的及时性等措施可阻止嵌入风险在网络平台外部的传导。

本书可能的创新和贡献之处主要体现在：

第一，以往研究多从过度嵌入的视角对嵌入风险的成因进行分析，本书从低度嵌入的视角对网络平台嵌入风险的成因进行分析，丰富了嵌入性理论的相关研究，对网络平台风险的研究有一定的推动作用，为嵌入风险传导的研究打下较好的理论基础。

第二，以往关于网络平台风险的博弈研究中博弈主体仅包括两方，本书考虑消费者的作用，构建了包含“网络平台—入驻商家—消费者”三方主体的嵌入风险内部传导的演化博弈模型，同时考虑 B2C 网络平台的双重嵌入情景，引入入驻商家和消费者的平台嵌入度，使分析更具有合理性，弥补了现有文献研究的不足，拓展了该领域理论分析的现有框架。

第三，本书考虑风险未知者直接转变为风险免疫者的情况，对传统的 SIR 模型进行了修正，并考虑节点的权重、风险偏好、平台干预、信息衰减速率等因素，突破以往研究中节点状态转移率为定值的研究局限，使模型更符合实际情况。

目 录

表目录

图目录

第1章 绪论

本章首先基于B2C（Business-to-Customer）网络平台发展的现实背景和理论背景，就B2C网络平台在发展中遇到的嵌入风险等问题，提出了本书要研究的问题，明确了本书的研究目的，进一步阐述了本书的理论意义和实践意义；其次对本书所涉及的主要概念进行界定，确定了本书的研究边界；再次阐述了本书的研究框架、技术路线和章节安排；最后介绍了本书运用的研究方法和可能的创新之处。

1.1 研究背景

1.1.1 现实背景

1.1.1.1 B2C网络平台经济迅猛发展

随着信息技术和网络技术的飞速发展，平台经济作为一种创新型的商业模式正在迅猛崛起。平台经济作为“互联网+”概念的典型应用，主要通过信息技术将传统行业与互联网行业进行深度融合，从而创造出一种新的经济生态。在平台经济范式下，网络平台成为连接供给侧和需求侧双边或多边市场主体的桥梁，通过网络搜索实现精准对接，突破时空限制，使交易成本大幅度降低，逐渐成为聚合资源、优化资源配置、实现价值创造的经济发展新形态。目前，平台经济已成为新经济的引领者，并得到了实践界和学术界的一致认可（徐晋和张祥建，2006；孟晔，2016）[1,2]。

网络平台企业是平台经济的核心，其通过平台向双边或多边用户提供产品和服务，满足了不同类型市场主体的需求，进而形成了独特的商业生态系统。具有广泛应用的平台经济正日益改变着传统产业链的生态环境，如淘宝、世纪佳缘、大众点评等网络平台企业正是利用这一商业模式不断扩大业务范围，以惊人的速度发展壮大。2019 年 8 月，中国互联网协会、工业和信息化部网络安全产业发展中心在中国互联网企业 100 强发布会上联合发布了“2019 年中国互联网企业百强榜单”，位列榜单前十的阿里巴巴、腾讯、百度、京东、蚂蚁金服、网易、美团、字节跳动、360、新浪均为网络平台企业。2019 年胡润百富榜排名第一的为网络平台企业——亚马逊的创始人，阿里巴巴、腾讯、网易、拼多多、字节跳动、百度等网络平台企业榜上有名①。同时，网络平台企业的发展速度也远超传统行业。例如，快手的市值增长速度达到 500%，微众银行的市值增长率为 200%，众安在线、字节跳动、爱奇艺、菜鸟网络、汽车之家等网络平台企业的市值增长率均超过了 100%。随着互联网的发展，网络平台企业及其所代表的新兴商业模式在社会经济中的地位日益显现，正在成为“互联网+”背景下支撑经济发展的重要组织形式。

在平台经济背景下，网络经济成为经济发展的新“引擎”，而以电子商务为代表的网络商业平台得到了飞速发展，逐渐成为网络平台经济的主体。随着人们收入的提高，消费者追求商品质量和性价比的趋势增强，而 B2C 电商平台由于运营模式多样化、会员制度的发展以及大型平台背书等优势，交易规模比重逐步扩大，现已成为消费者进行网络消费的主流模式。根据中国产业信息网披露的数据，2017 年网络零售交易的营业收入为 4397 亿元，其中 B2C 和 C2C 的交易服务营业收入分别为 2652 亿元和 1745 亿元；B2C 市场交易规模比重持续扩大至 61. 7%，较 2016 年同期提高 5. 8 个百分点；2018 年 B2C 交易额占零售总额的比重为 62. 8%，比 2017 年又提升 4. 4 个百分点。可以预见，随着消费者品牌意识

① 工业和信息化部网络安全产业发展中心 . 2019 中国互联网企业 100 强榜单：阿里登顶（全名单）[EB/OL] . http://economy. caijing. com. cn/20190814/4609420. shtml，2019-08-14.

继续提升，B2C模式因更优质的产品品质和服务保障，在网上零售市场中的占比将持续提升。统计资料显示，截至2018年底，中国电商上市公司共有47家，其中B2C电商18家、生活服务电商14家、B2B电商8家、跨境电商7家，总市值共计近4万亿元。在这些电商企业中，B2C类型的电商以1821亿元的平均市值位居榜首①。因此，在B2C网络平台快速发展背景下，对B2C网络平台的研究具有重要意义。

1.1.1.2 嵌入风险问题凸显

在平台经济快速发展及影响力越来越大的同时也产生了一系列风险问题。B2C网络平台的运行机制主要是由入驻商家与最终消费者作为交易主体借助网络平台实现网络化交易活动的。而入驻商家在嵌入网络平台成为网络节点的过程中，其嵌入行为产生了两个方面的效果：一方面，大规模的嵌入促进了网络平台的发展壮大，其积极的网络外部性效应在一定程度上提升了网络平台的价值与竞争力；另一方面，鉴于网络平台的虚拟性，入驻商家的注册制与低廉的专用性投资以及多归属行为导致了“嵌入不足”（Uzzi，1997）[3] 或“低度嵌入”（Polanyi，1944）[4]，入驻商家的不当嵌入行为会给网络平台带来多重嵌入风险（Sitkin Sim & Pablo，1992）[5]。然而，由于网络平台的虚拟性和入驻商家在B2C平台上规模化嵌入的态势，为了争夺网络平台中有利的结构洞位置，获取丰富的超额利益，入驻商家刷单炒信、假冒伪劣、虚假广告等不当嵌入行为盛行，不仅扰乱了网络市场运行秩序，还给B2C网络平台带来多重嵌入风险。例如，京东商城的入驻商家天天果园的纠纷，使消费者发出了“京东不如淘宝”的论断，造成消费者对平台“关系失信”的嵌入风险；在店铺经营临近结束时，入驻商家通过销售假货的价值攫取行为给网络平台带来“锁定失效”的嵌入风险；由入驻商家多和低价优势造成的“淘宝价格战”的“竞争扭曲”嵌入风险等。

近年来，平台上假货泛滥、不规范经营、网络侵权行为等违法行为愈演愈烈，涉及网络领域的投诉一直呈大规模递增趋势，网络购物领域的投诉一直是“3·15”投诉事件的热点之一。2018年的网络购物投诉更是呈现高速增长态势，

① 网经社电子商务研究中心.2018年中国B2C电商上市公司市值排行榜［EB/OL］.http：//dy.163.com/v2/article/detail/E7OKKFR6051480KF.html，2019-02-11.

投诉量同比增长 126.2%，投诉问题主要为虚假广告、假冒伪劣、质量不合格、经营者拒不履行合同约定等。2019 年一季度网络购物投诉依然占全部投诉的 50%以上，前 10 大热点投诉问题依次为退款问题（22.12%）、商品质量（9.72%）、网络欺诈（8.48%）、售后服务（7.67%）、发货问题（6.87%）、虚假促销（6.87%）、霸王条款（6.42%）、退换货难（6.07%）、网络售假（5.62%）、订单问题（4.82%）。① 由此可见，消费者投诉的问题多数是由入驻商家的不当嵌入行为造成的，降低了消费者的购物体验，进而影响消费者对网络平台的整体评价。平台入驻商家借助网络平台的虚拟性，经常出现提供虚假企业信息、品牌侵权、任意修改消费者订单、低价假冒伪劣商品等行为，逐渐导致消费者与网络平台之间的不信任，严重制约了网络平台的发展，进而给网络平台带来多重嵌入风险。

1.1.2 理论背景

网络平台的兴起带来了商业模式的创新，典型的有以阿里巴巴为代表的 B2B 模式，以京东、亚马逊为代表的 B2C 模式，以淘宝网为代表的 C2C 模式等。其中，面对最终消费者的 B2C 模式与其他模式相比，其交易涉及企业群（B）和消费者群（C）两个层面，具有链接范围更广、决策理性程度差（与企业群相比）（刘子龙，2009）[6] 等特点。B2C 模式通过连接两个或多个不同类型的市场群体，以提供个体或群体间的互动机制来满足连接群体的需求，并从中获利（陈威如和余卓轩，2013）[7]，其价值创造逻辑是以“连接”再“聚合”的方式，降低各平台参与主体的市场交易成本，从而促使网络效应发生作用（李文莲和夏健明，2013）[8]。

1.1.2.1 对网络平台的研究逐渐增多

在 EBSCO 数据库中，输入“Platform”“Network”等关键词检索发现，对网络平台的研究自 2002 年开始不断增长，2018 年全年发文量近 9 万篇，具体数据如图 1.1 所示。可见，网络平台研究已逐渐成为国内外学者的研究热点和前沿领

① 网经社电子商务研究中心 . 2019 年 Q1 中国电商用户体验与投诉监测报告［EB/OL］. http: //www. 100ec. cn/, 2019-05-06.

域。进一步发现，国外研究主要集中于平台理论（Rochet & Tirole，2006）[9]、平台竞争（Chakravorti & Roson，2004）[10]、平台定价（Rochet & Tirole，2003）[11]、平台价值创造（Amit & Christoph，2001）[12]、平台战略（Eisenmann et al.，2009；Evans，2003）[13,14] 等方面。继续在 EBSCO 数据库中检索关键词"B2C"发现，自 1997 年出现第一篇公开发表的文献后，每年本主题的发文数量不断上升，具体数据如图 1.2 所示。在国内方面，徐晋和张建祥（2006）[1] 首次提出平台经济学的概念，极大地推动了我国在平台经济理论研究方面的发展。在中文文献方面，通过在中国知网上输入关键词"网络平台"检索发现，近 3 年的发文数量始终保持在 6 万篇以上，且呈现出逐年递增的趋势。进一步地，在知网中输入"B2C""C2C""B2B"等关键词进行检索发现，2007 年以前，以"B2B"为主题的文章数量最多，但之后"B2C"的平台类文献数量迅速增加，在三种网络平台模式中发文数量居首，具体数据如图 1.3 所示。

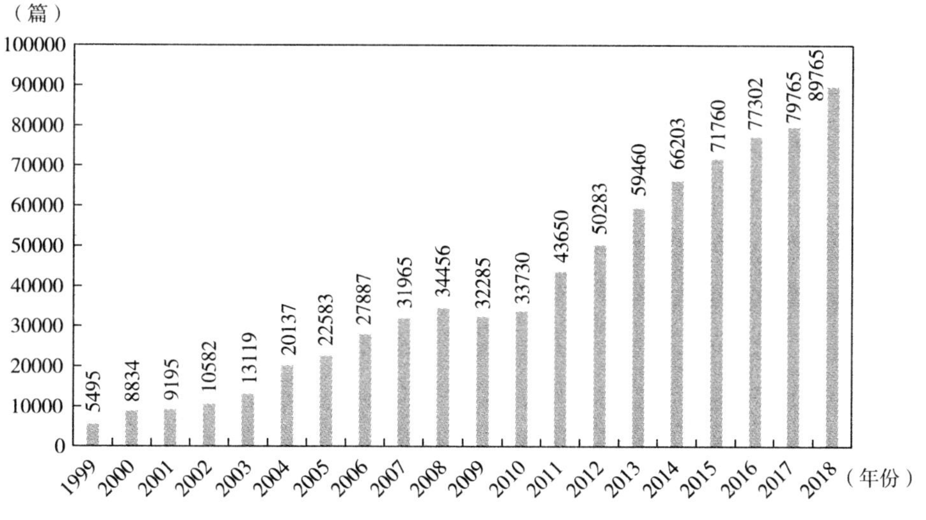

图 1.1　在 EBSCO 以"网络平台"为关键词检索到的文献数量

资料来源：根据 EBSCO 数据库检索整理。

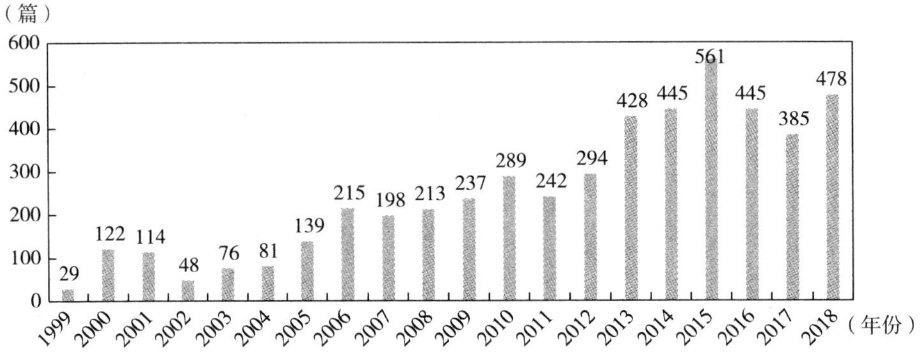

图 1.2　在 EBSCO 以“B2C”为关键词检索到的文献数量

资料来源：根据 EBSCO 数据库检索整理。

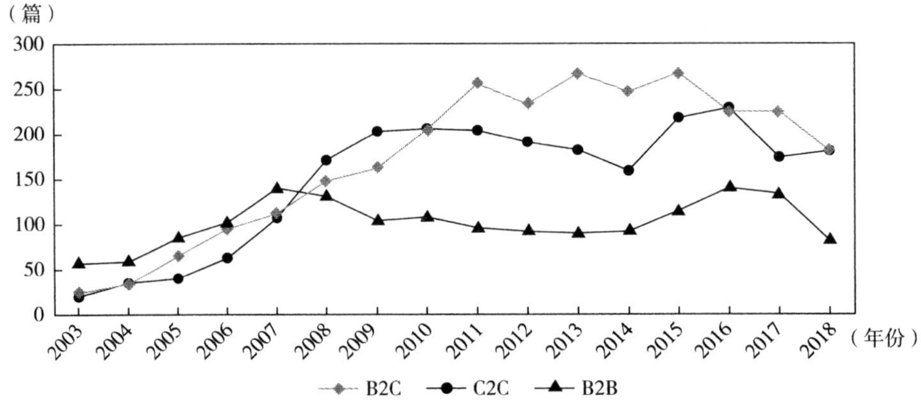

图 1.3　在中国知网以“B2C”“C2C”“B2B”为关键词检索到的文献数量

资料来源：根据中国知网数据整理。

1.1.2.2　对网络平台嵌入风险的研究较少

随着平台企业引领的新商业模式及运作模式的兴起，网络平台的嵌入行为逐渐受到经济学、社会学、管理学等相关领域学者的关注，并逐渐引入了嵌入性理论、网络外部性理论、多任务代理理论、双边市场理论等相关理论。近年来，从经济学、社会网络的视角探讨网络平台风险问题的研究更是不断涌现。文献梳理发现，对网络平台相关的风险研究主要集中于以下两个方面：一是对网络平台型企业运行风险的研究，如关系风险（Ring & Van，1994；Kumar & Van，1996）[15,16]、竞争风险（张雄辉，2013）[17]、信用风险（魏明侠，2005；刘伟江和张朝辉，2008）[18,19]、逆向选择风险（李莉等，2005）[20]、信息欺诈风险（蹇洁等，2018）[21] 等。二是对平台参与主体风险的探讨，主要包括入驻商家运营风险和消费者购物感知风险。具体来说，对于入驻商家一方，现有学者主要对信用风险（Nakasumi，2003）[22]、信任风险（杨丰梅等，2017；Jiang，2016）[23,24] 进行研究，对于消费者一方，选择网络平台进行消费面临的风险有支付风险、售后服务风险、产品风险、信息风险等（崔剑峰，2019；王子贤和吕庆华，2018；张祥和陈荣秋，2006）[25-27]。由此可见，对网络平台风险的研究主要是以平台企业本身为出发点探讨其在运营过程中面临的风险，鲜有基于入驻商家嵌入的视角关注其嵌入行为引发的平台企业嵌入风险。

1.1.3 问题提出

根据前文所讨论的现实背景可以发现，网络平台治理逐渐成为网络经济治理的焦点，加快完善网络平台治理，既有利于网络平台的价值创造、优化平台经济生态，又有利于提升平台经济发展质量。但在现实中，尽管诸多网络平台花费了大量的人力和物力，开发先进的技术和算法模型对入驻商家的资质进行审核，对销售的商品进行抽检，对平台交易数据进行检测，却收效甚微。并且随着平台规模的不断扩大，入驻商家给平台带来的嵌入风险甚至有逐步扩大的趋势。通过分析理论背景发现，现有对于网络平台风险的研究多是以网络平台、入驻商家以及消费者单个主体进行研究的，很少对两种风险的关联关系进行探讨，而对于嵌入风险的研究主要是从过度嵌入的视角进行分析，鲜有从低度嵌入或嵌入不足视角进行研究。为了有效预防 B2C 网络平台中嵌入风险传导的发生以及最大限度地减少嵌入风险传导对网络平台造成的影响，需要从根源上探究 B2C 网络平台嵌入风险的生成机理，并在此基础上寻找嵌入风险传导的规律与路径。鉴于此，本书提炼出如下研究问题。

1.1.3.1 B2C 网络平台嵌入风险的生成机制是什么

依托 B2C 网络平台的准市场环境（Nee，1998；Knuth，2014）[28,29]，入驻商家与最终消费者作为交易主体嵌入平台中开展网络化的交易活动。入驻商家的规模化嵌入促进了网络平台的发展壮大，其网络外部性效应在一定程度上提升了网络平台的价值与竞争力。然而，由于网络平台的虚拟性，入驻商家的注册制与低廉的专用性投资，导致“低度嵌入”（Cornwell & Harrison，2004；Chatfield & Yetton，1999）[30,31] 或“嵌入不足”（Johannes et al.，2016；Lu，2005）[32,33]，其不当嵌入行为会给网络平台带来多重嵌入风险（Sitkin & Pablo，1992）[34]。那么，B2C 网络平台嵌入风险到底是什么？可具体表现为哪几类风险？嵌入风险在网络平台内部生成的驱动因素是什么？关键行动策略及直接诱因是什么？嵌入风险生成的中介条件是什么？正是基于这些思考，本书提出了嵌入风险在网络平台内部生成的研究命题。

此外，在 B2C 网络交易市场中，由于空间分离特征（冯华和陈亚琦，2016）[35]，消费者在购买前无法实际检验商品质量，从而给平台入驻商家售卖假货提供了可乘之机（Ferrante，2015）[36]。由于网络的虚拟性，嵌入商家实施违规行为的隐蔽性更强、运营成本更低、危害群体更广，相关方监管难度更大，逐渐受到学术界关注（郭晓莉，2016）[37]。从研究视角及对象来看，基于嵌入视角的 B2C 网络平台嵌入风险驱动要素及其生成机理的分析并无成熟研究可资借鉴，属于典型的探索性研究。这类研究强调以 B2C 网络平台嵌入风险发展过程中的相关材料、要素、关系为基础，通过对各种质性材料的信息挖掘揭示表象问题背后的规律或建构新理论的研究目标（Auer et al.，2003）[38]。因此，本书基于 B2C 网络平台型企业的嵌入风险现象，选取来自平台企业、入驻商家和消费者的访谈记录作为数据来源，采用扎根理论对其进行编码、归纳、对比、分析，逐渐提炼为概念及其范畴的抽象层次，从而试图发现和揭示 B2C 平台型企业嵌入风险的驱动因素和形成机理，为本书后续的嵌入风险传导方面的研究打下了坚实的基础。

1.1.3.2 嵌入风险在 B2C 网络平台内部的传导过程与路径是什么

B2C 网络平台为入驻商家和消费者建立了一个简单、方便的互动和体验平台，使得入驻商家和消费者之间的沟通更为便捷（Michel & Pamela，2017）[39]，通过连接入驻商家和消费者，为其提供基础服务和平台规则从而促成双方达成交易，使平台实现价值共创。在 B2C 网络平台会聚了大量的入驻商家和消费者，入驻商家可以通过网络平台自由地发布商品信息，消费者可以根据自己的需求检索需要的商品，这极大地提高了用户的平台参与度（Lichtenstein et al.，2017）[40]。由于入驻商家和消费者之间存在着信息不对称，因此B2C网络平台企业在交易过程中扮演着信息“把关人”（Mak，2016）[41]的角色，有权利和义务对嵌入商家的行为进行监管，即对不合规的商品信息进行屏蔽，对不合规的商家进行“降权”或“封店”。但随着平台规模的不断增大，平台的监管也变得越来越困难。随着市场的饱和与竞争的加剧，入驻商家为了获得超额利润采取违规行为，给网络平台及其他参与主体带来较大的嵌入风险。那么，嵌入风险在网络平台各参与群体之间是怎么传导的？传导过程与路径如何？哪些因素影响嵌入风险的传导？商家和消费者的平台嵌入度对风险内部传导过程有怎样的影响？基于此，本书提出了嵌入风险在网络平台内部传导的研究命题。

通过文献梳理，现有研究对风险如何传导（包括扩散和收敛两方面）还缺乏足够的关注和较为系统的研究。鉴于此，本书根据嵌入风险的生成机理，以嵌入风险在平台内的传导规律为研究对象，从在线交易者群体行为视角，应用三方演化博弈，研究B2C网络平台市场中有限理性的入驻商家为何采取违规行为，以及入驻商家的违规行为缘何被其他合规商家所模仿，最终表现为交易者群体违规行为扩散的现象；抑或入驻商家的违规行为如何被其他参与者所抵制，最终表现为入驻商家群体违规行为收敛的现象。通过构建嵌入风险演化的“网络平台—入驻商家—消费者”的三方演化博弈模型，分析风险扩散或收敛的条件，有助于揭示嵌入风险在平台内部传导的动态规律，为网络平台企业的管理层对风险的管理提供对策建议。

1.1.3.3 B2C网络平台嵌入风险外部传导的机理是什么

在B2C网络平台市场中，平台型企业兼具个体“经济人”属性与平台“社会人”角色，其被赋予的公共权力逐步增大（李广乾和陶涛，2018）[42]。嵌入商户的不当嵌入行为如假冒伪劣、虚假宣传等风险可通过商品交易链传递给消费者，致使消费者的合法权益受到损害。如果消费者通过网络平台维权失败，那么其可能会借助网络媒体，对入驻商家的欺诈行为以及网络平台企业的“不作为”行为进行公开曝光和抨击，从而引发媒体和其他网民的关注，其他网民出于同情心对信息进行点击和转发，导致嵌入风险在网络空间中迅速传播，给B2C网络平台企业声誉造成损害，致使网络平台企业的业绩下滑，最终给网络平台企业造成重大损失。那么，嵌入风险信息扩散到平台外部，进入网络空间后，其在网络空间中是如何传导的？传导过程受哪些因素的影响？对于这些问题的研究有助于揭示嵌入风险在网络空间中的动态传导规律，为管理层对嵌入风险传导的控制提供建议，基于此，我们提出本书的第三个研究课题：嵌入风险在网络平台外部传导研究。

据统计，截至 2019 年 6 月，我国网民规模达 8.54 亿①，大规模同时在线的网民之间的关系与互动成为嵌入风险传播的主要动力。由于网民群体具有多主体异质属性，不同网民的行为动机也存在差异，加之网络空间的虚拟性、自由性、即时性、全球性等特征，因此在这样一个规模庞大且群体关系复杂的空间中，风险信息的传导过程具有复杂性。由于嵌入风险在网民之间的传播与传染病的传播非常类似，本书试图将复杂网络和传染病模型相结合，并将复杂网络上的传播动力学理论引入嵌入风险传导的研究中，构建无标度网络上的 SIR 模型，对嵌入风险在网络空间中传导的动力学过程进行刻画，从而揭示嵌入风险在网络空间中传导的动态规律，找出影响嵌入风险传导的因素，试图为 B2C 网络平台企业对嵌入风险传导的控制提供建议。对于以上问题的研究将有助于揭示嵌入风险在网络空间中的动态传导规律，从而为网络平台企业管理层对嵌入风险传导的控制提供有益的建议。

1.2 研究目的与研究意义

1.2.1 研究目的

（1）厘清 B2C 网络平台嵌入风险产生的动因与机理。风险传导是一个非常复杂的过程，尤其是在网络环境下，入驻商家与消费者之间、消费者与消费者之

① 中国互联网络信息中心．第 44 次《中国互联网络发展状况统计报告》［EB/OL］．http：//www.cac.gov.cn/2019-08/30/c_1124939590.htm，2019-08-30.

间错综复杂的关系加剧了风险传导过程的复杂性。要研究嵌入风险的传导，需首先明确嵌入风险生成与诱发机制。因此，本书试图通过扎根理论的研究方法，探析 B2C 网络平台中嵌入风险生成的驱动因素与生成机理，不仅可为风险传导过程的研究奠定基础，也可为网络平台管理层提供指导建议，有助于增强管理层的风险管控能力。

（2）揭示嵌入风险在 B2C 网络平台内部传导的动态过程与影响因素。本书试图采用演化博弈理论，通过构建嵌入风险主体间三方演化博弈模型，对嵌入风险在网络平台内部的传导机理进行探析，分析影响嵌入风险传导的因素，并考虑网络平台的双重嵌入情景，引入嵌入度函数，讨论不同均衡下入驻商家和消费者的嵌入度对风险演化的影响，试图为网络平台管理层对嵌入风险内部传导的控制提供对策建议。

（3）明确嵌入风险在 B2C 网络平台外部传导的过程与规律。当嵌入风险扩散到网络平台外部，进入网络空间进行传导时，由于网络空间网民规模数量庞大、网民之间关系复杂、网民特质各异，嵌入风险的传导具有复杂性。基于此，本书运用复杂网络和传染病模型的方法对嵌入风险在网络平台外部的传导过程进行动态刻画，并通过数值仿真模拟风险传导的过程，分析影响风险传导的因素，有利于在实践层面提升 B2C 网络平台对嵌入风险的治理水平。

1.2.2 研究意义

相关学者对网络平台及其嵌入风险的研究对本书的研究具有有益的启示，有助于深化对网络平台嵌入风险的认知，但目前对“嵌入”情境下网络平台风险的研究仍处于内涵探讨的起步阶段。通过对相关研究发展动态的分析，本书用扎根理论、演化博弈、复杂网络及传染病模型等方法使研究内容侧重于“过程”导向而非“结果”导向，从动态视角探讨入驻企业嵌入网络平台的行为引发的嵌入风险的生成及其传导机制，凸显本书研究的前沿性与可拓展性。

1.2.2.1 理论意义

（1）深化了嵌入性理论的研究内涵。目前众多学者对于嵌入风险的研究是基于嵌入对绩效影响的倒“U”形特征（Uzzi，1997）[3]，研究主要集中于“过度嵌入”或“嵌入惰性”的嵌入风险分析，而本书突破现有研究中基于网络平台过度嵌入视角的局限，尝试从“低度嵌入”及“弱势锁定”情境下的嵌入风险问题开展研究，运用嵌入性理论分析入驻企业的低度嵌入行为引发的网络平台嵌入风险，并对嵌入风险的传导路径进行深入分析。通过扎根理论对 B2C 网络平台嵌入风险生成的驱动因素和嵌入风险的生成机理进行有效凝练，在此基础上探析嵌入风险在网络平台内部和外部的传导过程和路径，这将补充嵌入性理论中对低度嵌入问题研究的不足，拓展嵌入性理论的研究内涵。

（2）拓展了网络外部性理论的分析边界。现有对网络外部性的研究主要是从价值层面进行研究的，从直接外部性或间接外部性（Katz & Shapiro，1985；Economides，1996）[43,44]、正反馈或负反馈（Liebowitz & Margolis，1994）[45] 探讨网络平台的规模效应或企业的竞争价值，研究内容主要集中于网络外部性对企业定价策略（卢珂等，2019；Tian et al.，2020；Yi & Yang，2017）[46-48]、平台竞争（杨丽，2018）[49]、用户行为的影响（池毛毛等，2019；Chen & Yu，2014）[50,51]，鲜有研究将网络外部性理论运用到网络平台的嵌入风险的生成与传导中。本书运用网络外部性理论，探析网络平台嵌入风险生成的驱动因素，这不仅能揭示嵌入风险的生成机理，而且能拓展网络外部性理论的分析边界。

（3）丰富了三方演化博弈的研究情景。本书突破了从静态视角进行实证检验和影响结果的研究，采用演化博弈理论从动态视角探讨风险传导的过程和机制，从传导路径和机理的层面深入挖掘嵌入风险在不同参与主体间的传导过程。本书构建了网络平台企业、入驻商家、消费者的三方演化博弈模型对嵌入风险在网络平台内部的传导过程进行刻画，并考虑到网络平台中入驻商家和消费者的双重嵌入的情景，引入平台嵌入度的概念，分析了平台嵌入度对风险传导影响的过程；解释了 B2C 网络平台嵌入风险在网络平台内部的传导机理，找出风险传导边界条件，拓展了演化博弈的应用边界。

1.2.2.2 实践意义

在经济运行模式转型与结构调整的情境下，企业非常注重网络关系价值的作用（姜翰和金占明，2008）[52]。一方面，企业重视传统的线下网络关系，以巩固和拓展其既有的及潜在的市场、资源、利益；另一方面，企业非常重视虚拟网络平台的作用，通过嵌入网络型平台，如天猫、京东等，开拓市场、获取和保持忠诚的顾客，并通过有效的电子服务提供高品质的购买体验，构建更为广阔的营销渠道与顾客关系，以提升企业绩效（常亚平等，2009）[53]。但在实际运作过程中，由于网络环境的虚拟性与低进入壁垒，平台企业在筛选、管理嵌入其中的B2C商户时往往面临监管不足的问题，引发诸多嵌入风险。基于此，本书的实践意义主要有：

（1）厘清B2C入驻企业对网络平台产生的嵌入风险的驱动因素和生成机理，为平台企业管理层治理嵌入风险提供政策建议。由于开放的网络环境和较低的准入门槛造成网络平台中过度竞争的市场环境，同时由于入驻商家的多归属行为，导致双方是伙伴而非雇用的弱势锁定关系，商户的退出成本较低，在讨价还价中形成了商户企业对平台的潜在退出威胁，逃避和挟制网络平台企业的管理手段，进而给网络平台带来一定的风险。同时，这些嵌入风险往往具备一定的传染性、累积性、多维性与动态性特征（张旗，2014；刘骅等，2016）[54,55]，会造成平台整体运行效率低下与发展不稳定。基于此，本书通过扎根理论分析了嵌入风险生成的驱动因素和风险类型，并提出了控制风险生成的治理机制，为管理层提供政策建议。

（2）明确了嵌入风险在平台内部和平台外部的传导过程与影响因素，为网络平台企业控制风险传导提出对策建议。我国网络平台企业的发展迫切需要对嵌入风险进行治理，通过对传导路径和过程进行分析，可帮助网络平台企业把控嵌入风险的传导路径，有利于其风险管控的可操作性。通过对基于网络节点企业嵌入行为引起的网络平台嵌入风险传导过程和路径的研究与应用，将为我国B2C网络平台企业的运作及治理提供可供借鉴的理论依据，明确其风险管理的可控性，增强其运行稳定性和竞争力，在实践层面对提升我国B2C网络平台企业的整体运行效率具有指导意义。

1.3 主要概念界定

1.3.1 B2C网络平台

网络技术的发展带来商业模式的创新，并促进了电子商务的繁荣发展。国际商业机器公司（International Business Machines Corporation，IBM）于 20 世纪 90 年代首次提出了“电子商务模式”（Electronic Business Model）这一术语。通俗地理解，电子商务表示的是“电子化地去做生意”，即通过利用互联网技术进行关键商业流程的变革（Abiodun，2007）[56]，它包含电子商业、电子市场、基于互联网的业务（Mahadevan，2000）[57]。B2C 是电子商务的重要模式之一，具体是指企业或商业机构借助网络技术实现与消费者之间的各种商务交易、金融交易和综合服务交易。王学东等（2014）[58] 认为，B2C 是企业与消费者之间通过电子商务网站进行的一种电子商务活动。Turban 等（2015）[59] 将 B2C 电子商务定义为企业利用电子技术实现向消费者销售产品和服务的总称。由此，本书将 B2C 网络平台定义为采用 B2C 商业模式的网络运营平台，该平台提供了商家和消费者交易的技术基础和交易规则。

B2C 网络交易市场具有虚拟市场的特征，网络交易平台企业通过基于固定和无线互联网基础设施的开放网络，设置交易规则，促成入驻商家和消费者之间的交易。此外，网络平台交易市场还具有高连通性，专注于交易、产品和网络信息的重要性以及信息的高覆盖和信息丰富性等特征。高覆盖是指在虚拟市场中可以快速、廉价地获得大量人员和产品信息；丰富性是指市场参与者之间可以积累、提供和交换信息的深度和细节。在网络交易市场中，关于产品和服务的信息通过互联网传播可以立即提供给客户，规避了传统的中间业务和信息经纪人（Dis-intermediated），节约了交易成本。作为一个开放标准的网络市场，网络平台市场还可以扩展产品范围以纳入互补产品，提高获取互补资产（资源、能力和技术）的便利性，改进企业间新的合作方式（如联盟项目），通过互联网媒介减少经济主体之间信息不对称的潜在可能性以及提升产品和服务的实时定制能力。可见，B2C 网络交易市场可跨越地理边界的限制，具有前所未有的影响力。不同学者依据不同的分类标准将 B2C 网络平台划分为不同的类别，具体如表 1.1 所示。

表 1.1　B2C 网络平台的分类

学者	分类标准	B2C 网络平台分类
游柏荣（2014）[60]	根据提供的服务内容不同	电子经纪、网上直销、电子零售、远程教育、网上娱乐、网上预订、网上发行、网上金融等

续表

学者	分类标准	B2C 网络平台分类
Abiodun（2007）[56]	依据获得收益的方式	代理模型、广告模型、信息中介模型、商贸模型、制造商模型、会员模型和订阅模型
刘子龙（2009）[6]	电子商务参与主体类型和交易主体在商务流程中的位置	生产商直销模式（Dell）、综合类中间商模式（Amazon、当当和卓越）、垂直类中间商模式（母婴类的红孩子、钻石类的钻石网以及衬衣类的 PPG）、第三方交易平台模式（天猫）
张博（2009）[61]	运营模式	中间商模式（当当、京东自营）、第三方交易平台（天猫）、制造商直销模式（Dell、海尔、凡客）、传统零售商网络销售模式（苏宁易购、国美）
Turban 等（2015）[62]	配送渠道	网络直复营销、纯网络零售商、砖瓦鼠标式零售商、网络卖场

资料来源：笔者根据相关文献整理。

鉴于以上学者对 B2C 网络平台的分类，本书将 B2C 网络平台分为生产商直销模式、中间商模式和第三方交易平台模式三类。其中，生产商直销模式是指产品制造商通过自建的电子商务平台直接向消费者销售产品的模式，典型代表如 Dell 公司；中间商模式没有自己的生产基地，是指中间商或零售商通过电子商务平台向消费者提供多种产品的模式，平台负责产品的采购、配送和售后服务，支付方式灵活，有较好的信誉保障，进一步可细分为综合类和垂直类，典型代表如当当、京东自营、红孩子等；第三方交易平台模式本质是一个提供了信誉保障的信息中介平台，其本身不负责产品的采购、配送和售后，仅仅是为生产商、中间商和消费者提供交易的平台环境，通过提供支付担保和制度交易规则来保障交易的顺利完成，典型代表如天猫商城。

通过比较三种类型的 B2C 网络平台特征发现，生产商直销模式由于自己负责产品的生产和销售，没有其他商家嵌入，不涉及嵌入风险问题。中间商模式是集供应链的上下游为一体的平台，在商品采购时直接向生产商订货，省去了中间渠道商，在出货时对质量严格把关，并且自己负责配送和售后，这种类型的平台本身具备治理嵌入风险的特质。而第三方交易平台由于不参与商品交易活动，同时又具有较高的知名度、点击率和流量，使入驻的商家数量庞大，质量参差不齐，交易纠纷较多。随着平台间竞争的逐渐加剧，许多平台逐步向开放平台业务转型，试图通过扩大规模的方式来提升平台竞争能力，致使网络平台的嵌入风险表现得更为突出。因此，本书将第三方交易平台这种中介类的 B2C 网络平台作为主要研究对象。

1.3.2 嵌入风险

随着嵌入性理论的深入，网络嵌入给企业带来的风险也开始引起学者们的广泛关注。Granovetter（1985）[63] 认为，“嵌入”在社会关系网络中呈现出不规则渗透的形态，使企业易于遭受外部攻击，或使企业与网络外的信息相隔离，从而导致经济绩效的背离（Uzzi，1997）[3]。Kenneth 等（2000）[64] 发现，嵌入网络中的企业因为专用性资产投资的存在，可能会产生锁定效应，而强势锁定导致的事后机会主义——“搭便车”（Park，1996）[65]，以及弱势锁定可能导致的事后机会主义——显性的“要挟”，都会增加企业的风险。杨震宁等（2013）[66] 指出，关系嵌入过度会产生认知偏差，从而给企业带来影响资源获取质量的风险。孙国强和石海瑞（2011）[67] 指出，过度的关系嵌入和结构嵌入是网络组织产生负效应的直接诱因，它们会导致网络整体效益小于各个部分之和，从而表现为网络组织负效应。另外，随着网络结构的越发复杂，其中的嵌入风险呈现出动态传递（Baker 等，2006）[68] 的特征。而且，稳定的网络一旦形成，企业就有可能面临嵌入惰性（Maurer & Ebers，2006）[69]、过度嵌入（Granovetter，1985）[63]、路径依赖、区域锁定（Bergman，2002）[70] 以及“过度根植性效应”（Burt，1983）[71] 等，使得网络组织僵化并带来不利后果。可见，从不同视角对网络嵌入给网络组织中企业带来的风险的研究已有丰富的研究成果，相关学者的主要观点如表 1.2 所示。

表 1.2 相关学者对嵌入风险的主要观点

相关学者	嵌入风险的主要观点
Granovetter（1985）[63]	嵌入不规则地渗透到社会网络中，关系网络中失信、无序一直存在
Uzzi（1997）[3]	网络嵌入的不规则渗透形态会使企业易于遭受外部攻击，或是使企业与网络外的信息相隔离，从而会导致经济绩效的背离

续表

相关学者	嵌入风险的主要观点
Park（1996）[65]、Kenneth 等（2000）[64]	网络组织中的资产专用投资会产生锁定效应，强势锁定导致事后机会主义——“搭便车”，弱势锁定导致的事后机会主义——显性“要挟”
Rowley 等（2000）[72]	当企业处于一个密集的联盟网络中时，强关系就不那么有利了，因为过度嵌入，企业承担了过多的义务，需要花费大量的时间与资源来维持牢固关系
Burt（1983）[71]	网络节点过度限制于本地网络中，形成“过度根植效应”，限制信息流入，产生路径依赖和区域锁定，带来僵化风险
Quintas（1997）[73]	企业在从外部网络中获取信息、能力、资源的同时，也面临着自身核心技术的流失风险
石军伟和付海艳（2010）[74]	企业将不同的社会资本嵌入社会关系网络中，面临着嵌入过度、嵌入不足或其他不同的嵌入风险
杨震宁等（2013）[66]	过度的关系嵌入会产生认知偏差，影响资源获取的质量
孙国强和石海瑞（2011）[67]	关系与结构的过度嵌入会带来网络组织的负效应，对应网络协同效应，他们将网络的负效应定义为“1+1<2”
Maurer 和 Ebers（2006）[69]	关系嵌入和结构嵌入导致关系锁定和认知锁定，阻碍了企业切断旧关系并与新外部企业建立关系的能力和动机，降低了企业调整外部关系配置的能力，最终造成社会资本的惰性
Siegel（2007）[75]	当不稳定的政治竞争导致对手主导政治进程时，与现任政治集团有关联的公司面临着遭受歧视、资源排斥甚至没收和破坏的负面连锁反应的巨大风险
Sun 等（2015）[76]	当企业在政治嵌入过程中，将政治战略建立在一个单一的政治关系上，无论该关系多么厉害，这种嵌入给企业带来的风险都是十分高的

资料来源：笔者根据相关文献整理。

从以上文献梳理发现，现有学者关于嵌入风险的研究多是从嵌入主体的视角来进行，即嵌入主体由于过度或不当嵌入行为给主体自身带来的不利影响。而本书对嵌入风险的定义与现有研究不同，是指嵌入主体的不当嵌入行为给嵌入客体带来的不利影响。具体来说，B2C 网络平台的嵌入风险主要是指，嵌入网络平台中的商家，为了获取超额利润，在价值攫取过程中出现的非理性行为，如刷单炒信、虚假宣传、虚假资质、假冒伪劣、侵犯知识产权等，这些不当嵌入行为抑制了网络平台上各利益主体的价值创造，侵害了网络平台及入驻企业的经济效益，损害了消费者的合法权益等，给网络平台运营造成多重风险。

1.4 研究框架与研究内容

1.4.1 研究框架

本书的研究按照提出问题、分析问题、解决问题的基本逻辑展开论证。首先，基于相关的现实背景和理论背景，提出了本书拟解决的关键研究问题——B2C 网络平台嵌入风险生成与传导，在相关理论文献的基础上，对关键概念进行界定，确定研究边界；其次，在现有文献和理论研究的基础上，掌握研究现状，厘清研究脉络，结合探索性案例获得的现实依据，厘清嵌入风险生成类型，明晰嵌入风险传导的机理；最后，通过相关研究方法建立模型，揭示嵌入风险传导的动态过程和规律。本书的研究框架如图 1.4 所示。

1.4.2 技术路线

经过前面研究内容及研究框架的理论分析，本书按“嵌入风险生成机理分析—嵌入风险传导机理分析—嵌入风险内部传导模型构建—嵌入风险外部传导模型构建”的思路，首先采用扎根理论对 B2C 网络平台嵌入风险的驱动因素和生成机理进行定性分析，找出嵌入风险生成的主要驱动因素，明确嵌入风险生成的类别；在风险生成的基础上，结合 B2C 网络平台的实际情况对嵌入风险传导机理进行分析，解析嵌入风险传导的内涵和特征、风险传导的构成要素以及风险传导的模式。在前面分析的基础上，采用数理建模的方式对嵌入风险的传导过程进行刻画，运用三方演化博弈模型对嵌入风险在平台内部各主体间的传导过程进行分析，考虑网络平台双重嵌入的情景，引用入驻商家和消费者的嵌入度，分析嵌入度对嵌入风险演化均衡的影响，并使用 Matlab 软件对风险演化过程进行仿真模拟；运用复杂网络和传染病模型对嵌入风险在网络平台外部即网络空间的传导过程进行建模分析，分析节点的权重参数、风险偏好、风险信息时效性以及网络平台干预速度等因素对风险传导过程的影响，并使用 Matlab 软件对风险传导过程进

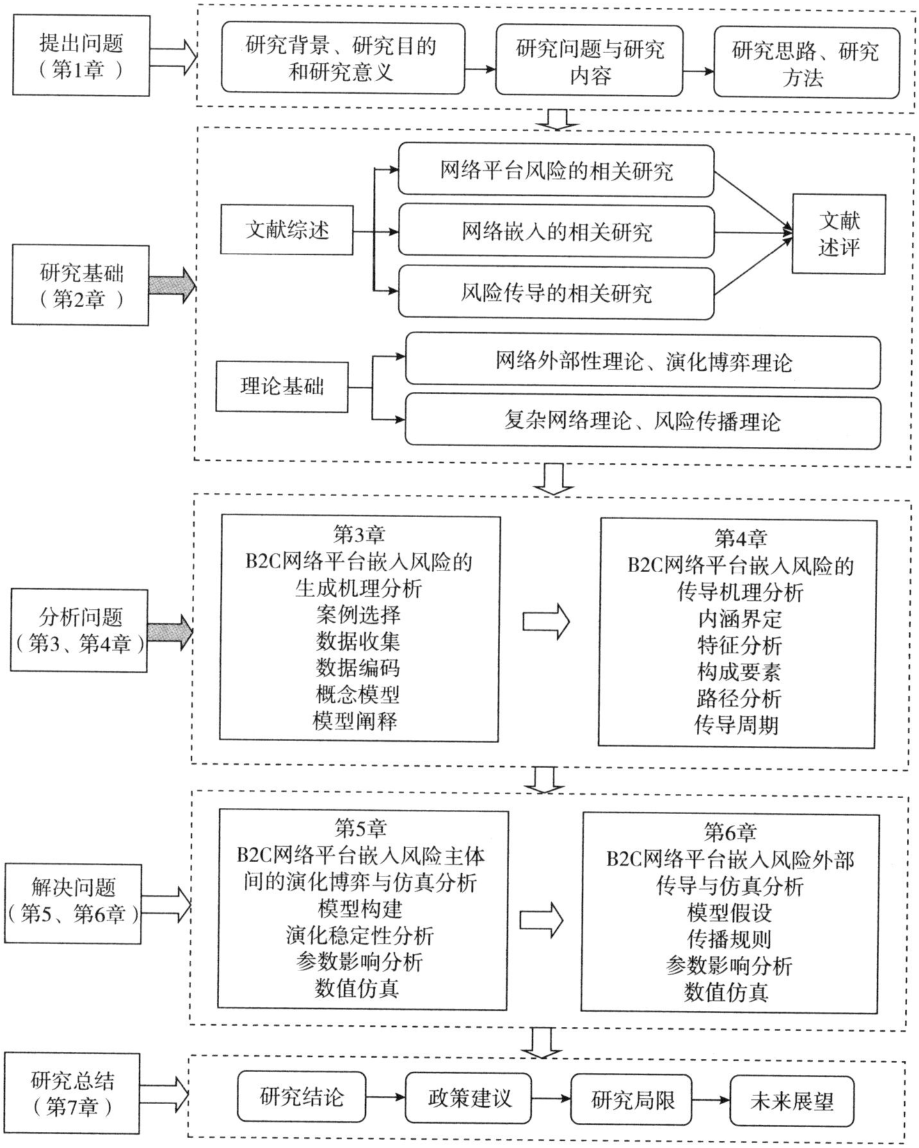

图 1.4 研究框架

资料来源：笔者绘制。

行仿真分析；最后归纳本书的研究结论，并从嵌入风险的生成、内部传导和外部传导三个方面提出治理 B2C 网络平台嵌入风险对策建议，说明本书的局限性，并给予未来研究启示。

本书的技术路线如图 1.5 所示。

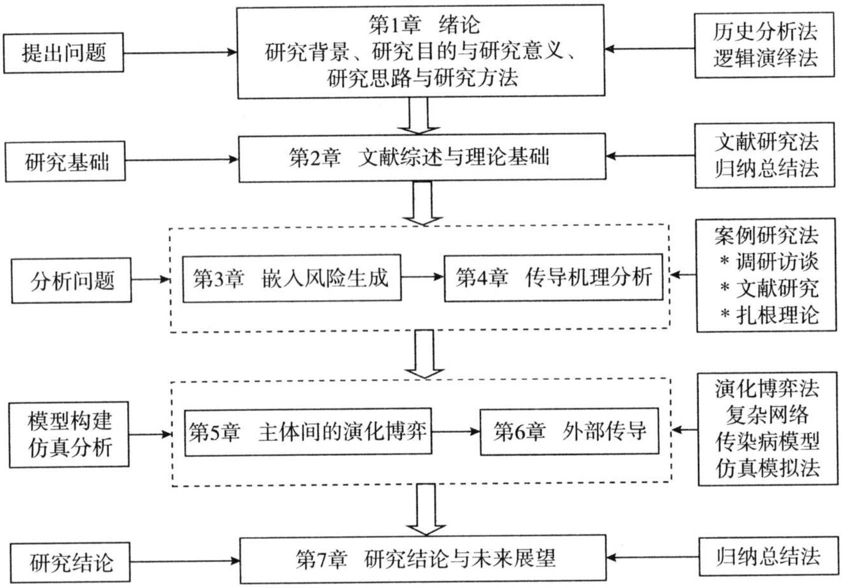

图 1.5 技术路线

资料来源：笔者绘制。

1.4.3 研究内容

本书的具体章节安排如下：

第 1 章，绪论。基于现实背景和理论背景，提出了本书拟解决的研究问题；从理论角度和实践角度阐述了本书的研究意义；对“B2C 网络平台”和“嵌入风险”关键概念进行界定，说明本书的主要内容、研究方法和研究框架，最后指出本书的主要创新点。

第 2 章，文献综述与理论基础。此部分围绕本书的研究主题，对相关研究进行文献综述，并对所用理论进行回顾。本书的主题是 B2C 网络平台嵌入风险传导研究，因此综述主要围绕网络平台相关研究、网络嵌入相关研究以及风险传导的相关研究展开，并对网络外部性理论、演化博弈理论、复杂网络理论和传播动力学理论进行回顾。

第3章，B2C网络平台嵌入风险的生成机理分析。基于扎根理论方法，通过对案例资料的逐级编码，提炼总结出B2C网络平台嵌入风险生成的过程与机理，明晰嵌入风险生成的驱动因素和风险类别，为后面B2C网络平台嵌入风险的传导方法的选择和模型构建做铺垫。

第4章，B2C网络平台嵌入风险的传导机理分析。本章在分析风险生成机理的基础上，根据嵌入风险传导的空间范围，对B2C网络平台嵌入风险传导的内涵进行界定，分析风险传导的特征、构成要素、传导路径以及风险传导的生命周期过程，为构建嵌入风险的传导动力学模型奠定基础。

第5章，B2C网络平台嵌入风险主体间的演化博弈与仿真分析。嵌入风险在网络平台内的传导是“网络平台—入驻商家—消费者”三方动态博弈的过程，通过构建嵌入风险的三方演化博弈模型，来分析嵌入风险在网络平台内部的传导过程与机理。同时引入嵌入度函数，来分析入驻商家和消费者不同嵌入对三方行为策略选择的影响，并运用Matlab进行数值模拟和分析验证了分析的正确性，以揭示网络平台嵌入风险内部传导的特性和规律。

第6章，B2C网络平台嵌入风险外部传导与仿真分析。当风险流不断累积叠加突破平台内部的风险阈值时，风险就会突破网络平台边界进入网络空间，在平台外部进行传导扩散，由于平台外部是一个开放动态的网络，符合无标度网络特征，因此本章在无标度网络上构建传染病动力学模型来分析嵌入风险网络平台外部的传导过程，并引入网民的风险偏好以及网络平台的干预等因素模型进行修正，运用Matlab进行仿真分析，验证了分析的正确性。

第7章，研究结论与未来展望。总结本书的重要研究结论，并根据结论提出防止嵌入风险生成与传导的对策建议，最后分析研究中存在的不足及有待改进和进一步深入研究的方向，为本领域的后续研究提出建议。

本书的内容安排如图1.6所示。

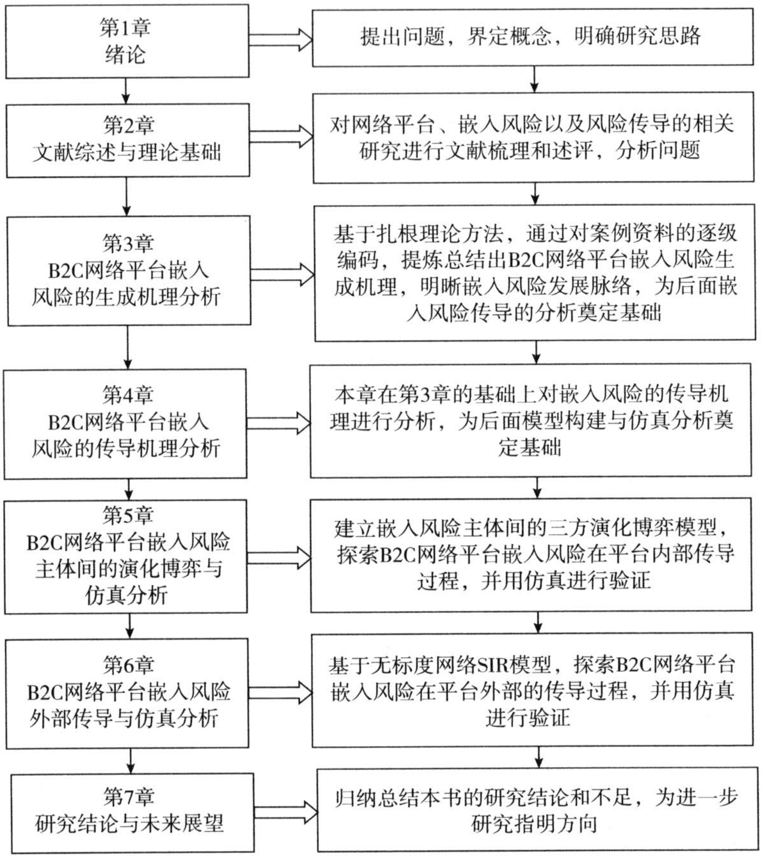

图 1.6　本书的内容安排

资料来源：笔者绘制。

1.5　研究方法与研究创新

1.5.1　研究方法

本书研究的 B2C 网络平台嵌入风险演化与传导路径是一项跨学科、跨领域、难度大、有挑战性的研究问题，涉及的内容较为复杂，需要综合运用多种研究方法。本书采用的主要研究方法如下：

（1）文献分析法。通过查询网上电子信息源和其他各类文献资源，如国内的 CNKI、万方、维普、百度学术等数据库，国外的 Elsevier 电子期刊、EBSCO 电子期刊、Google 学术以及 ProQuest 数据平台等，收集与本书相关的期刊论文、专著及工作论文等文献资料，并对这些资料进行整理和分析，对网络平台和风险传导的相关理论进行了文献综述。通过对国内外有关网络平台、网络嵌入、风险生成、风险传导等研究资料和最新成果进行比较、分析，学习与本书相关的先进理论、方法和经验，系统梳理现有研究的成果与不足，明晰未来研究趋势，结合对研究主题的分析和讨论，建立本书的研究框架。

（2）扎根理论。扎根理论（Grounded Theory）是由 Glaser 和 Strauss 于 1976 年提出的一种用程序化的思路进行质化研究的方法。扎根理论以一个特定的研究领域为基点，将相关研究实体围绕着某一领域逐一呈现，通过对经验资料的系统归纳，抽象出研究结论即新的概念和思想的方法。扎根理论的关键思路在于对数据资料进行多次比较、浓缩，进而将研究数据概念化，并提炼出相应的范畴。扎根理论的研究过程主要包括三个步骤：开放式编码、主轴编码和选择性编码。

近几年，扎根理论研究方法得到了快速发展与广泛应用，尤其是在没有成熟研究借鉴的前提下，扎根理论作为一种重要的归纳式研究方法，被认为是当前中国开展管理研究的重要研究方法。国内外学者对于由入驻企业给 B2C 网络平台带来的嵌入风险研究还没有形成较成熟的理论假设以及测量量表，且平台型企业低度嵌入风险的生成机理也少有具体数据。本书基于 B2C 平台型企业的低度嵌入风险现象，选取来自平台企业、入驻企业和消费者的访谈记录作为数据来源，通过对其进行编码、归纳、对比、分析，逐渐提炼为概念及其范畴的抽象层次，从而试图发现和揭示 B2C 平台型企业低度嵌入风险的生成机理。

（3）三方演化博弈分析。演化博弈论是把博弈理论和动态演化分析有效结合起来的理论。在理论假设下，它摒弃了参与人完全理性和完全信息的条件；在方法论上，突破了古典博弈论静态均衡和比较静态均衡的局限，强调的是群体演化的动态均衡过程，参与人可以在多轮博弈中不断试错、学习和改进自己过去的策略，从而制定出与自身当前所面临情况最匹配的行为决策。

在本书中，B2C 网络平台嵌入风险的生成与传导是网络平台、入驻商家和消费者三方互动博弈的结果，因此本书构建了“B2C 网络平台—入驻商家—消费者”的三方演化博弈模型来分析嵌入风险在平台内部各主体间的演化过程，并对嵌入风险演化过程进行数值仿真，找出不同均衡策略下的稳定边界条件，并探讨了惩罚力度、违规成本、平台嵌入度等参数对均衡的影响，揭示了参与主体的策略选择的演化路径，明晰嵌入风险在网络平台内部的传导过程。

（4）复杂网络。在当今大数据和系统整合时代，复杂网络理论由于强大的建模优势，逐渐成为系统科学的前沿研究方向。复杂网络模型根据网络拓扑结构的不同一般可分为规则网络模型、随机网络模型、小世界网络模型和无标度网络模型。其中小世界网络、无标度网络由于更接近真实网络而被学者广泛使用。小世界网络模型的度分布均呈现出“泊松”（Poisson）分布的特征，具有同构性，并且构建过程没有考虑网络演化。考虑到现实社会形态中的网络会呈现一定的动态演化特性，Barabasi 和 Albert（1999）[77] 提出了具有存在增长特性和择优特性的 BA 无标度网络模型。其中，增长特性是指随着时间推移，网络节点总数不断增长且为开放系统；择优特性是指引入的新节点往往更倾向于与拥有较高连接度的大节点相连接，即存在偏好连接特性，也就是所谓的富者更富的“马太效应”。

复杂网络和复杂系统密不可分，复杂系统中的元素通过错综复杂的连接关系，相互连接，相互影响，从而构成网络。本书研究的对象是来自真实世界的 B2C 网络平台，具有节点复杂和关系复杂等特征，而当 B2C 网络平台嵌入风险传播到网络平台外部并在网络空间中进行传导时，由于网民节点、功能以及状态均具有复杂性，无法用传统的统计方法进行刻画，因此适用于复杂网络的研究范畴。

（5）计算机仿真。“仿真”一词译自英文 Simulation，也称为“模拟”。1984 年，Oren 给出了仿真的基本概念框架：“建模—实验—分析”，其中系统是研究对象，模型是系统的抽象，仿真则是基于系统建模和实验分析研究系统的过程。系统建模与仿真技术的突出优点在于能够在系统实际运行之前，模拟系统的运行性能，比较各种方案的优劣，为科学决策提供依据。应用上的可靠性和经济性以及计算机技术的迅猛发展，推动了系统建模与仿真技术的广泛与大规模应用。

在技术上，本书采用 Matlab 软件对 B2C 网络平台嵌入风险三方演化博弈的渐进稳定条件进行数值模拟分析，并分析了不同条件参数下模型稳定性的变化；同时运用多主体仿真建模方法对嵌入风险在网络空间中的传导进行仿真分析，并模拟了不同参数条件下，系统稳定时 S 态、I 态和 R 态的节点占比变化情况，揭示了嵌入风险的传导规律。

1.5.2 研究创新

本书基于现实与理论背景，提出了 B2C 网络平台嵌入风险生成与传导的研究命题。通过阅读大量文献，在梳理现有研究进展和理论基础的基础上，形成了本书的研究框架。本书构建了 B2C 网络平台嵌入风险的驱动因素与生成机理理论模型，在上述研究的基础上，研究者分析了嵌入风险的传导机理，并构建了 B2C 网络平台嵌入风险在网络平台内部传导的三方博弈模型和外部传导的 BA 无标度网络 SIR 模型，对嵌入风险在网络平台内部和外部传导的动力学过程进行刻画，采用 Matlab 软件对传导过程进行仿真分析，并提出了相应的防控策略。本书可能具有的创新之处有：

（1）基于扎根理论，构建了 B2C 网络平台嵌入风险的驱动因素与生成的理论模型，揭示了嵌入风险生成的驱动因素以及生成的三类嵌入风险。由于现有研究鲜少分析嵌入风险生成机理，因此本书采用扎根理论方法对嵌入风险的驱动因素和生成机理进行了定性分析，通过专家头脑风暴法确定半结构化访谈提纲，并收集公开发表的文献、书籍资料、企业官方网络以及网络公开资料，并组织研究小组对调研访谈资料、公开发表的文献、书籍资料的开放式编码、主轴编码和选择性编码，经过不断的提炼、总结，构建了 B2C 网络平台嵌入风险生成的驱动因素和生成机理概念模型，这丰富了嵌入性理论的相关研究，为嵌入风险传导的研究打下较好的理论基础。

（2）构建了双重嵌入情景下包含网络平台、入驻商家和消费者三方主体的嵌入风险演化博弈模型，揭示了嵌入风险在平台内部的动态传导过程。B2C 网络平台嵌入风险在平台内部的传导具有群体性，是多方博弈的结果，因此从群体行为互动视角研究嵌入风险，有助于揭示其重复性、相机性、动态复制性等内在规律。本书构建了包含“网络平台—入驻商家—消费者”的三方演化博弈支付矩阵，考虑网络平台的双重嵌入情景，将消费者在嵌入风险传导中的作用加入到模型中，弥补了现有文献研究的不足，使分析更具合理性，不仅有助于揭示 B2C 网络平台嵌入风险在平台内部传导的动态规律，而且对现有该领域理论分析框架也是一个有益的拓展和优化。

（3）基于复杂网络构建了网络空间中嵌入风险传导的 SIR 模型，揭示了 B2C 网络平台嵌入风险在网络空间中的动态传导过程与规律。在该模型中，对传统的 SIR 模型进行修正，考虑风险未知者直接转变为风险免疫者的情况，同时考虑节点消费偏好、度值权重、风险信息的时效性以及平台干预速率等因素对传导过程的影响，将它们以函数的形式引入嵌入风险传播模型，对风险传导概率和免疫概率进行修正，构建了状态转移率随时间变化的 SIR 模型，使模型更符合实际情况，拓展了现有的关于风险传导的研究。采用 Matlab 软件对模型进行了数值仿真模拟，分析了网络结构、消费者风险传播偏好、平台干预速度等参数对风险传导过程的影响，结合研究结果为 B2C 网络平台管理者提供控制嵌入风险传导的对策建议，使结论更具有效性。

第2章　文献综述与理论基础

2.1　网络平台的相关研究

2.1.1　网络平台的相关内涵

2.1.1.1　网络平台的定义

网络平台是指依托网络信息技术，向其两边（或多边）用户群体提供交易或信息沟通服务，并通过一定的机制或策略促使两边（或多边）用户在平台上达成互动与交易的运行空间（Rochet & Tirole，2005，2008；张云秋和唐方成，2014）[78-80]。随着信息与互联网技术的高速发展，企业组织结构不断发生新的变革，从而推动产业组织表现出很多新的特征，其中“平台型组织”由于连接优势等特征逐渐成为当前企业商业模式创新的典范（戚聿东和李颖，2018）[81]，进而推动网络型平台企业成长为互联网环境下最为活跃的企业形态（胡保亮，2015；刘建刚等，2017；王节祥和蔡宁，2018）[82-84]。冯华和陈亚琦（2016）[35]研究发现平台企业创造价值的源泉在于网络平台给供求双边提供了交易的良性互动，从而形成了规模经济，降低了交易双方在空间和时间上的过度消耗。孟凡新（2015）[85]、申尊焕和龙建成（2017）[86]、谢佩洪等（2017）[87]认为平台企业是平台经济的核心，是网络区域性双边市场动态生态系统的组织者和管理者，是满足海量用户及时性服务需求的共享经济的核心构成要素，逐步成为行业创新的新范式。

进一步地，“平台企业”作为网络平台的构建者与重要参与者，在平台经济的运行与发展过程中发挥着重要作用，因此有必要进一步对“平台企业”的内涵进行界定。目前，国内外学者对于平台企业的研究已经很丰富，不同学者根据研究需要从不同视角对平台企业及相关概念作了不同的解释。Cennamo 和 Santalo（2013）[88] 认为，平台企业作为平台生态系统的提供者和主导者，通过制定交易规则，维护平台交易秩序，促使交易双方在平台上完成交易与互动。陈威如和徐玮伶（2014）[89] 认为，平台组织是指连接双边或多边的人才、资源和市场机会并能够创造价值的一种组织形态。胡国栋和王琪（2017）[90] 指出，平台型企业是一种利用互联网思维的新型组织模式，它可以借助组织流程再造，形成自组织使员工能够自主管理、驱动、创新，以顾客为核心为其提供产品与服务，能够以低成本、高效率整合相关的技术资源。Thomas 等（2014）[91] 认为，平台企业是平台基础架构中的提供商和运营商。田洪刚（2017）[92] 认为，平台企业在平台经济中扮演了平台运营商的角色，其运行机制就是通过网络效应和促成双边用户良性互动达成交易而获益。

2.1.1.2　网络平台的分类

根据不同的研究视角，国内外学者对网络平台的分类也是多样的。Evans（2003）[93] 依据网络平台的不同功能，将网络平台划分为“市场制造者”“受众制造者”和“需求协调者”三种类型。Armstrong（2005）[94] 深入分析了网络平台在市场中的竞争状况，并依据程度不同将网络平台划分为“垄断性平台”“竞争性平台”与“平衡性平台”等类型。徐晋（2007）[95] 在《平台经济学》中指出，平台连接双边市场的性质会影响平台的运行机制，并基于此将网络平台分为“纵向平台”（充分交易中介的角色）、“横向平台”（构建交流空间）和“观众平台”（引入第三方角色）。汪旭晖和张其林（2015）[96] 根据交易双方对象及模式的不同将网络平台划分为“B2B2B 平台”“B2B2C 平台”“C2B2C 平台”等类型。陈应龙（2014）[97] 根据平台交易内容与类型将网络平台划分为“交易平台”“信息平台”“支付平台”以及“社交平台”等。方军等（2018）[98] 根据网络平台的互联网属性将其分为“普通连接型平台”和“众创型平台”两大类。

2.1.1.3　网络平台的特征

Caillaud 和 Jullien（2003）[99] 指出，平台的价值在于使得入驻平台的双边或多边主体可以通过平台精准了解对方需求，从而获得更好的交易效应，如果交易双方可以脱离平台进行交易，则平台将毫无价值可言，因此，平台企业需要设计一种良好的机制来维持平台上的交易参与者进行交易。可以看出，网络平台利用技术手段实现了人、机构和资源之间的互动与联结，在平台界面上促使双方互动达成交易，促进消费者和生产者进行价值互动，从而使网络平台表现出需求互补性的基本特征。

李震和王新新（2016）[100]、杜玉申和楚世伟（2016）[101] 等指出，网络效应是网络平台发展的驱动力，相比单边网络效应，跨边网络效应更为重要，是推动平台形成“赢者通吃”格局的核心要素，因此网络效应是网络平台的另一个重要特征。陈威如和余卓轩（2013）[7] 将网络平台的网络效应划分为同边网络效应和跨边网络效应两方面。Parker 等（2017）[102] 在网络平台中分别依照积极单边效应、消极单边效应、积极交叉效应和消极交叉效应对平台网络效应进行诠释。傅瑜等（2013）[103] 等指出，平台的网络效应被认为具有临界点，即平台企业的用户数量要达到最低门槛，其他消费者才会跟进平台，而一旦跨越临界点，平台企业将会实现跳跃式或爆炸式增长，表现出很强的网络效应，形成正反馈，对用户产生锁定效应，由于高额的转移成本，继而产生用户黏性，实现“赢者通吃”的局面。

此外，罗珉和李亮宇（2015）[104] 指出，连接属性是网络平台运行机制的起点，通过连接提供聚合用户的入口，并在用户的不断互动中为用户创造价值，从而获得价值收益。江积海和李琴（2016）[105] 认为，网络平台是信息的连接，根据算法得以实现生产者与消费者之间的信息匹配，满足消费者被感知的使用价值，进而增强用户的参与感等体验价值，提升消费者的体验红利。

2.1.2　网络平台的运行机制

梳理文献发现，目前关于网络平台领域的运行机制研究主要是基于双边市场理论和网络外部性理论，并集中表现在以下几个方面：

2.1.2.1 平台定价方面

诸多学者通过研究发现，影响平台定价策略的主要因素有：需求弹性（Rochet & Tirole，2003）[11]、双边的价格弹性、产品差异化（Roson，2005a）[106]、网络外部性以及用户归属性（单归属或多归属）等（Armstrong，2005）[94]。Hagiu（2006）[107]、Rochet 和 Tirole（2008）[79]、程贵孙等（2009）[108]、Doganoglu 和 Wright（2010）[109] 等分别研究了平台企业的价格承诺、捆绑销售、平台兼并以及排他性行为对双边平台企业定价策略的影响。陈宏民和胥莉（2007）[110] 分别从用户、平台厂商以及服务提供商三个角度进行了分析，认为它们是在双边市场中定价的重要影响因素。骆品亮和傅联英（2014）[111] 运用双边市场理论分析了零售平台的双边定价策略，认为零售价格、单位分销成本和定价模式都是影响定价策略的主要因素。张千帆等（2016）[112] 利用双边市场定价机制分析了平台企业参与合作与不合作对企业定价的影响，并进一步发现交叉网络外部性、平台差异性及边际成本对平台企业的均衡定价策略均有显著影响。卢珂等（2019）[46] 基于双边市场理论，考虑了交叉网络外部性，从用户、司机的归属性视角研究了“网约车”平台的市场定价问题，研究得到了“网约车”平台对用户和司机的定价结构公式、用户和司机规模及平台收益。

2.1.2.2 平台竞争方面

Aaron（2003）[113] 讨论了竞争平台之间通过开放平台系统共享用户的策略达到一种均衡发展、共同生存的状态。Gabszewicz 和 Wauthy（2004）[114]、Armstrong（2005）[94] 等研究了平台用户采取多平台接入行为时的平台竞争问题。Chakravorti 和 Roson（2004）[10] 发现，平台竞争会促使平台的价格结构发生变化。Roson（2005b）[115] 指出，平台上的内部竞争与外部竞争是同时存在的。唐方成和郭欢（2023）[116]在双边市场理论框架下，考虑交叉网络外部性特征分析平台竞争的特点，对新进平台与在位平台竞争下的定价策略展开研究，发现实施积极的差异化战略与兼容性战略可以帮助新进平台缩小与在位平台的差距，提升优势与市场收益。程贵孙（2010）[117] 指出，“非对称性的”倾斜的定价策略、“分而治之”的用户培育策略和“赢者通吃”的市场占有策略是平台网络产业最主要的竞争策略。段文奇和余俊平（2019）[118] 针对现实中平台企业竞争及用户流失问题，构建嵌入慷慨策略的双边平台动态竞争模型，探讨不同质量平台实施慷慨策略对平台市场竞争的影响及作用机理，研究发现：实施慷慨策略显著提高平台竞争力。郑春梅等（2016）[119] 发现，我国软件平台的竞争主要受到多归属用户量、用户厌恶程度以及软件间替代效应的影响。曲创和刘重阳（2019）[120] 以中国搜索引擎市场为案例研究发现，竞争环境下平台的策略行为会加剧市场中的信息不对称，技术上实现的信息匹配效率与市场竞争策略存在根本性冲突。

2.1.2.3　平台结构方面

程贵孙等（2005）[121] 认为，平台结构是一种“哑铃”形的结构。程贵孙（2010）[117] 指出，不同类型且数量繁多的平台网络“模块”共同构成了平台产业的微观结构，双边用户在平台网络制定的运行规则指导下开展交易或交互。Baldwin 和 Woodard（2008）[122] 最先从利用开发和重组模块化组件（Modular Components）的视角，将平台架构定义为一组稳定的组件，系统中的多样性和可进化性（Variety and Evolvability）功能是通过限制其他组件之间的链接实现的。Frandsen（2017）[123] 描述了平台架构的模块化性质，强调其在促进创新方面的作用，阐明了平台的模块化组件在平台架构中的层次结构级别上的差异，同时认为平台架构是一个层次化的系统（Hierarchical System），可以分解为核心组件和可选组件（Core and Optional Components），平台中有一些组件代表平台的核心架构（Core Architecture of the Platform），而参与生态系统的所有互动都利用了这些核心组件。

2.1.2.4　双边用户归属性方面

通常来说，单归属表示一个用户只接入一个网络平台的行为，而多归属则表示用户接入了多个网络平台的行为（Caillaud & Jullien，2003；Armstrong，2005）[99,94]。进一步地，很多学者开始研究平台用户单归属和多归属行为对平台的影响（Armstrong & Wright，2007）[124]。曹俊浩等（2010）[125] 认为，多归属方式改变了平台双边用户规模和收费结构，但仅在交叉网络外部性较强时会导致平台利润水平的增加。众多学者对用户归属行为的影响因素进行研究。例如，纪汉霖（2011）[126] 发现，平台差异化特征、跨边网络外部性、用户多归属行为成本、用户排他性合约等因素都会影响用户的归属行为。吕正英等（2016）[127] 指出，消费者规模与商户规模之间的关系大小也会影响平台企业的用户归属结构。谢运博和陈宏民（2018）[128] 研究了互联网平台型企业的横向合并以及合并后禁止多归属对社会总福利的影响，发现多归属用户的存在，对社会总福利的提升是有利的，多归属用户越多，越有利于企业横向合并后社会总福利的提升。

2.1.2.5　平台合法性与社会责任方面

在平台合法性方面，彭正银和吴晓娟（2019）[129] 采用案例研究方法分析了滴滴出行的合法性获取演化过程，进而探析了平台型企业在不同阶段的制度压力约束下如何获取发展所需的不同类型合法性资源。符平和李敏（2019）[130] 基于合法性视角探讨了新模式如何从出租车市场固有的制度模式和利益藩篱中发展起来的路径。魏江等（2019）[131] 则是从合法性理论的视角探讨了平台网络知识资产治理机制及作用机理。在平台社会责任方面，晁罡等（2017）[132] 将双边市场理论引入企业社会责任理论框架，分析平台企业在各发展阶段对双边用户的社会责任行为模式，提出了平台企业社会责任行为模式的特殊性。阳镇（2018）[133] 剖析了平台型企业较之传统企业社会责任的主体边界与内容边界的差异，并提出平台企业社会责任的治理机制和评价机制。肖红军和李平（2019）[134] 界定了平台型企业社会责任的内容边界，提出契合于平台情境的社会责任生态化治理新范式，指出其本质是一种内生型、整体性与可持续的全过程治理范式，核心是分层次治理与跨层次治理，个体、情境和系统的全景式治理，以及跨生态位互治与网络化共治。

2.2　网络平台风险的生成分析

2.2.1　网络平台风险的类型

随着平台企业数量的日益增多，平台运营过程中的风险也逐渐暴露，现有学者对于网络平台风险的研究主要分为两类：一是网络平台自身的运行风险，二是网络平台入驻企业的运营风险。

2.2.1.1　网络平台运行风险的类型与特征

P2P 网络借贷平台（以下简称网贷平台）是目前平台风险研究较多的对象，

该平台面临的系统风险包括操作风险、运营模式风险、流动性风险、信息技术风险、法律和政策风险以及市场风险。Emekter 等（2015）[135] 对网贷平台信用风险进行研究，发现信用等级、债务对收入比率、贷款利率和循环使用率在贷款违约中起着重要作用。李苍舒和沈艳（2018）[136] 对“网贷”市场风险进行研究，发现信息披露程度的高低对平台风险的大小有显著影响，信息披露程度越高，平台抗风险能力越强，运营时间越长。吴成浩和张池慧（2019）[137] 研究表明，通过立法规范平台内控机制、完善监管规章制度、提高网贷平台运营能力等建议，有利于提升 P2P 网络借贷平台的风险控制能力。此外，关于电子商务平台风险的探讨，现有研究指出电商平台运营风险包括产品风险（Mlitwa，2012）[138]、服务风险（左文明等，2018）[139]、线上线下配合风险（艾瑞学院，2012）[140]、信息欺诈风险（蹇洁等，2018）[141]、逆向选择风险（汪旭晖和张其林，2017）[142]、物流配送风险、管理基础风险、信息技术风险（Harridge & Quinton，2005）[143] 等。杨东和苏伦戛（2014）[144] 深入分析了我国股权众筹平台的运行风险特征，并指出了投资者审核风险、非法集资风险、合同欺诈风险、资金流风险等七大运行风险。卢馨和李慧敏（2015）[145] 针对我国 P2P 网络借贷平台指出，政策法律风险、监管风险、洗钱风险、操作风险、网络风险、信用风险是其面临的运行风险。

部分学者对平台运行风险的特征进行了深入分析。例如，刘骅等（2016）[55] 专门针对地方政府科技投融资平台的运行风险进行了研究，发现平台在运行中存在失范、资产管理无序以及人力资本低效等风险，并指出这些风险具有“双羊群”效应、“特拉斯”效应、“顺周期”效应，既具有客观性、偶然性、风险损失与获利不确定性、动态性、不可消除性等风险共性特征（Willett，1951；Knight，1921；Atkinson & John，1957）[146-148]，还具有聚集、传导与共振特性。

2.2.1.2　入驻企业运营风险的类型与特征

对于 B2C 等电子商务平台来说，Nakasumi（2003）[22] 认为，在电子商务市场中的商家存在信用风险，信用风险又可具体表现为入驻平台的企业为了争夺信息资源、客户资源和结构位置（Burt，1992）[149] 进而产生的假货泛滥、刷单刷评（富越和董保华，2015）[150]、过度竞争（Dobson，1993）[151]、“好评有礼”、“好评返现”等不当行为（石文华等，2016）[152]，从而扰乱竞争秩序并引起平台竞争风险。对于 P2P 网络借贷平台而言，贷款企业的违约会引发信用风险（Herzenstein et al.，2008）[153] 和声誉风险（Liang et al.，2009）[154]。

陈金波（2005）[155] 基于组织生态学研究了企业集群的内在风险，指出企业集群具有近交衰退风险和传染病风险，且集群企业之间如果存在利益链关系，企业之间的风险具有动态传递性。由于入驻商家的运营涉及商品质量、客服、退换货、物流等多个环节，且消费者群体庞大，消费者群体的素质良莠不齐，加上网络平台虚拟性和跨越时空的特征，因此入驻企业的运营风险具有风险种类多样性、风险发生的概率大、风险具有隐蔽性、风险难控性等特征（李超，2018）[156]。

2.2.2 网络平台风险的成因分析

对于平台运行风险的成因方面，国内外学者主要是基于网络外部性理论对其进行了深入分析。学者普遍认为网络平台存在直接网络外部性、间接网络外部性（Katz & Shapiro，1985）[43] 以及交叉网络外部性（Armstrong，2005）[94]。外部性对用户的影响可分为正的网络外部性和负的网络外部性，负的外部性多发生在卖家之间，卖方数量越多，为争夺买者而展开的竞争就会越激烈（Eisenmann & Parker，2006；唐方成等，2023）[157,116]，竞争中的正反馈机制会导致垄断，而垄断中的动态演变（如技术创新、服务改进等）又将开辟新的市场，从而引发新的竞争（贲金锋和郑维敏，1997）[158]。彭本红和鲁倩（2018）[159] 利用扎根理论分析了我国平台型企业在开放式服务创新方面存在风险的内在机理，指出商业环境风险、平台战略风险、管理风险是平台创新服务主要的风险因素。张洁梅等（2019）[160] 基于利益相关者视角对我国地方政府融资平台风险的成因进行了分析，指出利益主体担险动力不足以及主体利益分配不均是平台风险生成的重要原因。

在入驻企业运营风险成因方面，学者主要基于多任务委托代理理论对平台入驻企业运营风险的成因进行分析。入驻企业与平台之间存在多任务的委托代理关系（Holmstrom & Milgrom，1991）[161]，如获得利润、维护平台信用与声誉、遵守平台竞争秩序等。吴本家（2007）[162] 用委托代理模型对 B2C 电子商务风险进行了研究，指出由于委托人（消费者或平台企业）与代理人（商家或平台企业）

的目标函数不一致，存在利益冲突，由于机会主义的存在，代理人可以通过“隐藏行动”，如提供虚假信息、刷单刷屏、“好评有礼”、“好评返现”等行为，以争夺客户资源、信息资源、“结构洞”位置等损害委托人利益，为平台的运作带来风险。杨丰梅等（2018）[23] 研究表明，提高信用保证金、增强信用监管力度、增加伪装成本能有效避免电商失信行为。

2.2.3 网络平台风险的影响因素

2.2.3.1 市场虚拟性

现有研究中，不少学者从网络平台交易市场的虚拟特征出发分析网络平台风险生成的影响因素。Lim（2003）[163] 认为，网络平台市场中，交易双方具有匿名交易的特征，不能实际触摸商品，这增大了信息判断的难度，市场虚拟性特征为入驻企业实施违规失信行为创造了条件，有助于参与者实施谋取超额利润的欺骗行为，提高了参与主体违规动机。孙祥等（2005，2006）[164,165]、Sonia 等（2010）[166] 均指出，网上信用风险主要来自互联网的虚拟性所造成的时空分离。余永权（2019）指出，B2C 电子商务本身存在的信息不对称和匿名性等特征，是造成平台信用风险的原因之一[167]。可见，网络市场的虚拟性特征为平台风险的形成提供了有利的外部环境。

2.2.3.2 产品特性

Figueiredo（2000）[168] 指出，产品质量判断的难易会影响平台交易过程中的信用风险，并认为质量容易判断的产品在交易过程中产生信用风险的概率较低，而质量信息不够透明的产品则有更高的概率产生信用风险。魏明侠和肖开红（2006）[169] 在 Figueiredo（2000）研究结论的基础上，进一步证明消费者通过网络购买的产品越是质量不确定，其感知风险就会越高。邵兵家等（2006）[170] 指出，消费者对体验性商品的风险感知大于对搜索型商品的风险感知。Choi 等（2006）[171] 按照消费者类型以及信息质量对在线产品进行了划分，并证明了不同类型的产品带来消费者的感知风险存在较大差异。Kiang 等（2011）[172] 依据产品的价值高低以及产品的标准化程度对网络产品进行了分类，研究表明消费者预期风险与产品类别显著相关。Cho（2006）[173]、Aghekyan 等（2012）[174] 研究表明，商家品牌与产品类型显著影响消费者感知风险大小。

2.2.3.3 消费者自身特征

Lopez 和 Molina (2008)[175] 发现，消费者的个人风险偏好及其具备的网络知识会显著影响在线消费者感知风险的大小。Mocole 等 (2010)[176] 发现，消费者对网上购物风险的评价会受到其对隐私和安全关注程度的影响。Yael 等(2013)[177] 考察了消费者感知和认知成分对其在线拍卖预期风险的影响。Mou 等 (2017)[178] 发现，关注与供应商相关的信任比单纯地关注技术平台信任更能增加消费者的支付意愿。牛静和孟筱筱 (2019)[179] 研究了用户对社交媒体的信任对风险感知的影响，结果表明两者存在负向影响，网络人际信任在其中发挥中介作用。

2.2.3.4 商家和网络平台的相关特征

Choi 等 (2006)[171] 针对消费者隐私保护政策与预期购物风险的关系进行了实证分析，研究证实了在线商家有无消费者隐私保护政策对消费者在线购物的感知风险有显著影响。Lim (2003)[163] 同样发现了网络平台的声誉、消费者隐私保护政策都是消费者购物预期风险的显著影响因素。潘煜等 (2010)[180] 指出，网络零售商品牌形象、销售管理、服务水平、技术安全水平等因素会显著影响消费者在线购物感知风险。杨青等 (2011)[181] 发现，网络信任和多元感知风险是决定消费者是否选择使用网上支付并开展正面评价的两个关键因素。高维和(2008)[182] 指出，网络外部性会导致一定的锁定效应，由于规模经济和网络外部性，平台运营商面临愈益激烈的竞争环境，同时也给平台运营商带来风险。Sun 和 Tse (2013)[183] 基于资源基础理论研究发现，网络外部性可以让平台的参与者演变为重要的资源，这将是平台获得持续竞争优势的一个重要来源，同时由于网络经济中正反馈机制的存在必将导致垄断，而垄断中的动态演变（如技术创新、服务改进等）又将开辟新的市场，从而引发新的竞争。

2.2.4 网络平台风险的治理机制

2.2.4.1 监督机制

自我纠错能力是任何一种有生命力的制度模式的必备条件，而自我纠错能力的产生条件之一是要有科学完善的监督机制（项显生，2014）[184]。在 B2C 网络平台中，平台的集中管理和公共的市场机制同时存在于由平台企业、入驻企业和消费者共同构成的“市场”中，如何实现网络平台中“公共池塘资源”的有效配置，避免出现个人理性而集体非理性的决策行为，需要在制度层面将集中控制和市场机制有机结合。Sui（2014）[185] 研究了中国 C2C 电子商务政府监管与市场自律下假货监管的演变与复杂性问题。李波等（2013）[186] 提出电商平台、政府、第三方中介机构等应采取在线信誉机制、社会信用促进体系等展开对电商中商品质量问题的监管。

以监督为主要形式的制度约束代表了平台型企业对组织内经济活动秩序的维护行为，以确保平台参与者能够接受共同的行为准则而不是寻求机会主义行为（Kenneth et al.，2000）[64]。另外，制度约束向平台参与者施加了社会性的压力，迫使其遵守平台组织中共同的社会理念（Murry & Heide，1998）[187]。而监督则被认为是一种以制度为基础的结构性保证，促进了多方参与者之间的负责人行为，尤其在网络平台中交易不确定性与嵌入不足方面，制度监督的存在能够帮助消费者在交易行为之前建立起对入驻企业的信任，而入驻企业也将采取合理措施履行其交易承诺，以避免管理的制裁和被移除平台的可能性（Shneiderman，2000）[188]。Grewal 等（2010）[189] 指出，平台企业长期执行监督行为能够帮助其预先发现潜在的机会主义行为，促进了整个平台组织的有效运行。Liang 等（2016）[190] 发现，网络平台中的监督体系能够有效地抑制参与者的道德风险，降低代理成本并提升市场竞争。Wadleigh 等（2015）[191] 以“柠檬”这一较为典型的电子商务市场为例，着重以定量方法对网站的假冒商品进行识别分析。丁庆洋等（2017）[192] 采用“区块链”技术对产品生产信息进行追溯，利用物联网技术解决产品防伪问题。因此，平台企业应建立科学有效的监督机制，以帮助平台参与者对共同行为准则达成共识并形成宏观文化机制（Jones et al.，1997）[193]，进而形成一种准则、期望与价值观并在平台中进行传播和扩散，从而规范平台中参与者的行为，降低 B2C 平台型企业的低度嵌入风险。

2.2.4.2 信任机制

信任概念在多个领域都受到了关注，较早的是在心理学研究中，一个获得较多认可的基础概念将信任界定为“接受脆弱性的意愿”（Mayer et al.，1995）[194]，促进了对他人未来行为的乐观预期。而经济学中，信任被认为降低了交易成本，促进了交易效率的提升。组织学领域中，信任被视为一种有效的治理机制，能够减少交易关系中的机会主义行为并促进合作的达成（Morgan & Hunt，1994）[195]。社会学学者也指出，信任嵌入在改变经济活动和创造社会资本的买卖双方的社会关系中起到重要作用（Granovetter，1985）[63]。

网络平台是一种重要的互联网基础平台，能够提升商业交易与合作，拓宽了传统的交易渠道，并且提供了一种便利的商业模式，具有普遍性、全球性、高信息密度和社会交互的特质。在线互动和交易的核心在于发展一份持续的商业关系，而信任正是建立这一关系的先决条件，这是因为在线沟通与交易自身暗含了不确定性（Morgan & Hunt，1994）[195]。由于交易主体及外部环境的不确定性导致了风险的广泛存在，信任机制将起到更为重要的作用，表现为平台参与者之间共同具有的、与期望一致的行为的主观自信，这是制度与结构带来的安全感的具体化，可以由合约、保证金等结构性契约给予保证。另外，网络平台的经济活动中既有明示契约，也充满默认契约，对这两种契约的遵从也可以提升平台参与者之间的信任程度，减少交易关系中的机会主义并促进合作行为的发生（Morgan & Hunt，1994）[195]。Zucker（1986）[196] 表明，基于契约而建立的信任是在不熟悉和不具有相似性（共同性）的非人格经济环境中创造信任的最重要模式。尤其是在 B2C 网络平台上，越来越多的消费者与入驻企业之间以匿名或随机的方式进行交易，数字经济平台中的信任契约提供了一个促进信任发展的可能。McKnight 等（1998）[197] 认为，平台中的信任是建立在契约的结构性保证之上，包括保证金、合约、规章制度和确保带来期望结果的交易流程等。因而，建立完善的信任机制也是降低 B2C 平台型企业嵌入风险的另一种机制。信任的具体形式可以表现为一种信用，而信用则被描述为消费者根据对平台上入驻企业未来行为的理性预期而愿意接受在线消费可能导致的不确定性（Kimery & McCord，2002）[198]，同时也强调了在风险情景下存在有益结果的可能性。

2.2.4.3　*声誉机制*

在电子商务环境中，平台上的参与者并不会真正面对面交流，入驻企业在平台上提供商品或服务以及在消费者购买时常常需要与其他并不认识的使用者进行交流和互动，这将面临较高的不确定性。因此，对于平台上的参与者来说，在选择交易对象的过程中，囿于较高的信息识别成本，往往很难做出正确的判断。声誉标志着网络平台的诚信（Davies & Miles，1998）[199]、能力（Doney & Cannon，

1997)[200] 以及它的可靠性，是一个组织或个体给社会公众的综合性印象和整体性无形资产，良好的声誉机制能够减少行为的不确定性，可以在一定程度上帮助参与者进行判断与决策。

Ozakca 和 Lim（2006）[201] 指出，在面临商品、服务、业务流程过程中的不确定性时，平台参与者并没有任何信息或经验来判断谁值得信任，谁又值得交易，而源于自治规则的声誉机制就能够帮助消费者进行决策，并弥补信息缺失。李维安等（2007）[202]、周黎安等（2006）[203] 等均认为，良好的信誉评价有助于入驻商家获得更高的成交价和更大的成交量，从而对平台卖家的行为形成内在约束，降低嵌入风险。汪旭晖和张其林（2017）[204] 指出，由于平台声誉具有外部排他性和内部竞争性，平台企业可以通过续签制度这种市场化的方案对入驻商家进行严格审核，也可通过干预平台资源分配如店铺降权、禁止参加促销活动或对违规卖家强制驱逐等方式保护平台的声誉，降低嵌入风险。因此，声誉能够作为两名不熟悉的参与者之间的信任补偿（Golbeck & Hendler，2006）[205]，尤其是在初次信任建立阶段，有助于保持市场参与者对其的信任，维持网络平台市场的绩效（Doney & Cannon，1997）[200]。相似地，声誉作为数字化版的"口口相传"，被视为建立长久信任的基础（Dellarocas，2004）[206]。因而，声誉机制可以在一定程度上降低 B2C 平台型企业的嵌入风险。Joseph 等（2016）[207] 认识到电商平台售假的一个重要原因在于电子商务应用中缺乏销售者行为信息，并提出基于卖家的电子商务信誉系统来改善这一不足。

2.3　网络嵌入的相关研究

2.3.1　网络嵌入的相关内涵

"嵌入"的概念起源于"嵌入图形"（Embedded Figures）和"场理论"（Field Theory）（Lewin，1951）[208]。Polanyi（1944）[4] 在《大变革》（*The Great Transformation*：*The Political and Economic Orgins of Our Time*）中首次提出了"嵌

入性”（Embeddedness）的概念，并将这个概念作为批判市场自由主义的逻辑起点。Polanyi 认为，经济绝不是脱离于政治、宗教、文化、制度等经济和非经济制度环境的因素而独立存在的，而是深深嵌入其中，会受到这些因素的潜在影响。而社会是一个复杂的综合体，经济只是其中一部分，社会功能的完善需要各个因素的协同发展。因此，Polanyi 认为经济行为会始终嵌入经济和非经济制度中，并随着社会发展的历史进程呈现出动态变化的特征。

然后，Polanyi 的观点在当时并没有引起学者的广泛注意，因此在此后相当长时间内“嵌入性”主要处于概念提出阶段，直到 1985 年 Granovetter 的《经济行动与社会结构：嵌入性问题》（*Economic Action and Social Structure*：*The Problem of Embeddedness*）问世，该著作对嵌入性的发展起到极大的推动作用，使嵌入理论开始被越来越多的学者关注。与 Polanyi 定义的嵌入性不同，Granovetter（1985）[63] 的嵌入性概念更加强调社会对经济行动的影响，认为经济活动产生于行动者在社会网络内的互动过程。同时，Granovetter 还指出网络平台的嵌入性与经济学和社会学中“低度社会化”的观点不同，经济行为只是适度嵌入社会结构，从而提出适度社会化的嵌入性思想。

Zukin 和 Dimaggio（1990）[209] 则是在 Granovetter 研究的基础上进一步拓展了嵌入性的内涵，他们将嵌入性划分为结构嵌入性、认知嵌入性、文化嵌入性以及政治嵌入性，并指出结构嵌入性主要体现为关系结构和关系质量等，认知嵌入性更多地体现为网络中的认知过程，文化嵌入性则是关注在目标实现过程中的共同信仰和价值观，而政治嵌入性是把经济权利和激励的制度限制作为关注重点，以上这四种嵌入性机制正是政治经济学与社会组织理论之间衔接的接口。Barber（1995）[210] 进一步阐释了嵌入性的概念，并肯定了嵌入性理论的意义，他指出嵌入性理论的重大突破在于对经济学中个体“低度社会化”和社会学中“过度社会化”的前提假设进行修正，将个体所处的社会关系的差异考虑在内。同时他还认为新古典经济学中做出的市场交易主体是独立的、理性的、非人格化的假设，与现实中人们的行为会因其所处的社会关系网络不同而不同的情况不符，因此，重构嵌入性概念对于相关研究具有重要意义。

Uzzi（1996）[211] 对 Granovetter（1985）的相关研究进行了拓展，认为嵌入性的本质是能够在交易体系中提供更多元化的异质性交易机制。Uzzi（1997）[3]

进一步指出，在交易的过程中始终充满着嵌入性关系，这些嵌入性关系有利于提高预期的准确性，降低监视成本，为企业带来市场、合同或纵向一体化所不能带来的经济机会。之后，他从信任、信息共享以及问题解决机制等维度对嵌入性进行了描述，认为这些维度间是相互依赖的，信任是嵌入性联系的首要特征，纯粹市场关系仅仅可以交换价格和数量信息，而嵌入性关系则能获得私有及隐性知识，共同解决问题机制能够促成交易者灵活地协调功能解决问题，提高组织效率，促进学习与创新。

此后，根据更多学者的研究，又出现了工作嵌入（Job Embeddedness）（Lee et al.，2004）[212]、生态嵌入性（Ecological Embeddedness）（Whiteman & Cooper，2000）[213]、家庭嵌入（Familiy Embeddedness）等新概念。目前，越来越多的学者在社会资本（邹思明，2015）[214]、组织与战略（李金茹，2017）[215]、产业集群（应洪斌，2011）[216]、战略联盟（Gulati，1998；杜欣，2017）[217,218]等领域对嵌入性进行了理论与实证的研究。

2.3.2 网络嵌入的分析框架

随着嵌入性理论研究的不断深入，目前已形成几种被广泛认可并被后续学者大量引用的分析框架，主要有：关系嵌入、结构嵌入分析框架（Granovetter，1985）[63]；结构嵌入、认知嵌入、文化嵌入和政治嵌入分析框架（Zukin & Dimaggio，1990）[209]；业务嵌入和技术嵌入分析框架（Andersson et al.，2002）[219]；环境嵌入、组织间嵌入和双边嵌入分析框架等（Hagedoorn，2006）[220]。不同的分析框架采用的研究视角不同，但核心思想是一致的。

2.3.2.1 关系嵌入和结构嵌入的分析框架

关系嵌入和结构嵌入是由Granovetter提出的，目前使用最广泛的是嵌入性分析框架。Granovetter（1985，1992）[63,221]指出，关系嵌入指的是在平台交易的互动双方基于互惠的预期而发生的一种双向关系，主要是通过双方关系的内容、方向、延续性及强度等方面进行度量；而结构嵌入则是指平台交易中的互动双方成为更大结构的一个组成部分，主要可以通过关系联结的网络位置、网络规模以及网络密度进行度量。

进一步地，关系嵌入是基于网络联结观（Cohesion Perspective）的一种视角，强调在交换优质信息的机制中直接联结所发挥的作用（Granovetter，1992；Gulati，1998）[221,217]。根据联结强度和联结内容等特征，可以将关系嵌入分为强联结与弱联结（Granovetter，1992）[221]，或者分为业务嵌入与技术嵌入（Andersson et al.，2002）[219] 等。另外，结构嵌入则主要基于网络位置观（Positional Perspective）的视角，通过分析网络参与者间相互联系的网络结构来体现网络密度以及网络位置等特征（Granovetter，1992；Gulati，1998）[221,217]。该研究以 Burt 提出的“结构洞理论”（Structural Hole）为代表，该理论认为在网络中占据“结构洞”位置的企业在网络中充当“信息桥”，可以获得关键信息资源（Burt，1992）[149]。此外，结构嵌入性还关注组织在网络结构中所占位置的信息作用，将框架从二元系统转向三元系统。部分学者还将网络位置与身份联系起来，并认为具有相似位置的行动者反映了某一身份群体。

2.3.2.2 结构、认知、文化与政治嵌入的分析框架

此分析框架主要是由 Zukin 和 Dimaggio（1990）[209] 根据经济活动中影响组织行为的社会结构、认知、文化以及政治制度等情景因素进行的划分。此框架中的结构嵌入性与 Granovetter 提出的结构嵌入的内涵基本相同，同样认为经济交换受网络结构的重要影响和制约。可以看出，结构嵌入的研究视角仍集中于社会行动者之间的联系，而这些联系共同构成了社会网络的结构安排。认知嵌入是由于个体或企业行动者的认知范围有限从而限制其“理性行为”选择结果等问题，主要关注群体认知、群体思维、社会认知对组织经济行为的影响（Zukin & Dimaggio，1990）[209]。认知是不同的行动主体对其周围环境的不同感觉或解释，此研究视角从理论上解释了在信息不对称的情况下经验形成的固有思维和群体思维对个体决策的影响。文化嵌入主要是指组织行为、结构与过程会受到信念与价值观、宗教信仰和传统惯例等文化因素的影响与制约（Zukin & Dimaggio，1990）[209]。一般将社会文化分为两类：一类是与各种认知机制相连的基本行为逻辑，提供行动者从事经济活动所必需的范畴与认识；另一类是与社会规范和价值体系相连的规则性文化，限制行动者的道德规范与习俗。Hagedoorn（2006）[220] 发现，组织在进行业务合作选择时，其选择倾向受其所处的社会文化环境的影响，这种影响在不同国家的组织间尤为明显。政治嵌入是指组织或个人的经济行为会受到一个国家或地区的政治环境、政治体制以及权利结构的影响

或制约，例如法律系统、税收或者更一般的国家行动者及阶级政治等因素（Zukin & Dimaggio，1990）[209]。Barber（1995）[210] 将政治嵌入定义为国家与其行动者之间正式和非正式的、官僚的、结构性的以及情感性的关系，指出政治嵌入包括“关系嵌入”（与国家行动者之间的持续直接的、二元关系）、“结构嵌入”（与国家行动者之间的持续间接的、三元关系）和“位置嵌入”（与国家组织之间的持续组织嵌入）（Granovetter，1992）[221]。Sun 等（2010）[222] 用企业与关键政治机构和人物连接的总数量和强度的总和来度量政治性。

2.3.2.3 业务嵌入和技术嵌入的分析框架

Andersson 等（2002）[219] 将研究视角聚焦于外部网络中的关系嵌入对跨国公司的战略资源和能力发展的重要作用，并把嵌入性分为业务嵌入和技术嵌入。业务嵌入是指企业与外部供应商和客户之间的关系嵌入，反映了企业与外部供应商或客户关系的亲密程度，业务嵌入度越高，意味着交易双方彼此认识时间长、交易时间长，已经适应了彼此的业务行为，并且会经常就市场情况交流信息。客户与供应商之间的业务嵌入性能够降低不确定性、更好地了解客户需求和供应商能力，进而提高市场活动的效率。技术嵌入是指企业间在产品或产品研发工艺之间的相互依赖关系，反映了一个企业的产品研发活动与另一企业产品研发活动相适应的事实。技术嵌入度高意味着两个组织在技术活动方面的相互依赖程度处于较高水平。

2.3.2.4 环境嵌入、组织间嵌入和双边嵌入的分析框架

Hagedoorn（2006）[220] 根据企业间合作关系形成的情景不同，提出跨层级理解企业间的嵌入性，将嵌入性分为环境嵌入、组织间嵌入和双边嵌入。与上文的分析框架相比，此分析框架的贡献在于关注不同层级嵌入性的互动效应。

环境嵌入指的是某一国家和产业的背景环境对于经济的影响。在考虑环境嵌入对新合作关系形成的可能性的影响时，需要考虑宏观与中观两个层面的影响。将环境嵌入划分为宏观与中观两个层次可以避免把环境嵌入看成企业行为的一种广泛的、无差别的环境，规避了传统社会学里经济行为“过度社会化”的观点。尽管很多学者认为大部分企业的运行环境变得越来越全球化和同质化（Dunning，1993）[223]，但 Hagedoorn（2006）[220] 认为，宏观层面的嵌入性有助于理解企业行为。组织间嵌入是指企业群组中组织间合作关系形成的网络背景对于经济的影

响，其反映了企业间建立合作关系的背景经验。Hagedoorn（2006）[220] 分析了企业所处的网络位置对企业间合作关系的影响，研究发现处于网络中心位置的企业与未来合作伙伴建立关系的成功率显著升高，因为处于中心位置的企业具有信息优势（Burt，1992）[149]、声誉优势（Brass et al.，1998）[224]，从而使它们更易于发展某些能力（Dyer & Singh，1998）[225]。双边嵌入是企业间一对一的具体联系，需要在两个企业间重复关系的情景中去理解（Hagedoorn，2006）[220]。由于与信息不对称、熟悉和信任有关，很多文献开始关注双边嵌入问题。Chung 等（2000）[226] 发现，企业倾向于与有过合作经历的企业再次合作，因为搜索可信赖的合作伙伴的过程以及最后选择过程的成本是高昂且耗时的，这种关系在信息不对称的环境中更加显著。此外，也可以用类似的推理方法研究熟悉与信任对新的合作关系形成的影响。当熟悉与重复联结和企业间信任相关时，称这样的信任为“关系信任”（Ring & Ven，1992）[227]。当关系信任嵌入企业间的重复联结中时，有利于促进关系的稳定性，而且企业间的熟悉程度对现有合作关系的稳定与持续非常重要（Zaheer et al.，1998）[228]。

2.3.3 网络嵌入的经济后果

随着嵌入性理论的深入发展，网络嵌入对企业经济后果的影响研究引起了学者的广泛关注。通过文献梳理，各个学者在网络嵌入对于企业经济后果是否具有显著影响以及影响的方向方面持有不同的观点。

Gulati（1988）[217] 认为，网络嵌入可以对企业绩效产生显著的积极影响，并且从关系嵌入、结构嵌入和认知嵌入三个维度均可以得到证实。与此观点相同，易朝辉和罗志辉（2015）[229] 以中国企业为研究样本，同样发现三个维度的网络嵌入与企业绩效具有显著的正向影响，进一步研究发现关系嵌入的正向作用最为显著。李雯和夏清华（2016）[230]、崔海云和魏国辰（2017）[231]、田红云等（2017）[232] 等国内学者利用中国企业的相关网络作为研究样本得到了类似的结论，只是三个维度对企业绩效的增长作用的显著性略有不同。此外，吴文清等（2019）[233] 发现关系嵌入的三个维度即信任、信息共享和共同解决问题分别对企业绩效有显著的正向影响。张琛和孔祥智（2019）[234] 发现，合作社组织嵌入性对其经营绩效具有重要影响，组织嵌入性程度越高，合作社的经营绩效水平越高。

与以上观点不同，部分学者发现网络嵌入也可能给企业绩效带来消极影响（George et al.，2016）[235]。Subrahmanyam（2008）[236] 发现，网络嵌入虽然可以给企业带来诸多好处，但是也会造成企业独立性的大幅削弱，从而对企业的价值与绩效产生负向影响。李德辉等（2017）[237]、钟军委等（2017）[238] 等从生产效率的角度指出，过度的网络嵌入会产生嵌入冗余及钝化，抑制企业的生产效率，从而对企业绩效产生消极影响。

2.3.4 嵌入风险的相关研究

2.3.4.1 嵌入风险的类型与特征

Granovetter（1985）[63] 指出，“嵌入”在社会关系网络中是不规则地渗透的。Uzzi（1997）[3] 指出，“嵌入”是企业易于遭受外部攻击的一个重要因素。Burt（1983）[71] 指出，如果企业的网络嵌入过深，其节点将会过度限制于本地网络，从而产生“过度根植性”效应，使网络的活力凝固，对企业绩效产生负面影响。Bergman（2002）[70] 同样指出，网络的长期嵌入容易导致“路径依赖”和“区域锁定”效应，从而对企业的经营业绩产生风险。石军伟和付海艳（2010）[74] 指出，嵌入特性会使企业在不同的社会关系网络中面临着嵌入惰性、过度嵌入或不当嵌入的风险。孙国强（2013）[239] 指出，网络组织的负效应可具体表现为锁定效应、多米诺效应和创新乏力效应。

在嵌入风险的具体特征表现方面：陈金波（2005）[155] 提出，在集群企业中，企业之间的嵌入风险具有动态传递性，这种特征在企业间存在利益链关系的情况下尤为明显。瞿定远（2012）[55] 针对地方政府投融资平台的嵌入风险进行了分析，指出嵌入风险具有聚集、隐蔽、传导、叠加与共振等特征。罗长青（2014）[240] 指出，在金融业务的信用风险除了具有相关性、传染性之外，还具有明显的跳跃性特征。杨康（2014）[241] 指出，供应链网络中的嵌入风险具有客观性、传递性和均衡性等特点。

2.3.4.2 嵌入风险的成因

众多学者研究认为过度嵌入是嵌入风险的主要成因。Dore（1987）[242] 对日本纺织品制造企业的研究表明“强关系”可以导致锁定现象的发生，即在明知与外部企业交易更为有效的情况下，由于强信任关系的存在，企业仍被牢牢锁定在网络内部进行交易，导致成员间交易互锁的现象，降低交易效率。Grabher (1993)[243] 指出，企业间的强关系会削弱企业的市场营销能力，形成群体思维，造成对经济形势判断的高度趋同性，延误集群业务转型的时机，给集群发展带来负面影响。Uzzi（1997）[3] 通过对纽约服装行业的研究发现，不可预见的核心网络成员退出、制度力量导致市场理性化、过度嵌入是嵌入负效应的产生原因。Gulati 等（2000）[244] 指出，由于维护强连接的成本较高，而企业的资源又有限，并且出于联盟忠诚度的考虑，联盟中的企业不再与其他联盟建立联系，进而造成联盟网络的内锁定效应和外锁定效应。林竞君（2005）[245] 首次提出了“嵌入性依赖”的概念，进一步将其分为关系性依赖和结构性依赖，并指出结构嵌入依赖导致集群网络学习的失败，关系嵌入依赖导致集群交易失效，给集群带来风险。Miles 和 Snow（1992）[246] 在研究网络组织失败的原因时指出，稳定型网络中边缘企业对核心企业不健康的过度依赖以及由此带来的创造性的束缚是失败的主要原因。

还有学者从网络内聚性与网络结构出发讨论了网络组织失败的原因，发现网络群体结构的中心性过高，那么核心成员一旦退出会对整个网络的生成能力产生很大的负面影响（Uzzi，1997）。蔡宁和徐梦周（2008）[247] 从度分布、聚集系数以及评价最短路径三个网络结构变量分析网络组织的结构闭合与系统崩溃，发现网络中群体中介性过高会导致网络风险，集散节点的退出将导致整个网络分崩离析。

此外，嵌入风险生成的原因还包括嵌入企业的机会主义动机、信息不对称、契约不完备性以及参与主体的有限理性等因素。交易成本经济学认为组织间的经济关系中“决策者的有限理性”“机会主义的存在”以及“不确定性”等因素综合导致了组织间的合作关系风险。网络组织交易中信息不对称以隐蔽信息的形式产生了机会主义行为，其主要表现为事前的逆向选择（Nee，2001）[28]。Teece (1993)[248] 指出，交易一方的“要挟”行为产生的根本原因就是契约的不完全性。Das 和 Teng（2001）[249] 指出，由于人是有限理性的，再加上信息的不对称性、契约不完备性和资产专用性的存在，网络组织出现机会主义行为，给网络组织的运行带来风险。

2.4 风险传导的相关研究

2.4.1 风险传导的相关内涵

2.4.1.1 风险传导的定义

关于传导的研究较早多见于自然科学领域，随后其现象特征和产生机理逐步引用和借鉴到了社科领域。在我国，邓明然和夏喆（2006）[250] 较早就对企业的风险传导进行系统性研究，构建了风险传导机理的基本书框架，对于风险在企业内部的动态传导规律进行了深入探讨。他们将企业的风险传导定义为存在于外部环境和内部系统中的风险源所释放的风险，这些风险通过相关的载体，经过有关的路径或渠道，传导到企业生产经营的各个业务流程或节点，最终造成企业的生产经营活动偏离预期目标而遭受损失的过程（夏喆，2007）[251]。进一步地，他还从狭义和广义两个角度对企业风险传导进行了界定，从狭义上讲，企业风险传导是指企业由于内部和外部不确定性因素的影响，在企业运营的某一环节产生风险，该风险依附于风险传导载体，沿着某种路径传导到企业内部其他运营环节，使企业经营偏离目标并遭受损失，指的是风险在企业内部的传导；从广义上讲，企业风险传导不仅包括风险在企业内部传导，还包括风险在企业外部传导，指的是风险沿着供应链关系在上下游企业间的传导，由于处于供应链网络中的企业与上下游企业之间存在交易关系，一个企业产生的风险必然会沿着供应链关系传导至其关联企业，甚至会通过某种载体沿着供应链关系网传导至整个供应链网络。之后，戴胜利（2009）[252]、沈俊（2011）[253] 分别对企业的营销风险传导和财务风险传导的内涵进行界定，界定方式与邓明然等（2006）对风险传导的概念界定基本类似，只是风险对象发生了变化。

2.4.1.2 风险传导的特征

对于不同类型的风险在传导中可能表现出不同的特征。叶厚元（2005）[254] 在相关研究中对企业风险传导的特征进行了描述，指出企业风险传导具有随机性与突发性、联动性与非线性、路径依赖性、变动性和不可逆性等特征。王建秀等(2015)[255] 研究表明，企业组织体系内业务单元之间的关联性导致附着于其上的风险流具有联动耦合特征。刘纳新等（2015）[256] 根据科技型小微企业融资风险传导过程的四个阶段认为，融资风险传导过程具有流动性、耦合性、依附性、变异性的特征。刘纯霞（2016）[257] 在相关研究中对供应链中断风险传导特征进行描述，认为供应链中断风险传导具有客观性、多样性、难控性、阶段性和复杂性。林萍等（2017）[258] 以与公众生活密切相关、公众关注度很高的食品网络舆情话题为数据分析对象，得出供应链的产品网络舆情风险呈现多维扩散性、多话题衍生、情绪传递等特征。

2.4.2 风险传导的构成要素

Cheng 和 Kam（2008）[259] 在供应链网络风险分析框架中指出，供应链网络风险传导的构成要素包含前置条件、风险事件、传播路径和产生影响等方面。国内学者从不同方面对风险传导构成要素进行了探析。翟运开（2007）[260] 研究了合作创新风险传导的过程，指出风险传导的构成要素可以分为静态要素和动态要素两类，静态要素主要包括风险源、风险介质以及风险阀门等，动态要素主要包括传导速度、传导强度以及风险变异等。与此研究类似，张剑光（2011）[261] 在供应链风险传导的研究中指出，传导要素可分为静态、动态两类，但每个类别所包含的具体要素有所不同。陈爱早（2009）[262] 分析了供应链企业的财务风险，指出其风险传导的要素主要包含风险成因、传导载体和风险源三方面要素。戴胜利（2009）[252]、万幼清和胡强（2015）[263] 等在相关研究中认为，风险传导要素主要包括风险源、风险流、风险传导载体和风险阈值。程国平和邱映贵(2009)[264] 在供应链风险传导模式的研究中指出，风险发出者、风险助推剂、风险传导载体和风险接受者是风险传导的基本元素。陈志（2010）[265]、万幼清和胡强（2015）[263] 等在分析企业风险传导路径时指出，风险源、风险流、风险载体、风险阈值等是企业风险传导的关键要素，并通过要素之间逻辑关系的阐述揭示了风险传导的主要过程。

2.4.3 风险传导的演变过程

2.4.3.1 风险传导的阶段

叶厚元和洪菲（2010）[266] 认为，可以将风险传导的过程视为一个有机生命体，并将风险传导的阶段概括为诞生、成长、成熟、衰退等阶段，以便更好地揭示风险在不同阶段的运行特征。祝江斌等（2006）[267] 研究了城市重大突发事件的风险传导过程，并将风险的扩散传导过程分为潜伏生成期、显现与爆发期、持续演进期、消解减缓期以及解除消失期等阶段。孙琦和季建华（2012）[268] 针对供应链突发事件产生的风险进行了研究，指出供应链中断风险在传导时会经历预防、控制和应对三个阶段。刘纳新等（2015）[256] 将科技型小微企业融资风险传导过程分为酝酿期、爆发期、缓解期和遗留期四个阶段。

2.4.3.2 风险传导的路径

马丽等（2007）[269] 实证研究了供应链风险的传递机制与传导路径，指出风险传导路径可以根据传导的方向分为正向型路径、反向型路径以及辐射型传递路径三类。程国平和邱映贵（2009）[264] 在分析供应链风险传导模式时指出，风险传导路径可以根据传导形态分为链式传导路径和网络式传导路径两种模式，其中链式传导路径还可分为正向传导路径和反向传导路径，而网络式传导路径还可分为交互式传导路径、集中式传导路径和中心辐射式传导路径。与此研究类似，李刚（2011）[270] 将供应链风险传导路径分为链式、辐射式、集中式以及交互式四种传导类型。刘志学等（2012）[271] 研究了供应链提前期风险的空间传递路径，并通过构建空间传递模型和风险控制机理框架讨论了风险传导的有关路径。

2.4.4 风险传导的影响因素

风险传导的影响因素研究是传导机理研究的前提，在厘清风险影响因素的基础上探究风险传导的过程与路径，有助于揭示风险传导的相关机理。Wang（2011）[272] 通过实证研究表明网络结构是产业集群风险传导的根源。张志强等（2012）[273] 发现，人员的安全水平和安全管理是影响煤矿水灾害风险传导的关键因子。张圣忠等（2014）[274] 通过构建供应链违约风险传染的度量模型，分析了供应链违约风险在因果传染和违约传染影响下的具体表现，通过比较分析不同成员企业的违约概率变化可以发现，一个成员企业违约会通过传染的方式引起关联企业违约强度的正向跳跃。范建昌等（2014）[275] 以变异系数表示供应链节点企业的单位业绩风险，研究了供应链中传导的需求风险与汇率风险的具体表现，发现供应链节点企业之间的策略性行为是需求风险和汇率风险在供应链中传导的主要因素（引致节点企业的业绩波动性）。徐龙顺和李婵（2017）[276] 运用演化博弈理论构建数字图书馆资源共享风险的传导模型，研究发现降低委托成本、监管成本、维权成本、支付成本，加大处罚力度等方式有助于共享风险向理想的策略传导。李婵等（2018）[277] 通过建立复制动态方程发现，监管成本、维权成本、支付成本及处罚力度等是网络信息资源著作权风险传导的主要影响因素。张鹤冰等（2019）[278] 基于贝叶斯网络理论构建了中国电子商务信用风险网络模型，指出新者难做、交易者的交易意愿降低、技术诈骗率提高、经济效率降低以及信息不对称为信用风险的敏感性因素。

2.4.5 风险传导的防控策略

在分析风险传导影响因素的基础上，学者从不同视角对风险的防控提出了诸多对策。通过文献梳理发现，应对风险防控的策略主要有优化制度、加强监管、提高抗风险能力等。

2.4.5.1 优化制度与机制

Seadle（2008）[279]、Kelvey 等（2013）[280] 针对网络信息资源著作权风险，从完善管理、适用法律、优化制度等方面提出了著作权风险规避的措施。吴光东和杨慧琳（2018）[281] 针对施工阶段承包商的道德风险行为，运用演化博弈理论，从业主角度构建承包商的道德风险防范机制，研究发现激励机制对承包商行为的约束效果最好，双重机制次之，惩罚机制最弱，指出应通过建立信用评价体系、创新奖惩机制等方式抑制承包商道德风险。

2.4.5.2 加强监管

王瑞琦和郑冉（2010）[282] 运用区间事件分析法验证了商业银行风险在银行内部及金融体系之间的传导机制，并提出监测风险是防范风险传导的关键手段。高鹏等（2012）[283] 通过建立房地产开发商与银行之间市场行为的演化博弈模型，研究得出政府严格、持续的执行有效的房地产调控政策有助于房地产金融风险的控制。古定威等（2018）[284] 以我国 P2P“网贷”平台的信用风险为研究对象，指出政府监管对控制平台信用风险、推动行业可持续发展具有重要作用。杜志平等（2018）[285] 针对跨境物流联盟特征和系统运作风险控制问题，建立联盟内部惩罚机制下的演化博弈模型，得出为有效规避联盟运作风险，需要建立科学的惩罚机制，防范联盟内部成员的投机行为，并对联盟的运作及收益做好可行性分析。陈海涛等（2019）[286] 发现，制订合理的风险分担方案，制定和完善再谈判机制，剪断风险传递链条，建立有效的多向监督机制，提升政府公信力有利于降低 PPP 项目提前终止风险。

2.4.5.3 提高抗风险能力

刘宏等（2017）[287] 构建了 PPP 模式下投资方与政府部门的风险管理演化博弈模型，研究发现创新投资模式、提高技术水平、增强承担风险能力有助于降低项目风险、提高参与方收益。赵泽斌和满庆鹏（2018）[288] 研究表明，加强公共部门和私人部门对风险后果认知、提升风险识别和评估能力、优化风险流程与程序和增大对消极风险管理行为的处罚力度等有助于防范重大基础设施工程风险。

2.5 文献述评

通过文献梳理发现，网络平台成为近几年商业模式研究的热点，众多学者在网络平台的特征、用户归属行为、网络平台定价、网络平台竞争以及商业模式等方面取得丰硕的研究成果。对于网络平台风险的研究，现有学者主要从平台或入驻企业单个主体的视角展开，对网络平台的系统风险、产品风险、信息技术风险、运行风险，入驻商家的信用风险、声誉风险进行研究，但对于平台运营风险与入驻企业风险的关联关系则尚未得到应有的关注。因此，本书从网络嵌入的视角分析入驻企业的嵌入行为给网络平台带来的多重嵌入风险，有助于更为宏观系统地把握嵌入风险的特征与成因，从而为管理层风险的治理提供建议。

在网络嵌入方面，众多学者对嵌入性的内涵进行了界定，并提出了嵌入的不同分析框架，分析了网络嵌入对企业绩效、企业创新等经济后果的影响，揭示了嵌入的影响机理。对于嵌入风险的研究主要以网络集群、网络组织为研究对象，少有对网络平台嵌入风险的研究。另外，对嵌入风险的成因分析主要是从过度嵌入的视角进行的，而“低度嵌入”情境下的嵌入风险研究则较少，仍处于内涵探讨的起步阶段。基于以上分析，本书以第三方交易类 B2C 网络平台为研究对象，基于低度嵌入的视角，采用扎根理论的探索性案例研究方法探究 B2C 网络平台嵌入风险的驱动因素及其生成机理的概念模型，有效弥补现有文献的不足。

在风险传导方面，国外有关研究主要是从国家之间、金融风险的视角展开的，更多关注宏观经济方面；而国内有关研究则主要集中在供应链、产业集群等网络组织的风险传导研究，鲜有针对 B2C 网络平台这种商业模式下嵌入风险传导过程进行研究。另外，现有研究主要是关注于探析风险传导的路径及其特征等某一方面，若要揭示风险生成与传导的整个过程尚显不足。尽管众多学者采用演化博弈对不同类型风险的演化机理和影响因素进行分析，但博弈主体多是包含两方参与主体，少有基于三方演化博弈的分析。由于风险传导过程的复杂性，采用单一方法不足以揭示传导过程规律，不同类型的组合方法已经成为风险传导规律的研究趋势。

基于此，本书构建了包含“网络平台企业—入驻商家—消费者”三方主体的嵌入风险演化博弈模型，并引入入驻商家和消费者的平台嵌入度，揭示嵌入风险在网络平台内部的传导过程，优化了现有该领域的分析框架。结合 B2C 网络平台嵌入风险在网络平台外部传导的特征，使用复杂网络和 SIR 模型的复合方法来推演嵌入风险在平台外部传导的动态过程，并考虑到消费者对风险偏好、网络平台干预速度、信息衰减等因素对状态转移率进行修正，构建了随时间变化的风险传导模型，使分析更具有合理性，有助于揭示嵌入风险的传导机理和规律，进而为管理层提出关于风险防控的更加科学、合理的政策建议。

2.6 理论基础

2.6.1 网络外部性理论

2.6.1.1 网络外部性的内涵

在传统的市场经济模型中，市场供求以及产品价格是影响市场中各利益相关者行为的主要因素，但是当市场失灵时供需及价格都丧失了原有的调节功效，无法实现帕累托最优，这就需要更多的外部因素对市场发挥作用。1980年，马歇尔（Marshall）发现经济活动以外的因素可以对经济活动中的利益主体发挥有利的作用，尤其是当这些利益主体从某种社会经济活动中获得有利影响，而受益者又无须为此付出任何代价时，市场外部性就产生了。同一时期，网络外部性开始被学者所关注，并认为它与经济学中"外部性"具有共同的特征。Rohlfs（1974）[289] 发现，绝大部分消费者会选择已经拥有更多用户的运营商。通过这一现象，他认为网络的规模可以在一定程度上决定用户使用产品时的效用，当网络规模较大时，新加入的用户以及网络中已经存在的用户会得到更多的效用，从而为整个网络带来更大的价值。Katz 和 Shapiro（1985）[43] 对网络外部性做了系统性定义，指出网络外部性是指随着消费某一产品消费者数量的增加，消费者对某种产品所获得的效应也会随之增加，这种现象被称为"消费者的规模经济性"。Liebowitz 和 Margolis（1994）[45] 认为，网络外部性就是采取一致行动的行动者数量增加时该行动所产生的净价值增量。网络外部性在现实生活中的例子也很多，如"QQ"的网络外部性就是因为随着使用这款通信产品的人数增长，原有的使用者可以与更多使用者进行通信，从而提高原有使用者的效用。

2.6.1.2 网络外部性的分类

Liebowitz 和 Margolis（1994）[45] 发现，网络外部性并非只有正的效应，当规模超过一个阈值时，网络外部性产生的效应也会出现负的效应，即网络中的使用者效用会随着用户规模的增加而降低。根据这一特征，可以把网络外部性分为

“正网络”外部性和“负网络”外部性。例如，网络平台中的商户数量增加一开始体现为正的网络外部性效应，可以吸引更多消费者购物，但当商户增加到一定程度时，由于消费者数量的限制，为了获得更多的客流量，商户希望竞争对手越少越好，网络负效应凸显。

Katz 和 Shapiro（1985）[43] 按照反馈方式的不同将网络外部性分为直接网络外部性和间接网络外部性。其中，直接网络外部性指的是随着使用产品的消费者数量的增加，消费者的使用效用会直接得到增长，如微信、QQ 等通信工具，使用人数越多用户与其他人联系越便利，那么用户的效用越大；而间接网络外部性指的是产品消费者数量的增加不仅会导致自身消费者数量的增加，还会导致产品互补品相应地增加，从而间接导致该产品消费者的效应得到增长，典型的例子就是电子商务网络平台，商家用户数量的增长可以通过提供更多的产品和服务来吸引更多的消费者购物，消费者数量的增加反过来吸引商家用户的数量增加，体现为间接的网络外部性效应。

B2C 网络平台作为典型的双边市场，具有明显的网络外部性效应，随着该平台使用人数的增加，双边用户从中获得的效用也会增加（黄纯纯，2011）[290]。网络平台作为双边市场区别于其他传统产业的最大特征就是具有“市场间网络外部性”，即当入驻商家的规模超过一个阈值时，网络外部性产生的效应也会出现负的效应，即网络中的使用者效用会随着用户规模的增加而降低，在效用不断降低的情况下，一些商家会采取违规行为以获取超额利润，因此本书将网络外部性理论应用到嵌入风险的生成机理分析中，这在一定程度上拓展了网络外部性理论的分析边界。

2.6.2 演化博弈理论

演化博弈论最早可追溯至 20 世纪 60 年代，其理论渊源是古典博弈论与达尔文的生物进化论的结合。演化博弈论修正了古典博弈论中对参与者完全理性的假设，借鉴了生物进化论的内在机理，认为参与者的博弈行为具有生物演化的某些特征，博弈是以有限理性为前提假设的，参与者可以通过相互学习和试错的方法进行决策并达到博弈均衡。演化博弈论将生物进化中优胜劣汰机制与古典博弈论的纳什均衡进行结合，整合了演化生物学和理性经济学的思想。

Smith和Price（1973）[291] 在*Nature*上发表的《动物冲突的逻辑》（*The Logic of Animal Conflict*）一文对演化博弈论进行了开创性的拓展和完善，奠定了演化博弈理论的基础。经典博弈理论通常是基于博弈的参与者是完全理性的且认定博弈对手也是理性的假定，参与者基于这样的假定并根据已掌握的信息采取最优策略以最大化自己的收益，而在现实世界中，这种完全理性的假设往往是不成立的。Smith和Price（1973）的研究从有限理性个体出发并首次提出了演化稳定策略，认为博弈参与者的最优决策依赖于长期的相互学习、模仿和突变等动态过程，通过这种重复博弈的学习和反复试错的过程来弥补个体的有限理性，从而逐渐寻找到最优策略。随后，Taylor和Jonker（1978）[292] 提出复制动态者方程（Replicated Dynamic Equation）这另一重要概念，描述了演化博弈过程中采取某一策略的群体数量的变化规律。复制动态的核心思想是指在有限理性的群体（其理性程度可以很低）中，经过多次博弈之后，比平均收益高的优质策略会逐步被选择其他劣质策略的群体所接受，从而导致群体中采取不同策略的策略方的数量（比例）发生改变。

随后，演化博弈论受到大量学者的关注，并在经济学领域得到应用，从动态、演化的视角研究经济现象及其规律。20世纪90年代之后，更多学者将演化博弈理论应用在更广泛的经济学领域。Weibull（1992）[293] 等对该理论做了进一步系统性总结和提炼。我国学者对于演化博弈的研究大致在21世纪之后。贾根良（2004）[294] 针对演化经济学提出了相应的研究纲领和基本分析框架，指出了演化经济学面临的若干重大前沿问题，为我国的进一步研究奠定了良好基础。易余胤和刘汉民（2005）[295] 系统性阐述了演化博弈模型的基本特征，并从方法论、认识论、选择机制及均衡等方面指出了其在经济学领域的应用前景及优势。黄凯南（2009）[296] 针对演化博弈和演化经济学进行了系统梳理，阐述了两种理论的基本分析结构及发展历程，同时深入探析了两种理论之间的互补性和差异性。

在本书中，B2C网络平台嵌入风险的生成是由网络平台、入驻商家和消费者三者相互作用产生的，其能否传导和扩散是网络平台中不同主体间相互博弈的结果，因此嵌入风险在网络平台内部的传导具有行为博弈性。基于此，本书构建包含网络平台、入驻商家和消费者三方主体在内的嵌入风险传导的三方演化博弈模型，通过演化稳定策略的分析，得出嵌入风险收敛或扩散的边界条件，揭示嵌入风险在网络平台内部传导的动态过程和规律，进而为网络平台企业控制嵌入风险在平台内部的传导提供对策建议，为平台企业实现健康成长目标提供有力保障。

2.6.3 复杂网络理论

2.6.3.1 复杂网络的发展

网络科学的研究主要经历了三个发展阶段：由“柯尼斯堡七桥问题”形成的规则网络阶段、由随机图理论推动的随机网络阶段、以小世界网络和无标度网络为代表的复杂网络阶段（见图 2.1）。

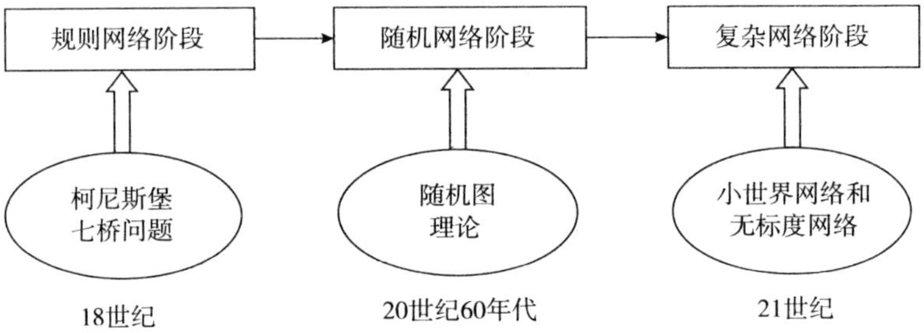

图 2.1 网络科学发展阶段

在 18 世纪，有详细文字记载的“柯尼斯堡七桥问题”拉开了图论研究的序幕，从而形成了规则网络阶段的基础研究。20 世纪 60 年代，匈牙利数学家 Erdos 和 Renyi 共同建立了随机图理论（Random Graph Theory），这一理论的形成使得相关研究推进到随机网络阶段，并为下一阶段——复杂网络的研究提供了系统性的理论基础和有力的支撑。随着信息和网络技术的发展，学者关于网络的认识也从模拟的理想形态转入真实世界的大型复杂网络。这些现实的复杂网络与规则网络和随机网络不同，其网络节点往往是按照自组织原则连接而成的，根据不同的连接规则形成不同形态的复杂网络，如“小世界网络”“无标度网络”。“小世界网络”是由 Watts 和 Strogatz（1998）[297] 发现并提出的，他们认为基于复杂网络的“小世界网络”通过设置不同大小的重连概率，可以使其实现从完全规则网络向完全随机网络的过渡，从而具有高聚类性及平均路径长度短的双重特征。随后，Barabasi 和 Albert（1999）[77] 针对真实世界中网络的无标度特征提出了无标度网络模型。

2.6.3.2　复杂网络的基本模型

复杂网络模型可以根据不同的标准进行分类，但目前主流的分类是根据网络的拓扑结构而定的，进而形成了基本的复杂网络模型，主要有规则网络模型、随机网络模型、小世界网络模型和无标度网络模型。

规则网络是复杂网络中最基础的模型之一，它形成的网络拓扑结构具有显著的规律性，结构平移对称，十分规则。如果网络中节点之间的连接方式是按照随机的方式确定的，就会形成随机网络，随机网络是一种非高聚集、小世界的网络形态。与真实世界中经济、社会等领域的网络情况不同，实际的网络不可能是完全规则的，也不可能是完全随机的阶段形态，而是介于两者之间的一种复杂形态。随着科学技术的进步，学者利用计算机技术构建的小世界网络、无标度网络是更接近真实网络的复杂网络模型。

小世界网络可以视为完全规则网络与完全随机网络之间的一种中间形态，在规则网络中加入部分随机性即可产生 WS 小世界网络。小世界网络中的“连接边”既不像最近邻耦合网络那样只与邻近节点相连接，也不像全局耦合网络那样与其他所有节点相连接，而是随机增加与某些节点的边。在这样的情况下，小世界网络可以在局部聚集性相对稳定的条件下，大大降低网络中的平均距离。而这种平均距离小、节点聚集程度高的特征与真实世界中的网络较为接近。

虽然在一定程度上小世界网络已经更接近真实世界网络，但是依然有一些缺陷，如小世界网络以及随机网络的度分布均呈现为“泊松”（Poisson）分布的特征，具有同构性，而现实世界的大多数复杂网络的度分布却呈现幂律分布特征。也就是说，这种复杂网络中大部分节点的度分布都较小，只有少数的节点（核心节点）具有较大的度分布，从而使得网络中节点的度分布非常不均匀，产生了强烈的异构性。正因如此，此类复杂网络中节点的度分布没有办法通过显著的特征向量来描述，从而被命名为无标度网络。该模型主要基于两个重要的基本假设：一是增长性，就是网络的规模是动态变化且不断扩张的；二是优先连接性，就是网络的新节点在很大概率下更容易与度较高的节点进行连接。优先连接性在生活中也有较多例子，如强者更强、富者更富的“马太效应”现象。

随着计算机技术的发展，复杂网络理论的建模优势日益凸显，成为系统科学的前沿方向。郭世泽和陆哲明（2016）[298] 指出，复杂网络是具有自组织、自相似、小世界、无标度中部分或全部性质的网络。复杂网络和复杂系统密不可分，复杂系统中的元素通过错综复杂的连接关系，相互连接，相互影响，从而构成网络。本书研究的对象是来自真实世界的 B2C 网络平台，具有节点复杂和关系复杂等特征，而当 B2C 网络平台嵌入风险传播到网络平台外部并在网络空间进行传导时，由于网民节点、功能以及状态均具有复杂性，无法用传统的统计方法进行刻画，因此适用于复杂网络的研究范畴。

2.6.4 传播动力学理论

复杂网络由于其网络结构和传播机制的复杂性，各类事物在真实世界网络中的传播过程十分复杂，且会受到很多自然及社会因素的影响和制约，而这些影响和制约不仅与传播事物的传播属性有关，还与网络的拓扑结构特征有关（郭世泽和陆哲明，2016）[298]。如何描述和解释复杂网络上的传播行为，如何对其进行有效控制一直是学者关注的焦点。由于生物学早就开始对病毒传播进行研究，且其传播过程与复杂网络上的传播过程十分类似，因此一些用于研究病毒传播的模型可以被移植过来研究复杂网络中病毒的传播。

近年来，学者设计了大量基于传染病传播模型的复杂网络传播模型，其中最基本、典型的是 SI 模型、SIS 模型和 SIR 模型。在这些典型的传播模型中，网络的个体被分为几类且均处于一个状态，这些状态主要包括：

S（Susceptible）——易感染状态。表明该个体当前为健康个体，但容易被病毒感染。

I（Infected）——感染状态。表明该个体已经被病毒感染，并具备向网络中其他个体传播病毒的能力。

R（Recover/Remove）——免疫或移除状态。表明该个体已经接受“疫苗”，不会被病毒感染，同时也不会向其他个体传播病毒，或者表明该个体已经从网络中移除。

（1）SI 模型。SI 模型是几类模型中最简单的模型，在该模型中个体只有两个状态：易感状态 S 和感染状态 I，适用于那些被感染后不能治愈的疾病或病毒。

该模型假设所有个体都是脆弱的，个体被感染后处于感染状态，且系统中个体总数不变。

（2）SIS 模型。SIS 模型与 SI 模型类似，系统中的个体也只有易感和感染两种状态，但是 I 类个体在传播病毒后，又以一定概率被治愈，重新变成 S 类个体，适用于感冒类治愈后还可复发的疾病。

（3）SIR 模型。在 SIR 模型中除了易感个体 S、感染个体 I 外，还存在免疫个体 R。免疫个体 R 是指被治愈后获得免疫能力的个体，该个体不具备传染能力，也不会被传染。

由于风险传导机理与疾病传播的机理具有类似性，因此越来越多的学者采用传染病模型研究风险传导机理及过程。Toivanen（2013）[299] 基于 SIR 模型，对欧洲各经济体间的金融风险传染过程进行分析。庞晓波等（2015）[300] 研究表明传染病学理论对于分析金融危机的传染过程和防范机制，不论是在理论层面还是实践层面均具有重要意义和价值。马颖等（2013）[301] 研究了食品行业突发事件风险感知传递的特征和过程，建立了食品行业突发事件风险感知传递的传染病模型，并对相关模型进行仿真模拟，进而提出了规避食品行业突发事件风险感知传递的措施与建议。王书斌等（2017）[302] 基于传染病模型，分析 P2P 债权转让模式和违约舆情传染机制，结果发现，当转让债权人传染再生数超过阈值时，P2P 恐慌情绪传染将始终存在，并导致 P2P 平台陷入危机。钱茜等（2019）[303] 结合传染病模型和复杂网络理论，探讨了管控策略对关联信用风险传染及关联企业网络稳定的影响，研究结果表明救治策略相较于免疫策略对关联信用风险的管控有更高的效率。

当嵌入风险突破平台边界，进入网络空间后，网民不断传播风险信息，导致嵌入风险不断扩散。考虑到 B2C 网络平台的嵌入风险在网络空间中的传导机制与传染病的传染机理类似，众多学者采用传染病模型对风险传染、舆情传播取得了丰硕的成果。因此，本书结合 B2C 网络平台嵌入风险传播的特殊性，试图构建 BA 无标度网络上的传染病模型，通过修正状态转移率参数来对模型进行改进，使分析更具有合理性，并根据分析结果给出防范风险传导的应对策略。

第3章　B2C网络平台嵌入风险的生成机理分析

在前面分析的基础上，本章采用扎根理论的研究方法对嵌入风险的驱动因素和生成机理进行探索和揭示。按照案例选取的原则，以“天猫”为典型案例，选取来自平台企业、入驻企业和消费者的访谈记录以及网站和书籍公开的二手资料作为数据来源，采用扎根理论对其进行编码、归纳、对比和分析，逐渐提炼嵌入风险生成驱动因素及生成机理理论模型，明确嵌入风险生成的类别，嵌入风险生成的驱动影响，嵌入风险生成过程中的关键行动策略以及风险生成的中介条件。本章发现和揭示B2C平台型企业嵌入风险的驱动因素和生成机理，为后续嵌入风险传导分析打下基础。

3.1　研究设计与方法

3.1.1　研究方法的选择

平台型企业多以技术作为运营支撑，技术为平台型企业发展提供强大动力的同时，也增加了其经营过程的复杂性。从研究视角和研究对象来看，基于嵌入视角的B2C网络平台嵌入风险驱动要素及其演化机理的分析并无成熟研究可资借鉴，属于典型的探索性研究。这类研究强调以B2C网络平台嵌入风险发展过程中的相关材料、要素、关系为基础，通过对各种质性材料的信息挖掘，实现揭示表象问题背后的规律或建构新理论的研究目标（Auer et al.，2003）[38]。

扎根理论（Grounded Theory）是由 Glaser 和 Strauss 于 1976 年提出的一种用程序化的思路进行质化研究的方法。扎根理论是以一个特定的研究领域为基点，将相关研究实体围绕着某一领域逐一呈现，通过对经验资料的系统归纳，抽象出研究结论即新的概念和思想的方法。扎根理论研究的关键思路在于对数据资料进行多次比较、浓缩，进而将研究数据概念化，并提炼出相应的范畴。扎根理论的研究过程主要包括开放式编码、主轴编码和选择性编码三个步骤。近几年，扎根理论研究方法得到了快速发展与广泛应用，尤其是在没有成熟研究借鉴的前提下，扎根理论作为一种重要的归纳式研究方法，被认为是当前中国开展管理研究的重要研究方法。

本书基于扎根理论，使用 NVivo10.0 工具对案例资料分别进行开放式编码、主轴式编码、选择式编码，以探索 B2C 网络平台型企业低度嵌入风险的内在成因与生成过程。在编码过程中，本书严格遵守扎根理论编码归纳的过程和模型构建的步骤，对原始数据的编码按照定义现象、归纳概念、形成范畴这一层层递进的过程，提炼出研究的主范畴和核心范畴，找出各范畴之间的故事线逻辑。同时，为保证研究的信度和效度，经过不断讨论、修改或删除存在争议的初始概念和范畴，避免编码者的主观意见对资料编码结果的影响。具体应用步骤如图 3.1 所示。

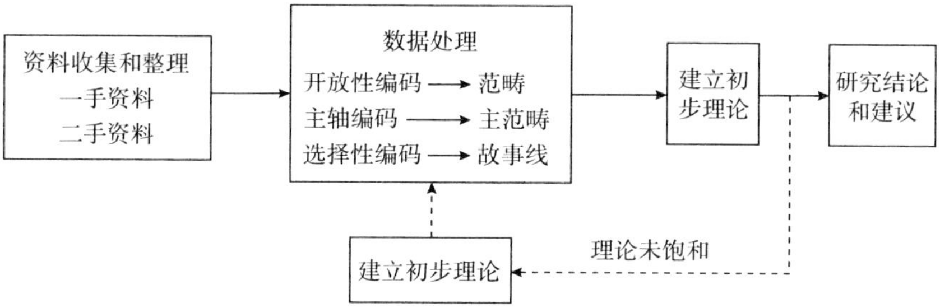

图 3.1　扎根理论研究流程

资料来源：笔者绘制。

3.1.2 案例选择

扎根理论强调从数据资料中提炼概念和范畴并在此基础上构建理论，因此对研究资料的丰富程度要求较高，对资料的依赖性较强。本章研究的是 B2C 网络平台嵌入风险生成的驱动因素及其生成机理，现有文献并没有深入解答，因此本书采用单案例研究，这样可以深入描述和剖析某一特定现象或问题背后动态、复杂的机制（Eisenhardt，1989）[304]，提炼出解释复杂现象的理论或规律（Graebner & Eisenhardt，2007）[305]。

本书遵循典型性原则，选择阿里巴巴集团旗下的“天猫”作为案例研究对象。选择“天猫”的原因有：第一，信息搜寻成本低，满足便利性原则。阿里研究院、电子商务研究中心以及艾瑞咨询等会定期发布企业发展报告以及“网商”发展趋势报告，有众多的公开报道资料、文献研究资料，可公开获取。“天猫”的企业端和消费者用户众多且分布广泛，便于与网络交易参与主体开展调研，进行实地访谈。第二，发展成熟，行业垄断。“天猫”诞生于 2008 年，这一年也因此被称为国内的 B2C 元年。“天猫”诞生时被称为“淘宝商城”，是淘宝网的一个独立业务单元，于 2012 年正式更名为“天猫”。依托淘宝网，“天猫”迅速发展成为国内最大的 B2C 市场，处于国内市场垄断地位。与其他类型的 B2C 电商模式不同，“天猫”提供了信誉保障的第三方的交易平台，它为企业和消费者提供了一个第三方的交易平台，商品的销售、配送和售后服务均由“天猫”卖家负责，其本身不参与商品的销售和服务。这种模式导致了较高的嵌入风险，因此选择“天猫”遵循了典型性原则。第三，管理透明度高。阿里巴巴集团向全社会公开了平台规则、入驻条件等细则，多年来一直走在管理创新实践的前沿，运用先进算法、模型对平台假货进行检测识别，让“像治理酒驾一样治理假货”成为现实，与此同时还出台了各种创新管理举措，如大众评审制度、平台仲裁机制等，取得了显著成效，引起了国内外学者的广泛关注，为本书研究提供了全面、详细、权威的数据资料。

3.2 数据收集与处理

本书按照Yin（2010）[306] 的多源证据要求，通过多种渠道收集数据，保证了数据的相互补充和交叉验证，确保案例研究基础具有更好的效度和信度。如表3.1所示，最终数据来源主要包括：①实地面对面或电话深度访谈整理而得的一手资料，包括与阿里巴巴集团（天猫事业部）中高层领导和关键部门员工、部分入驻企业负责人和部分平台消费者进行面对面访谈录音资料、电话访谈资料、现场观察资料等；②公开报道或其他公开发表的二手资料，包括阿里巴巴的官网资料、公示的平台管理规则、公司年报、媒体对阿里巴巴集团以及天猫的报道、企业高管的讲话、专业书籍以及相关学术论文等；③课题组与大数据公司合作，通过网络爬虫获取的微博、贴吧、微信资料；④课题组与相关第三方研究机构（中国网络市场监督管理学会）取得了合作，获得了部分内部资料，在课题支持下，访谈了浙江省网络市场监督管理局、湖南省网络市场监督管理局、北京市网络市场监督管理局领导关于网络平台治理做法及成效，取得了部分研究成果。本书采用多层次、多数据源的资料收集方式，以便形成三角验证，增强研究结果的准确性。

表3.1　案例资料来源及收集方式

资料类型	资料来源	获取方式
一手资料	实地调研或电话访谈	研究团队成员到平台企业（阿里巴巴）与中高层领导和部分关键部门员工进行实地面对面访谈并录音，与入驻企业负责人和平台消费者单独进行面对面访谈、电话及微信访谈。其中：第一阶段，通过消费者和入驻商家以及天猫事业部负责人的访谈，了解平台和商家的日常运营模式及问题，发现研究问题；第二阶段，根据第一阶段发现的问题再次进行深度调研；第三阶段，确定资料收集的准确性，并核实总结归纳是否准确

续表

资料类型	资料来源	获取方式
二手资料	公开资料、论文及新闻报道、总结报告、汇报材料；第三方研究机构的部分研究成果	通过百度、CNKI 等检索工具，搜索企业报道、研究文献；通过官方网站搜索信息；阅读有关书籍；阅读第三方研究机构的研究报告等

资料来源：笔者整理。

具体来说，参与此次访谈（包括面对面或电话或微信语音）的受访者共有 35 位，其中，阿里巴巴集团（天猫事业部）高层领导或关键部门员工有 6 位，入驻企业负责人有 10 位，终端消费者有 12 位，网络市场监管部门负责人有 7 人。受访者的选择遵循以下原则：①样本的有效性，阿里集团高管、市场监管部门的受访者应选择具有一定的工作管理经验、运营经验并具备相当年限（设定为 7 年及以上）的人员；对入驻企业的受访者选择有 8 年以上天猫店铺运营经验的卖家，对于终端消费者选择有 8 年以上天猫购物经验的消费者作为受访者；②样本的代表性，受访者包括 B2C 网络平台嵌入风险形成和管理涉及的利益相关方，以充分掌握不同参与方的理解和经验；③研究的可行性，充分考虑调查研究者和受访者的实际情况，考虑研究经费的支持力度，确保能够在有限研究时间内完成访谈。样本数量的确定按照理论饱和原则，对 35 名受访者进行访谈，针对不同类型的受访人员使用经过反复推敲的通过专家头脑“风暴式”讨论的半结构化标准访谈提纲（见表 3.2）进行深度访谈，共形成了 35 份访谈记录。资料收集不是一次完成的，而是受研究过程驱动、遵循理论抽样原则展开的，当遇到内涵不完备或逻辑关系不清晰的概念或范畴时，或者在资料分析中提出新假设或新问题时，都会根据理论抽样原则补充收集新资料，直到受访者不再提供新的重要信息，认定访谈样本数量为饱和。接着，通过对访谈资料的反复比较和筛选，对简单敷衍、语焉不详的 4 份访谈资料进行剔除，从剩余的访谈资料中选取 4 份访谈记录作为预留验证资料，对研究的理论饱和度进行检验，最终选择了 27 份内容翔实、资料可信的访谈记录，转录文字 28 余万字（见表 3.3）。

表 3.2 访谈主要提纲

受访者	主题	内容提纲
平台企业方（天猫）	（1）个人基本信息； （2）平台规则变迁； （3）对入驻商家的监管力度及监管手段； （4）对违规行为的处罚手段； （5）投诉的问题	（1）年龄、学历、入职时间、部门、职位； （2）企业入驻平台需要具备哪些基本条件； （3）平台出台了哪些监管措施及制度，实施效果如何； （4）入驻企业违规时有哪些惩罚措施； （5）用户投诉集中领域，解决效果如何
入驻企业方	（1）入驻企业基本信息； （2）经营策略； （3）消费者投诉类别； （4）平台规则合理性； （5）对平台有哪些建议	（1）店铺类型，入驻时长，销售产品类别，是否入驻多个平台； （2）如何获得竞争优势（较高的竞价排名、信誉度及好评率）； （3）遇到的消费者投诉类型有哪些？如何解决； （4）受到过平台哪些惩罚； （5）对现在网络市场有哪些建议，希望哪些方面得到规范
平台消费者	（1）基本信息； （2）消费行为影响因素； （3）平台购物遇到的问题； （4）网络维权中的问题	（1）年龄、收入、职业； （2）经常在哪些网站购物、购买哪些产品、网购消费占比、选择或放弃该平台的原因是什么； （3）购物关注哪些方面因素、对网购有哪些地方不满； （4）是否遇到过侵权、遇到侵权后有哪些处理办法、平台售后服务的质量如何
市场监管部门	（1）个人基本信息； （2）消费者投诉问题； （3）重点打击的平台和商家违规行为； （4）应对手段及典型案例	（1）年龄、学历、入职时间、部门、职位； （2）目前网络市场治理情况、各平台治理手段是什么； （3）消费者投诉问题占比情况、如何处理投诉问题； （4）在平台和商家监管方面有哪些举措

资料来源：笔者整理。

表 3.3 资料收集情况的描述性统计

调研对象	数据来源	数据信息统计				
平台企业方（天猫）	深度访谈	访谈人数	高层人数	访谈次数	录音时长	文字量
		6 人	2 人	4 次	456 分钟	5.3 万字
	现场观察	走访阿里巴巴集团总部 3 次				
	二手资料	天猫官方资料（如招商规则、交易规则）、企业内部资料（内部杂志、宣传视频等）、公司年报、新闻报道、公开文献书籍等				

续表

<table>
<tr><th>调研对象</th><th>数据来源</th><th colspan="5">数据信息统计</th></tr>
<tr><td rowspan="4">入驻企业方</td><td rowspan="2">深度访谈</td><td>访谈人数</td><td>高层人数</td><td>访谈次数</td><td>录音时长</td><td>文字量</td></tr>
<tr><td>10 人</td><td>4 人</td><td>5 次</td><td>628 分钟</td><td>7.8 万字</td></tr>
<tr><td>现场观察</td><td colspan="5">店铺后台运营观察 3 次，线下店铺体验 1 次</td></tr>
<tr><td>二手资料</td><td colspan="5">企业内部资料（内部杂志、宣传视频等）、公司年报、新闻报道等</td></tr>
<tr><td rowspan="2">平台消费者</td><td rowspan="2">深度访谈</td><td>访谈人数</td><td>高层人数</td><td>访谈次数</td><td>录音时长</td><td>文字量</td></tr>
<tr><td>12 人</td><td>5 人</td><td>6 次</td><td>849 分钟</td><td>9.2 万字</td></tr>
<tr><td rowspan="3">市场监管部门</td><td rowspan="2">深度访谈</td><td>访谈人数</td><td>高层人数</td><td>访谈次数</td><td>录音时长</td><td>文字量</td></tr>
<tr><td>7 人</td><td>5 人</td><td>3 次</td><td>504 分钟</td><td>6.1 万字</td></tr>
<tr><td>二手资料</td><td colspan="5">市场监管部门内部资料（办案次数、典型案例等）</td></tr>
</table>

资料来源：笔者整理。

本书采用扎根理论的研究方法，对收集的资料按照三级编码思路展开分析。首先，由 3 名研究者对案例文档资料进行独立编码，运用原始文本构建初步研究框架，并识别构念间的逻辑关系。其次，通过复制逻辑归纳、提炼、比较和验证其他案例的编码结果。最后，基于数据与理论之间的迭代，分析和阐释编码结果。编码过程中遇到的分歧之处，研究团队成员反复讨论直到达成一致意见，以避免个人主观偏见的影响，提高研究结论的信效度。

3.3 研究资料分析

3.3.1 开放式编码

开放式编码是研究人员抛开个人意见或主观倾向，以没有任何“预设”的开放式态度对所收集的原始案例资料进行初步处理的过程，这是本书进行 B2C 网络平台嵌入风险成因分析的核心步骤之一。开放式编码主要遵循“定义现象—概念化—范畴化”的编码流程，将零散的原始资料进行拆分，循序渐进地对初始资料中的语句或片段进行归纳并定义为现象，将出现频率较多的现象挖掘为概念，并将同类型的概念提炼为范畴。范畴被解释为人类理性思维的逻辑形式，可以体现事物本质属性以及事物之间的普遍联系，从概念到范畴化有助于研究者更进一步地认识和发现事物的客观规律（靳代平等，2016）[307]。

由于一次编码不一定反映现象的本质，因此需要结合研究的问题，对现象、概念和范畴进行不断对比，并在必要时对已有的编码进行修改，直到收集的案例资料中再没有新的概念或范畴出现。在编码完成后将所有编码打散，按照事件发展的时间顺序进行重新排列，还原事件发展过程。接着根据理论发展需要，依次对其他资料进行编码，对第一次编码进行补充，直至达到理论饱和。通过开放式编码，本书最终获得 24 个范畴、68 个初始概念，具体如表 3.4 所示。

表 3.4 开放式编码范畴化

编号	范畴	证据事例与初始概念
1	价格信息失真	（1）“亏了，刚买完就降价”（价格忽高忽低）； （2）有的店铺以低价吸引消费者眼球，比如标价 5 元，但点开下单结账时则比标价要高几倍（价格欺骗）； （3）有的商家在促销时会先提价再降价，高标低折（虚假折扣）
2	质量信息失真	（1）在天猫上买的洗发水说是 500 毫升，收到货才 200 毫升，感觉受骗了（商品规格与描述不符）； （2）有一次买的蛋糕收到货后有的已经发霉长毛了，买的水果收到后有的已腐烂（商品已过保质期）； （3）买的毛衣承诺不起球，但是穿一次洗后就起球了（质量不合格）
3	品牌信息失真	（1）山寨“奥利奥”饼干“粤力奥”，山寨“王老吉”饮料“王老菊”“王老先生”（品牌假冒）； （2）御泥坊在天猫只有旗舰店，但是有人在淘宝卖我们的假公章、假授权，然后卖假货（伪造商标）
4	物流信息失真	（1）下单后迟迟不给发货（延迟发货）； （2）发货地址或收件联系人电话错误，导致收不到商品（物流与描述不符）； （3）下单后表示已发货，但是查不到任何物流信息（查不到物流信息）
5	售后服务差	（1）在遇到问题时，在旺旺中咨询，一直是机器人自动回复（售后无人应答）； （2）遇到商品质量问题，商家否认是商品质量问题，说在发货时检测过是好的（售后推卸责任）； （3）找平台介入，平台客服会劝你别生气，我们会积极处理的，但是没有后文了（售后处理不积极）； （4）不按承诺给予退换货，商品体积较大（如爬行垫），由于质量问题退货的话让消费者承担高昂运费，尽管有运费险但是退货运费比商品价格还高（退换货困难）

续表

编号	范畴	证据事例与初始概念
6	评价内容失真	(1) 在对某衣服的评价中有写道:“我是来自农村的,我们村靠电商致富……”(评价内容与产品无关); (2) 多个消费者使用同一个评价模板,如“很好”(评价内容相同); (3) 不同消费者的体验不同,有时带有情绪(评价内容情绪化)
7	准入门槛低	(1) 2010 年前后自己一个人就干了,在天猫注册都得是实体公司或者贸易型公司,有了公司、有自己或者授权的产品商标,资质就不难提供了(资质提供容易); (2) B2C 网络平台为申请式注册制准入方式,入驻商家申请,只要符合条件均可入驻(平台开放性)
8	专用性投资低	(1) 网上店铺的成本低,只需要放几张照片就行,自己就做了,随时随地都可下单,做的是全国的生意,运营成本低。现在需要请专业的设计、美工、运营团队,但是也比实体店铺的运营成本低(虚拟店铺用工成本低); (2) 一开始技术服务费每年 6000 元,后来提高标准按年费 3 万~6 万元,当销售额达到一定标准后返还,一般来说正常运营都可以返还(技术服务费低); (3) 2011 年 10 月之前保证金只有 1 万元,后来提高标准,保证金 1 万~15 万元(低保证金)
9	转移成本低	(1) 每个电商平台的操作流程都差不多,不需要特别的学习和适应(学习成本低); (2) 哪里有销量我们就在哪里入驻,目前在天猫、京东和拼多多都有店铺(多归属行为)
10	平台监管松	(1) 平台与入驻商家之间是合作伙伴关系,平台收入来源于入驻商家的保证金、技术服务费等(平台监管动机不足); (2) 网络平台企业之间存在商家用户的竞争(平台竞争); (3) 我们可以识别并按照平台最严厉的规则处理违规行为,却无力让每一个犯罪分子受到应有的刑事处罚(没有司法权力); (4) 平台对商家最严厉的处罚就是闭店并扣除保证金,一些单次盈利很高的商家根本就不在乎,处罚完了可以重新换号申请注册(惩罚力度小)
11	监管困难	(1) 入驻天猫的商家来自全国各地,对商家的监管受空间地域限制,并且产品多种多样,难以做到全覆盖的商品抽检(受地域空间限制); (2) 网络平台交易与传统的交易不同,“银货分离”的交易方式存在较多的过程风险(网络虚拟性); (3) 入驻商家的违规行为越来越隐蔽,普通技术手段难以识别违规行为(技术手段限制)
12	消费者投诉维权难	(1) 在天猫国际购买的进口口红是假的,但是维权时商家及平台都要求出具验货报告,且工商局出具的报告平台不认,而品牌方根本联系不上(举证难); (2) 维权过程烦琐,周期较长,宁可吃点亏算了(维权周期长); (3) 万元以上的大宗商品维权,初次律师咨询费就上千元,然后律师费、调查车马费、维权期间所耽误的工资收入,零总花费要上万元也不见得能取得想要的维权效果(维权经济成本高)

续表

编号	范畴	证据事例与初始概念
13	同质化竞争严重	(1) 在平台中，同类商品有多个品牌，同一品牌有多个卖家，商家之间竞争激烈（同类产品多）； (2) 由于是注册制入驻，全国各地的商家只要符合条件都可入驻，不受地域限制，2011 年 10 月 12 日天猫店铺商家 60005 家，到 2019 年 5 月 8 日增长到 231482 家，增长了 3.9 倍（入驻企业多）
14	网络外部性	(1) 店铺举行满减活动，为了获得满减或包邮的优惠，我往往会凑单，购买自己不太需要的商品（长尾市场）； (2) 倾向于在固定的网站或店铺浏览及购买产品（购买路径依赖）； (3) 在购买商品时经常选择商品销量高和好评率高的店铺购买商品（马太效应）
15	刷单炒信	(1) 入驻商家通过虚构交易，发空包裹或者拍 A 发 B 来提高店铺销量和搜索购买率（刷销量）； (2) 给自家店铺“刷”好评、给竞争对手“刷”差评，通过“刷手”的“购物”，将商品点评成质优价廉，误导消费者购买（刷评论）； (3) 好评返现，好评返红包（利诱式好评）； (4) 给消费者返现删差评（行贿行为）
16	虚假促销	(1) 商家举办促销活动，但是没有消费者能够抢到商品（有价无货）； (2) 将商品价格标高，再打折销售（高标低折）； (3) 在商品宣传时将价格趋势图之前的销售价格提高（先涨后降）； (4) 前 500 件免单，但是没有能抽中的（虚假抽奖）
17	假冒伪劣	(1) 中央电视台曝光的某些天猫旗舰店标的进口化妆品基本都是国内灌装的（假货），发往其他国家再发回来获得入关证明，完成所谓的进口手续，再给这些冒牌货打上著名品牌防伪标志，堂而皇之上网销售，糊弄消费者。一旦消费者质疑，则把验真责任推到消费者头上。倩碧小黄油零售价 300 元左右，但有的地方竟能以 40 元的成本做出来（制假售假）； (2) 购买伪造假资质，然后在网络平台售卖假货（资质造假）
18	虚假宣传	(1) 有些卖燕窝的店铺在产品描述中吹嘘自己销量第一或者回头率第一等（夸大宣传）； (2) 奥汀羽，既不是药品也不是医疗器械，居然鼓吹减肥，一粒见效（商品描述与性能不符）
19	平台规则	(1) 店铺排名与商品转化率、收藏率、销量、价格、好评、DRS 动态评分等因素有关，销量越高、好评率越高，排名越靠前（排名规则）； (2) 在新商家考核和年度续签考核规则中对成交额、DSR 值有要求，因此这在一定程度上刺激了业绩较差的商家的刷单炒信违规行为（考核规则）； (3) 商家店铺的综合排名较低时，商家不得报名参与天猫营销活动（活动报名规则）

续表

编号	范畴	证据事例与初始概念
20	直接传染	(1) 淘宝直通车流量的转化率太低了，即使单笔刷单费用较高也比直通车的流量有效果，因为刷单可以完美提升“人气权重”“销售额权重”“服务权重”（利益驱使）； (2) 刷单几乎是电商行业的潜规则，尤其是店铺刚运营的时候，大家都刷，不刷单就没有流量、没有业绩，店铺就难以被消费者看见（行为模仿）； (3) 许多地区建立商盟制度，为同行卖家提供交流合作平台，在传播优势经验的同时也促进了不良信息的传播（同行卖家相互模仿）
21	间接传染	(1) 做实体工厂的一般没有店铺运营经验，也没有这方面人才，往往委托专业的电子商务运营商来做，使得一些违规手段跨行业传播（交叉传播）； (2) 伴随着电商的兴起，“刷单炒信”的非法产业链也在不断壮大，“刷单炒信”甚至成为一种兼职方式在微博、朋友圈、QQ 群里进行传播招聘（社交平台传播）
22	平台对商家的锁定失效	(1) 有些店铺参与大型促销活动，如“双 11”“6·18”时，售卖一批假货后就关店跑路，有的店铺采用预付消费模式，在用户权益延续期间商品下架或者闭店（店铺跑路）； (2) 当下由于店铺转让的种种限制，一些经营较好的信誉较高的店铺在店铺经营结束时会通过售卖假货赚取超额利润（信誉套现行为）
23	商家之间的竞争扭曲	(1) 不少店铺经营者为了删除店铺差评，提高店铺信誉向阿里小二实施行贿行为，人为提高产品/店铺搜索排名（行贿行为）； (2) 卖家通过向员工（阿里小二）支付一定费用即可获取促销名单，获得流量支持（流量交易）； (3) 不少员工以其具有的平台资源配置权为筹码，入股平台店铺，严重破坏了公平竞争的平台型网络市场环境（钱权交易）； (4) 平台放大了消费者追求便宜的偏好，导致商家之间的“价格大战”（过度价格竞争）
24	消费者对平台关系失信	(1) 在 2015 年的“双 11”，马云对记者说：“每出现一个消费者购买了假货，我们就会丢失 5 个消费者。我们同样是受害者，我们同样恨假货”（客户流失）； (2) 如果在某平台的店铺买到假冒伪劣产品，那么我将不再在此店铺购买产品，并且我在该平台的消费行为会减少（购买行为减少）

资料来源：笔者根据收集的案例资料编码整理。

3.3.2 主轴编码

主轴编码是对开放性编码形成的范畴进行二次分析和聚类，以新的方式排列它们（Creswell，2012）[308]，其编码思路是依据各个范畴的内涵，梳理分析不同范畴之间的逻辑关系，对范畴进行归纳，形成主范畴。在建立关联时，需要分析各个范畴在概念层次上是否存在潜在的联结关系，从而寻找一定的线索（陶厚永等，2010）[309]，探究它们之间是如何联系起来的（Strauss & Corbin，2006）[310]，试图回答“哪里、为什么、谁、怎样以及结果如果”等问题。本书的研究主题是探讨 B2C 网络平台嵌入风险的驱动因素及形成机制，基于本书的原始材料，通过对开放编码形成范畴的深入分析，嵌入风险的形成过程符合“因果条件—行动策略—中介—结果”的逻辑脉络，根据开放性编码形成的范畴之间的逻辑关系，本书最终归纳出 9 个主范畴，分别为过度竞争的市场环境、赢者通吃的网络效应、入驻商家的道德风险高、入驻商家的不当竞争行为、入驻商家间的传染效应、平台对商家的弱势锁定、平台信息失真、消费者权益受损、嵌入风险。主范畴与各范畴之间的关系如表 3.5 所示。

表 3.5　主范畴与各范畴之间的关系

编号	关系类别	主范畴	对应范畴	关系内涵
1	因果条件	过度竞争的市场环境	同质竞争严重、准入门槛低	B2C 网络交易平台具有开放性、连接范围较广的特征，突破传统交易市场的地域限制、时间限制，可以让商家做全国甚至全球的生意；同时由于网络平台的准入门槛较低，店铺注册制入驻的规则和较低的运营成本也会吸引众多不同类目或同一类目的商家入驻，形成同类产品多、同类商家多的同质竞争激烈，由于消费者数量的有限性，最终造成过度竞争的市场环境
		赢者通吃的网络效应	网络外部性、平台规则	由于网络市场中存在的“长尾市场”和“马太效应”现象，以及消费者的购买路径依赖，入驻商家的网络外部性效应明显，加之网络平台的排名规则、考核规则以及参与活动规则致使运营不好的店铺很难取得竞争优势，这造成网络平台商家赢者通吃的网络效应，为了获得竞争优势，赚取超额利润，入驻商家有动机选择不当竞争行为，给网络平台的运行带来嵌入风险
		入驻商家的道德风险高	网络平台监管困难、监管松、违规成本低	由于网络平台的虚拟性、入驻商家规模庞大，给网络平台对入驻商家的监管带来很大困难；入驻商家与网络平台企业非雇佣的合作伙伴关系，以及网络平台企业之间激烈的竞争导致网络平台对入驻商家的监管动机不足，监管力度小，发现商家违规行为对商家的惩罚也仅限于警告、降权、封店和扣除保证金，违规成本较低，容易引起经营末期的店铺的声誉套现和敲竹杠行为，入驻商家的道德风险较高

续表

编号	关系类别	主范畴	对应范畴	关系内涵
2	行动策略	入驻商家的不当竞争行为	刷单炒信、假冒伪劣、虚假宣传、虚假促销	在过度竞争和监管较松以及违规成本较低的平台环境中，入驻商家为了获得更多的客户资源，占据有利的结构洞位置，往往会采取不当竞争行为，如刷单炒信（购买好评、好评有礼、拍 A 发 B 等）、虚假宣传（夸大宣传、商品与描述不符等）、虚假促销（有价无货、高标低折等）、假冒伪劣（以次充好、品牌造假）等来获取超额利润，这些行为不仅会扰乱平台的竞争秩序，破坏平台规则，还会损害消费者的合法权益，给网络平台和消费者带来损害，是网络平台嵌入风险生成的主要诱因
3	中介条件	入驻商家间的传染效应	直接传染、间接传染	入驻商家的行为可以通过同行之间相互交流进行相互传染，引发直接传染效应，还可通过 QQ 群、微信群、YY 语音等网络社群组织进行交叉传播，在不同行业间进行传播，产生间接传染效应。通过直接或间接的交叉传染效应，“好评在手、利润我有”的不良风气在入驻商家之间传播开来，成为电商行业的潜规则，并且催生了炒信黑产业链的发展，呈现职业化、专业化和产业化的特点
		平台对商家的弱势锁定	专用性投资低、转移成本低	与实体店铺相比，网络店铺免去了库存压力和房租压力，并且网络平台设置了技术服务费返还制度，因此入驻商家在网络平台中的专用性投资较低，而平台的开放性、不同平台的学习成本较低以及入驻商家的多归属行为，造成入驻商家的转移成本较低。入驻店铺在网络平台的专用性投资低和转移成本使得网络平台对入驻商家的锁定较弱、约束力较低，这在一定程度上为违规商家逃避平台的惩罚创造了条件，造成网络平台对入驻商家的锁定失效风险
		平台信息失真	质量信息失真、价格信息失真、品牌信息失真、物流信息失真、评价信息失真	信息失真由商品质量信息失真、商品价格信息失真、商品品牌信息失真、物流信息失真和评价信息失真这四个维度构成，虚假的信息误导消费者决策行为，给消费者搜索辨识商品带来困扰，损害消费者权益，并对网络平台的信用评价体系产生影响，这构成了消费者对网络平台关系失信的嵌入风险的中介条件
		消费者权益受损	售后服务质量差、投诉维权难	一些商家的售后服务质量较差，如售后无人应答、不按承诺给予退换货、售后态度差等致使消费者在权益受到损害后不能依法保护自己的合法权益。在借助平台进行维权时，由于维权周期较长、举证困难以及平台消极作为给消费者维权带来困难，消费者的权益受损，购物体验差，致使消费者不信任平台

续表

编号	关系类别	主范畴	对应范畴	关系内涵
4	结果	嵌入风险	平台对商家的锁定失效、商家之间的竞争扭曲、消费者对平台的关系失信	平台对商家的锁定失效、入驻商家间的竞争扭曲、消费者对平台的关系失信共同构成 B2C 网络平台的嵌入风险。平台对商家的弱势锁定造成众多商家违规后跑路的锁定失效的嵌入风险；商家之间的传染效应，造成不当竞争行为在入驻商家之间的相互传播，产生入驻商家间竞争扭曲的嵌入风险；消费者在网络平台消费权益受损后可产生对商家的不信任，这种不信任经过不断的累积放大可演化为对网络平台的不信任，造成关系失信的嵌入风险

资料来源：笔者根据收集案例资料编码整理。

3.3.3 选择性编码

选择性编码的主要目标是基于一定的逻辑关系和脉络条件寻找出可以统领其他主范畴的核心范畴，并以“故事线”（Story Line）形式描绘行为现象和脉络条件，能够连贯地将主轴编码形成的类属关系具体化，也能使分析性的故事变得理论化（卡麦兹，2009）[311]。本书根据研究目的对原始资料、概念、范畴尤其是范畴关系进行不断比较后，将本书的核心范畴提炼为 B2C 网络平台嵌入风险的驱动因素与生成机理。依据故事线以及核心范畴之间的关系，本书提出 B2C 网络平台嵌入风险生成机理模型，如图 3.2 所示。

本书的故事线可以描述为：B2C 网络平台过度竞争的市场环境、赢者通吃的网络效应和入驻商家的高道德风险构成了 B2C 网络平台嵌入风险生成的驱动因素，在这些条件因素的驱使下，入驻商家产生不当竞争的嵌入行为，如刷单炒信、假冒伪劣、虚假宣传和虚假促销等，由于网络平台对商家的弱势锁定造成商家违规后闭店跑路的“敲竹杠”的机会主义行为，给网络平台带来“锁定失效”的嵌入风险；由于不当竞争行为在商家之间直接或间接的传染效应造成了商家之间相互模仿，产生商家之间“竞争扭曲”的嵌入风险；不当竞争行为也会造成网络平台的信息失真，对消费者的权益造成损害，进而形成平台与消费者之间的“关系失信”的嵌入风险。

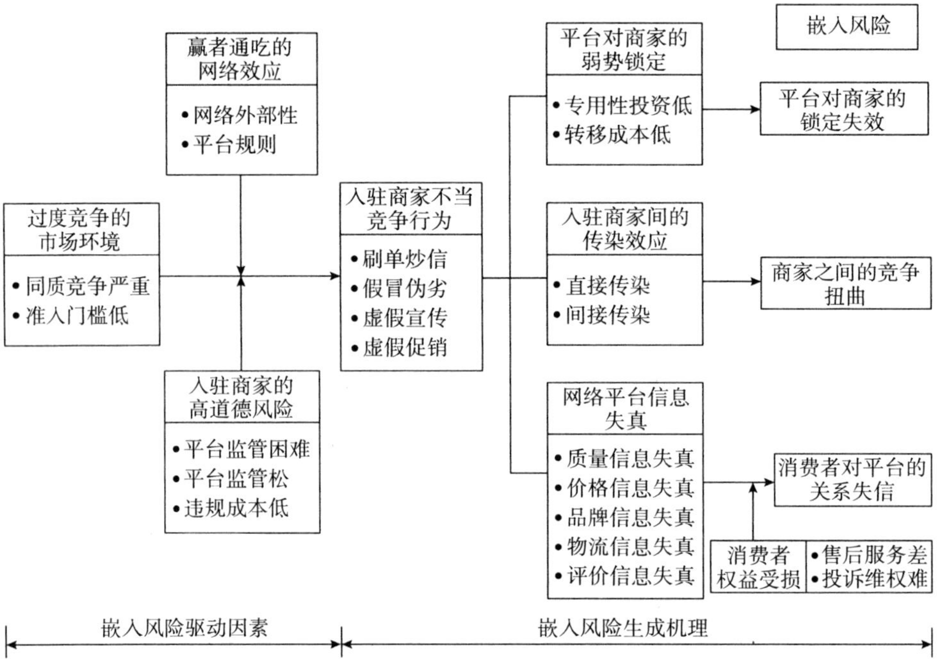

图 3.2　B2C 网络平台嵌入风险驱动因素与生成机理概念模型

资料来源：笔者绘制。

3.3.4　理论饱和度检验

理论饱和度检验在质性研究中有重要作用，是判别是否停止采样的标准。在扎根理论分析中，对案例剩余资料进一步编码梳理，判断是否有新的范畴出现，是理论饱和度检验的主要方法。研究者通过对事前预留的 4 份验证资料进行编码分析，没有发现与现有概念不同的概念和范畴。因此，本书认为上文构建的理论模型通过了理论饱和度验证。研究者从预留的 4 份验证资料中选取以下 4 个原始语句作为案例举证：

举证 1：看到一款商品“划线价”568 元，“非划线价”99 元，感觉超级划算就冲动下单了，但是收到货后觉得质量不尽如人意。该语句体现的初始概念为“价格欺骗”、初始范畴为“价格信息失真”、主范畴为“平台信息失真”。

举证 2：因商品质量太差，选择退货时，被商家要求“无理由”或“其他原因”才给退货。该语句体现的初始概念为“退换货信息失真”、初始范畴为“售后服务差”、主范畴为“消费者权益受损”。

举证3：买了一件大衣，网上产品详情中介绍是100%羊毛，但收到的衣服上吊牌标示为95%羊毛。该语句体现的初始概念为“商品与描述不符”、初始范畴为“质量信息失真”、主范畴为“平台信息失真”。

举证4：我们通过算法模型对商家行为进行检测，尽管监管技术不断提升，但是违规商家进行闭店处罚后，商家换个账号、换个资质注册继续开店。该语句体现的初始概念为“网络虚拟性”，初始范畴为“监管困难”、主范畴为“入驻商家的道德风险高”。

3.4 模型阐释与讨论

为增强对概念模型的理论阐释，本书基于“因果条件—行为策略—中介条件—结果”范式，结合案例情景和风险生成理论，按照嵌入风险生成的过程进行讨论。

3.4.1 嵌入风险生成的驱动因素

嵌入风险的驱动因素主要由过度竞争的市场环境、赢者通吃的网络效应和入驻商家的道德风险高这三个要素构成，从而形成了嵌入风险生成的客观条件。

（1）过度竞争的市场环境为嵌入风险生成的主要驱动因素。B2C网络交易平台具有空间无约束、展示零成本（李海舰等，2014）[312]、交叉网络外部性（徐晋和张祥建，2006）[1] 的特征，可以打破人们的时空约束、信息壁垒，与实体店铺相比还可以免去过重的税费和房租的困扰，降低库存压力，因此B2C网络平台吸引了大量商家入驻。在互联网经济下，信息传递加快、模块化生产和开放式经营降低了产品差异性，因此网络平台市场中出现大量的同质产品（汪旭晖和张其林，2015）[96]。商家网上申请提交材料、平台网上审核通过的注册制入驻方式和节约交易成本的格式合同简化了平台的准入流程，较低数量的保证金降低了平台的准入门槛。入驻商家多、同质产品多和较低的准入门槛，使得在网络平台中交易双方不是一对一对接的，而是存在众多潜在的卖家和买家（李小玲等，2014）[313]，这造成了网络平台市场过度竞争的市场环境。在电商平台中，平台收入的主要来源是商品的推广费用，这种模式的弊端是，随着嵌入商家的不断增多，获取流量的成本越来越高，尤其是在移动端交易占比不断增大的情况下，想要占据移动页面靠前的展示位置，难上加难，这是竞价排名带来的结果，并由此带来“刷单炒信”等恶性毒瘤。但是对于中介型电商平台来说，它们并不在乎刷单，甚至还变相地纵容，其结果就是这类平台在虚假交易中获得了大量的抽成。除了网络刷单，价格主导的竞争模式和过高的推广费用，也造成了商品品质的快速下降。此外，平台类电商之间通常以价格战为主要竞争手段，导致生产厂家为了获得利润不断压缩生产成本，为了获得价格低廉的产品，厂家不惜降低原材料的质量、放弃产品升级、牺牲产品品质来实现低价优势。在临近饱和的市场中，入驻商家竞争激烈，这构成了嵌入风险生成的主要驱动因素。

（2）入驻商家的道德风险高是嵌入风险生成的内驱因素。由于入驻商家的多归属行为策略造成平台企业之间竞争加剧，平台企业收入主要来源于入驻商家，平台与入驻商家的合作伙伴关系，以及信誉评价体系对商家的行为约束，造成平台对商家的监管动机不足，平台企业倾向于选择适度宽松的监管策略（汪旭晖和张其林，2017）[204]。由于入驻商家规模较大，加上网络平台的虚拟性以及监管技术手段、成本和信息的限制使网络平台对入驻商家的监管存在诸多困难，监管效率不高。由于入驻商家在平台中的专用性投资较低，尽管网络平台向入驻商家索取一定金额的保证金，但是保证金与违规行为带来的高额利润相比很难起到威慑作用，一旦发现商户违规，“天猫”平台的惩罚措施分为“警告”“扣分”直至“永久封店”并“扣除保证金”几类，商家的违规成本较低。同时入驻商家往往采取多平台入驻的多归属策略，在某一平台的嵌入程度较低，在平台违规后即使遭受封店扣除保证金，仍可更换账号在其他平台注册销售商品，转移成本较低，这在一定程度上增大了商家的违规动机。因此，由于入驻商家的多平台归属策略，以及在平台上的专用性投资较低，再加上网络平台监管松、监管困难和入驻商家违规成本低造成入驻商家的道德风险较高，有商家在结束经营时，通过售卖假货等不当竞争行为攫取平台超额利润，给 B2C 网络平台带来风险（汪旭晖和张其林，2017）[204] 是嵌入风险生成的内驱因素。

（3）“赢者通吃”的网络效应是嵌入风险生成的外部情景因素。在网络市场中奉行“机遇优先”的发展规则，较早进入平台的入驻商家可以获得“先入为主”的快速发展优势，可积累大量买家，通过销量和好评的网络外部性效应（Katz & Shapiro，1985）[43] 吸引更多消费者购买，提高成交的可能性（卢向华，2013）[314]，产生强者越强的“马太效应”。在市场中，一个已经形成规模的产品拥有绝对优势，并且在人们长期使用产品的过程中，已经形成一种习惯，消费者由于购买路径依赖，改变这种状态的可能性更小，优势商家对消费者存在一定程度的“锁定效应”（王娟和张鹏，2019）[315]。在调研中，有66%的消费者表示购买时销量和好评率对其购买决策有非常重要的作用，这与“赢者通吃”效应相符。这就导致后进入的商家很难获得竞争优势，往往通过采用不当竞争行为如提供劣质产品以“低价”吸引消费者注意，或者通过刷单炒信积累销量和好评后再吸引消费者购买。同时网络平台中存在长尾效应，使得平台中产生多商家进入的高度竞争现象（傅瑜等，2014）[103]。在互联网行业，产品的销售打破地域障碍，消费者被联结聚集到统一的市场当中，由于边际成本趋于零，主导厂商可以最大限度地发挥规模经济，商家之间竞争空前激烈。网络平台市场中“赢者通吃”的网络效应使市场形成了单寡头入驻商家与多个商家共生的网络生态，是嵌入风险生成的外部情景因素。

3.4.2 嵌入风险的生成机理

该阶段的主要构成要素是入驻商家的不当竞争行为、弱势锁定、传染效应、信息失真、消费者权益受损和嵌入风险，入驻商家的违规行为是嵌入风险生成的直接诱因，平台对商家的弱势锁定产生“锁定失效”的嵌入风险，商家之间的传染效应产生“竞争扭曲”的嵌入风险，平台信息失真和消费者权益受损是产生“关系失信”的嵌入风险。入驻商家的不当竞争行为是嵌入风险生成的主要行动策略，弱势锁定、传染效应和信息失真是“锁定失效”“竞争扭曲”和“关系失信”三种嵌入风险生成的中介条件。

（1）入驻商家的不当竞争行为是嵌入风险生成的直接诱因。在风险驱动因素的分析中可知，网络平台的开放性、较低的市场准入条件和平台中丰富的客户资源，吸引大量的商家入驻平台，平台中大量的同质产品导致商家与商家之间的激烈竞争，在过度竞争的市场环境下，入驻商家为了获得利润，采取假冒伪劣的不当竞争行为。在“天猫”平台，阿里巴巴为消费者对搜索关键词所涉及商品或店铺提供了按照综合、价格、销量、信用等的排序方式，商品评分是商品评论效价的累积，属于一种可量化且无成本传播的显性声誉（Melnik & Alm，2005）[316]，具备一定的质量暗示功能，在调查中发现，由于在网络平台中消费者的购买决策主要受店铺销量、好评率的影响，以销量和好评为代表的商品声誉在平台型网络市场中具有较强的效用（陶晓波等，2017）[317]，这就造成了越来越多的商家为了获得消费者流量而采取刷单炒信的声誉投机行为，即商家通过雇用“刷手”假扮顾客，虚构交易以获得销量与好评。根据信号传递理论，商品或店铺较高的销量和好评率可以向消费者发送商品性价比高、店铺声誉好的有利信号（Mavlanova et al.，2012；Dewally & Ederington，2006）[318,319]，从而提高商家的竞争优势，为商家带来更多的客户资源，提高店铺销量，进而获得超额利润。由于网络平台时空分离的特性（冯华和陈亚琦，2016）[35]，体验环节缺失使商品信息和店铺信息成为买家了解商品质量和性能的主要方式（汪旭晖和张其林，2017）[204]，买家通过商品详情判断商品与需求的匹配性，是决定消费者购买策略的重要因素。由于商品详情是重要的商品信号，商家在发送商品信号时容易产生虚假宣传的信息投机行为（Nelson，1974）[320]，如吹嘘商品销量全网第一、商品描述与性能不符等。在网络虚拟经济中，产品与服务质量是商家与消费者建立长期信任关系的基础，是入驻商家能够持续发展的重要保障。但由于网络平台中信息冗余的特点，过量干扰信息的存在导致大量噪声风险（Noise Risk），即使商家有优质的商品和服务，只要这些优质信息没有吸引消费者的注意（Lanham，2006）[321]，依然会“门庭冷落车马稀”，不能给入驻商家带来丰厚的利润。因此不少商家在参与“6・18”或“双 11”这种重大活动时，采取高标低折、先升后降、有价无货、虚假抽奖的虚假促销行为，来吸引有限的、稀缺的消费者注意力，提高商品点击率和销量，获取丰厚利润。通过以上分析得出入驻商家假冒伪劣、刷单炒信、虚假宣传和虚假促销的不当竞争行为是造成 B2C 网络平台嵌入风险生成的直接因素。

（2）“弱势锁定”是生成“锁定失效”嵌入风险的中介条件。在 B2C 网络平台交易市场中，网络平台向入驻商家和消费者提供基础服务设施，创建虚拟交易空间，设立互动机制，促使双方开展交易（Rochet & Tirole，2006）[9]。“天猫”采取对消费者免费、入驻商家收费的策略模式，消费者为网络平台企业提供流量，实现规模经济，入驻商家为网络平台企业提供收入，支撑平台企业运营成本和后续发展（李小玲等，2014）[313]。平台型网络市场的零边际运营成本和网络外部性吸引了大量的参与者（Armstrong，2005）[94]，消费者的个性需求联结聚集到平台型网络市场形成大众化需求的长尾市场（傅瑜等，2014）[103]，使平台型电商不得不降低准入门槛、放松管制来满足市场需求（汪旭晖和张其林，2016）[322]。由于入驻商家以售出更多商品为目标，倾向于外延式扩张的策略，选择在多个平台入驻的多属行为（汪旭晖和张其林，2017）[204]。在申请入驻时，商家需向“天猫”缴纳一定金额的保证金（产品类目不同、店铺类型不同，所缴纳的保证金额不同，一般为5万~15万元）、技术服务费，并设计了年费返还制度，根据店铺成交额和店铺评价按照50%或100%返还。因此网络平台上的店铺与实体店铺相比具有租金较低、用工成本低、库存压力小等特征，入驻商家在网络平台的专用性投资较低，转移成本较低。

入驻商家的多归属行为和专用性投资较低导致了网络平台对入驻商家的弱势锁定（彭正银，2003）[323]，容易引发入驻商家敲竹杠的价值攫取行为。因此在网络平台中，商家售假、卷款而逃等事件层出不穷，给网络平台造成“锁定失效”的嵌入风险。比如“天猫”旗下商户“星辰运动专营店”出售假冒的阿迪达斯球鞋，瞬间卷走数十万元。“天猫”家装e站旗舰店开店5个月跑路，100多名业主的订单无人施工。帛澜家纺天猫旗舰店老板拖欠大量供货商货款和员工工资，欠债高达1600万元，由于入驻商家缴纳的保证金数额较小，完全不能担负消费者损失，消费者只能找平台投诉，给网络平台带来较多的交易纠纷。

（3）“传染效应”是生成“竞争扭曲”嵌入风险的中介条件。入驻商家间的不当竞争可造成B2C网络平台中入驻商家间“竞争扭曲”的嵌入风险。在网络平台中聚集了大量卖家和买家，卖家和买家之间错综复杂的交易关系构成了巨大的复杂网络。在B2C网络市场中，平台企业和消费者委托入驻商家提供优质商品，入驻商家相应地可以获得消费者资源、平台基础服务、重复购买和好评作为激励，但是消费者的“低价格”要求和“低黏性”回报，使入驻商家获得的激励大小更多取决于竞争行为，而不是依赖良性经营，委托代理关系不具备有效性（汪旭晖和张其林，2017）[204]。卖家集聚可以产生交叉网络效应和竞争效应。其中交叉网络效应可以提高买家数量，使单个卖家得到较多的流量。而竞争效应可能加剧资源争夺，从而降低单个卖家获得的消费者流量。在网络平台中，由于卖家能够吸引集聚的消费者总量是有限的，当卖家的数量增长到一定规模时，卖家集聚产生的交叉网络效应将逐渐趋于稳定，但是竞争效应却不断加剧。可见，集聚效应产生的交叉网络效应与竞争效应之间是此消彼长的关系，并且发展到一定程度后，竞争效应占据主要地位。同类卖家由于生态位重叠较高，彼此争夺“共同”资源，导致竞争程度较高，入驻商家为了竞争买家资源，往往采取不正当的竞争行为，如同质化的“淘宝”卖家之间的“价格大战”（蔡宁等，2015）[324]。

互联网经济中模块化生产与技术外溢加剧了产品的同质化竞争，入驻商家提供的商品、服务和信息具有同质性高、市场竞争激烈的特征。由于网络市场中存在“马太效应”，因此入驻较早的已获得良好评价并积累大量客户的商家对声誉投资较弱，在利益驱使下往往采取“真假混卖”“掺杂劣质”的以假充真、以次充好的违规行为来获取超额利润。对于后进入的商家来说，由于后进入者劣势，很难在濒临饱和的平台市场中与先进入者展开公平竞争，因此往往采取刷单炒信的不当竞争提高点击率和转化率，通过虚假促销等来吸引消费者眼球，以此获得赖以生存的竞争优势。在网络平台市场中，供给方的产品供给不受资源稀缺性的约束，边际成本趋于零，规模经济突破了传统供给方规模经济的边界，区间趋向于无穷大。因此，随着平台的不断发展壮大，入驻商家之间的竞争将逐渐加剧（傅瑜等，2014）[103]。在网络平台中，入驻商家之间形成了较为复杂的关系网络，既包括业务竞争关系，也包括业务合作关系，还包括空间集聚关系（汪旭晖和张其林，2017）[204]，入驻商家之间的不当竞争行为通过交易关系链或社会关系链可在网络市场中产生直接或间接的传染效应（Roehm & Tybout，2006）[325]，其他商家的相互模仿造成了入驻商家间“竞争扭曲”的嵌入风险。

（4）“信息失真”是生成“关系失信”嵌入风险的中介条件。B2C 网络平台打破了物理时空约束、改变了交易场所、拓展了交易时间、加快了交易速度、减少了中间环节（李海舰等，2014）[312]，具有跨越地域限制和跨越时空限制的特性（程立茹，2013）[326]，加上网络平台非面对面的互动、缺少有形的和可视的基础设施、嵌入主体匿名参与的虚拟性特征（Grewal et al.，2010）[189]，入驻商家多、同质产品多，这造成了网络平台中过度竞争的市场环境。同时由于网络平台与入驻商家间非雇佣的合作伙伴关系，以及网络平监管技术手段以及成本的限制，致使网络平台倾向于采取较松的监管策略。尽管网络平台向入驻商家索取了一定金额的保证金，但是保证金对商家的约束力度较弱，入驻商家的违规成本较低、道德风险高。加上入驻商家在网络平台的专用性投资低以及多归属行为策略，致使网络平台对商家的弱势锁定。在这些因素的驱使下，入驻商家采取假冒伪劣、刷单炒信、虚假宣传、虚假促销等不当竞争机会主义行为，这造成了平台信息失真。如入驻商家的假冒伪劣行为造成了品牌信息失真和产品质量信息失真，刷单炒信造成了店铺销量信息失真、评价信息失真以及物流信息失真，虚假宣传造成了商品详情中商品描述与实际不符的界面信息失真，高标低折、先涨后降的虚假促销和低价看得见买不到、商品价格低快递费用高的“低价引流”行为造成了商品价格信息失真。由于卖家发送虚假信息的成本较低，消费者的专业经验不足，消费者检索甄别可靠信息的成本不断提高，购买决策时间不断延长、决策质量下降。

网络平台中入驻商家数量多、商品数量多造成网络平台“信息超载”，入驻商家的不当竞争行为造成网络平台信息失真。商品承诺有助于提高商家的竞争能力，获得消费者的信任，并成为买家搜索商品或店铺的关键词，因此具有信号发送功能，为了获得消费者信任，有的商家可能“铤而走险”，做出大量不可兑现的虚假承诺。商品承诺属于对质量的担保，是典型的质保条款，具有一定的风险成本，因此入驻商家履行承诺的积极性不高。平台强制要求的承诺如质量承诺、服务承诺，与卖家自主决定的增值服务如退换货保障、售后保障承诺等经常发生交易纠纷，汪旭晖和张其林（2017）[204] 在对“天猫”的差评分析中发现，售后服务在消费者最不满因素中排名第二。在消费者进行维权时，由于维权成本高、举证难、周期长等因素而放弃维权或维权失败，如在采访中有消费者提到其在“门客生活”网上店铺购买鲜花配送的包年服务，但是遭遇店铺虚假发货、逾期不送、客服失联、退款艰难等，找平台客服介入，客服表示无法处理而投诉无门。虚假信息的大量传播以及消费者投诉维权难，导致消费者对平台市场失去信心，消费者逐渐退出市场，给网络平台带来“关系失信”的嵌入风险。

3.5 本章小结

本章选择“天猫”作为典型案例，对 B2C 网络平台嵌入风险的驱动因素和生成机理进行了系统分析与归纳。在研究过程中采用扎根理论的研究方法，通过对案例资料的开放式编码、主轴编码和选择性编码对现有案例资料进行了系统的分析与归纳，构建了 B2C 网络平台嵌入风险生成的驱动因素与生成机理的概念模型。研究发现，嵌入风险是网络平台、入驻商家和消费者共同作用形成的。网络平台中过度竞争的市场环境为嵌入风险生成的主要驱动因素，入驻商家的道德风险高是嵌入风险生成的内驱因素，网络平台市场中“赢者通吃”的网络效应是嵌入风险生成的外部情景因素。在网络平台、入驻商家和消费者的共同作用下，形成了平台对商家的“锁定失效”、商家与商家之间的“竞争扭曲”和消费者对平台的“关系失信”这三种嵌入风险。其中平台对商家的弱势锁定是“锁定失效”嵌入风险生成的中介条件，商家之间的传染效应是“竞争扭曲”嵌入风险生成的中介条件，信息失真和消费者权益受损是“关系失信”嵌入风险生成的中介条件，消费者逃离平台市场，同业卖家受损，异业卖家也受损，损害了平台的整体利益。

本章突破了现有研究中过度嵌入视角的局限，尝试运用嵌入性理论，从低度嵌入视角分析入驻企业引发的 B2C 网络平台嵌入风险成因，补充嵌入性理论中对低度嵌入问题研究的不足，丰富嵌入性理论的研究内涵。在实践上，厘清了 B2C 入驻企业对网络平台产生的嵌入风险，为提升我国 B2C 网络平台对嵌入风险的治理水平提供了保障。本章为后面深入探讨嵌入风险传导的机理与动力学过程奠定了基础。

第 4 章　B2C 网络平台嵌入风险的传导机理分析

在 B2C 网络平台嵌入风险生成机理的基础上，本章对 B2C 网络平台嵌入风险传导的内涵和特征进行了深入分析，明确了 B2C 网络平台嵌入风险传导的构成要素，梳理了各传导要素之间的逻辑关系，揭示了 B2C 网络平台嵌入风险传导路径，分析了嵌入风险传导的过程，为嵌入风险传导的动力学分析奠定基础。

4.1　B2C 网络平台嵌入风险传导的内涵与特征

4.1.1　嵌入风险传导的内涵

本书将 B2C 网络平台嵌入风险传导的内涵界定为：B2C 网络平台由于受到嵌入主体不确定性因素的影响产生的嵌入风险，依附于特定的风险传导载体，经过一定的路径或渠道，向 B2C 网络平台交易活动的各个功能节点传导和蔓延，进而导致 B2C 网络平台企业运营目标偏离预期目标而遭受损失的过程。进一步地，结合 B2C 网络平台的特殊性，按照嵌入风险传导的过程与空间范围，本书将 B2C 网络平台嵌入风险的传导分为平台内部传导和外部传导。具体来说，内部传导是指网络平台中某一嵌入节点产生的嵌入风险，依附于风险传导载体，沿着某种路径在网络平台内部各节点之间的传导，使网络平台企业经营偏离目标并遭受损失；外部传导是指嵌入风险依附于特定的风险传导载体，经过一定的路径或渠道，突破网络平台边界，进入由相应的网民、媒体等节点组成的网络空间中的传导，进而导致 B2C 网络平台企业运营目标偏离预期目标而遭受损失的过程。具体如图 4.1 所示。

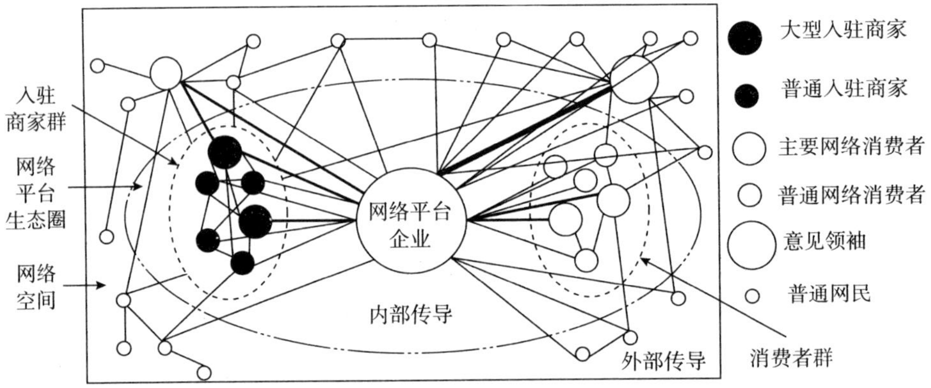

图 4.1　B2C 网络平台嵌入风险传导示意图

资料来源：笔者绘制。

由图 4.1 可知，B2C 网络平台的商业生态圈成员包括入驻商家群、网络平台企业和消费者群，其中网络平台企业作为平台生态界面的搭建者、平台运营的主导者、平台内组织关系的协同者以及平台规则的制定者和维护者，在平台生态圈中处于核心地位（辛杰，2015）[327]。入驻商家群和消费者群的成员可进一步划分为大型商家和普通商家、主要消费者和普通消费者，大型商家在平台生态圈网络中占据关键位置，通过平台连接众多的消费者，主要消费者在需求侧的用户网络中具有较高的影响力与辐射力，与平台和商家连接紧密。网络平台生态圈依托互联网技术完成交易，隶属于由互联网用户共同构成的网络空间。

嵌入风险在 B2C 网络平台内部的传导是指嵌入风险在网络平台商业生态圈内部各节点之间的传递和演进过程，进而对各节点的行为产生影响，致使网络平台企业运营目标偏离预期目标而遭受损失的过程。嵌入风险在平台内部传导的风险接受者包括网络平台企业、入驻商家以及消费者。嵌入风险能否在平台内部进行传导是平台内主体间节点相互作用不断博弈后的结果。比如，在 B2C 网络平台中某一嵌入节点（入驻商家）的不当嵌入行为（假冒伪劣）能否扩散传导给另一入驻商家，使之也实施假冒伪劣行为，是由网络平台和消费者的行为决策共同决定的，如果平台监管严厉，对违规行为惩罚力度大，消费者维权意识强，那么其他合规商家就不会模仿违规商家的行为，嵌入风险在平台内部得不到传导和扩散。

嵌入风险在平台外部的传导是指嵌入风险突破平台边界，在网民构成的网络空间中的不同网民节点之间的传导过程。当网络平台企业未能对嵌入风险在平台内部的传导进行控制，如由于入驻商家违规，消费者在网络平台上的权益受到损害并通过网络平台维权失败时，一些消费者就会通过网络将自己的购物经历和网络平台的“不作为”行为进行公开曝光和抨击，引发媒体和其他网民的关注，其他网民出于同情对评论进行点击和转发，导致嵌入风险在网络中迅速传播，给 B2C 网络平台企业以及入驻商家群体的声誉造成损害，降低 B2C 网络平台企业用户忠诚度及潜在用户的入驻意愿。

4.1.2 嵌入风险传导的特征

B2C 网络平台是一个多主体、多目标和多环节的内部复杂系统，随着消费者对品质追求的不断提高，B2C 网络平台更是得到快速发展，市场规模不断增长。B2C 网络平台也更趋复杂化和精益化，随着竞争的加剧，嵌入商户的信用缺失、刷单行为、假冒伪劣等行为给平台企业带来的嵌入风险越来越明显。嵌入风险无论是对 B2C 网络平台中的节点企业还是对整个 B2C 网络平台都会有影响。B2C 网络平台嵌入风险各传导元素以 B2C 网络平台为载体，相互作用、相互依存和相互影响。B2C 网络平台嵌入风险传导具有以下鲜明特征：

（1）潜在性。在 B2C 网络平台中，入驻商家和消费者依据平台规则与契约嵌入平台，开展网络交易活动。在平台网络市场中，消费者委托网络平台提供优质商品，而网络平台又委托入驻商家提供优质商品，消费者、网络平台和入驻商家间存在多层委托代理关系。虽然消费者可通过重复购买和口碑传播、网络平台可通过提供买家资源对入驻商家行为进行约束，但由于网络市场中，消费者的低价要求与低黏性回报以及获取买家资源的大小主要取决于商家竞争行为，对合规经营的商家激励不足，造成消费者、网络平台和入驻商家间的委托代理关系失效。入驻企业与网络平台之间存在多任务的委托代理关系（Holmstrom & Milgrom，1991）[161]，如获得利润、维护平台信用与声誉、遵守平台竞争秩序等，委托人（消费者或平台企业）与代理人（商家或平台企业）的目标函数不一致（吴本家，2007）[162]，存在利益冲突，由于机会主义的存在，代理人可以通过"隐藏行动"，如提供虚假信息、"刷单刷屏"、"好评有礼"、"好评返现"等，争夺客户资源、信息资源、"结构洞"位置等从而损害委托人利益，给网络平台的运行带来风险。入驻企业与网络平台弱势锁定的合作伙伴关系，导致入驻企业更注重自我利益，机会主义行为动机更强，致使其行为背离平台运行与发展的规则，因此潜在性（夏喆，2007）[251] 特征是 B2C 网络平台嵌入风险传导最显著的特征。

（2）复杂性。B2C 网络平台嵌入风险传导的复杂性是由 B2C 网络平台嵌入风险的风险源、风险传导载体、风险传导路径等因素的复杂性及风险的不确定性、随机性等特征所决定的。在 B2C 网络平台中，平台的双边市场结构（Kaiser & Wright，2006）[328]，将众多不同类型的主体吸引嵌入平台商业生态圈中，由于嵌入商户的规模庞大，涉及行业较多，嵌入主体的自身特质和角色功能具有多元性、异质性和复杂性（肖红军和李平，2019）[329]，因此同一类目的不同商家以及不同类目的商家的风险事件所带来的风险效应是不同的。由于风险事件发生的时间及爆发程度不同，网络平台风险防范制度或措施的完善程度不同以及风险监控能力的差异，即使是相同类型的嵌入风险，也会出现多样性的风险状况。此外，B2C 网络平台与传统交易市场相比具有虚拟性、自由性、即时性、全球性、复杂性等特性，这些特性也决定了 B2C 网平台嵌入风险传导的复杂性特征，由于嵌入主体分布范围较广，节点之间的连接较广，使某一节点企业在初始时刻的微小偏差或不确定，经过耦合作用被不断放大和增强，依附于各种传导载体并以各种途径被传递和扩散，进而导致整个网络平台系统的崩溃和瘫痪。同时，外部环境的不确定性风险，如政策风险、经济周期风险、法律风险甚至意外灾害风险等也增加了 B2C 网络平台嵌入风险的复杂性。

（3）动态性。在嵌入风险传导过程中，随着风险流所依附的传导载体不同，风险流的大小和能量也在发生改变，在传导过程中，不同类型的风险流在同一风险传导载体和风险传导路径中会发生相互作用和影响的耦合效应。当风险流的耦合作用使风险实现叠加效应和累积效应，那么就会增加 B2C 网络平台风险传导系统中的风险流量，进而导致整个系统风险状态的放大，此时我们称其为“强耦合”。相反，如果通过风险流的耦合使风险实现抵消、衰减效应，耦合后的风险流量小于耦合前的风险总流量，从而降低 B2C 网络平台嵌入风险，我们称其为“弱耦合”。总之，风险作为经济系统内一种特殊的能量，通过在 B2C 网络平台内部各交易环节的流动和耦合，风险在经过各节点的流动和传导之后会实现能量增强或减弱，进而使得整个网络平台风险状态放大或减小。此外，在风险传导的不同阶段，风险传导的速度不同，尤其是突破风险传导阈值后，风险传导速度加快，波及范围更大，给网络平台带来巨大损失。因此从风险传导过程来看，嵌入风险的传导具有动态性。

（4）不可逆性。B2C 网络平台嵌入风险的传导过程是不可逆的。具体可以从以下两个方面理解：一方面，如果把 B2C 网络平台作为风险的接受者，那么嵌入风险一旦开始传导，就会使 B2C 网络平台的风险状态发生改变，B2C 网络平台的外部环境和内部系统也会相应地发生变化，而这一变化是无法用任何方式复原的。另一方面，嵌入风险在 B2C 网络平台内部通过委托代理链及网络交易链流动，传导和蔓延到网络平台中的各个节点，并改变各个节点的风险状态，进而形成不同的风险子系统，这种由于风险传导引起的网络平台各节点发生的风险状态的改变同样也是没有办法恢复的，具有不可逆的特征。事实上，正是由于不可逆性才导致 B2C 网络平台系统的不断简化和完善。B2C 网络平台作为开放的系统，其运营实质上就是与外界不断地进行信息、资金、商品交换的过程，而这一过程必然伴随着不确定性，不确定性随着交换而流动传导到网络平台及平台中的节点，进而使网络平台的运营受到影响。嵌入风险传导过程的不可逆性说明，风险传导一旦发生，那么无论网络平台企业采取任何措施和方法，平台的风险状态都没有办法恢复到风险传导之前的状态，只能尽量降低嵌入风险后果的负面影响。

（5）涌现性。风险一般来说被定义为损失的不确定性，其本身就具有极大的随机性，因此风险传导也具有极大的随机性和不确定性。风险传导的发生无法准确预料，风险源经风险事件激发释放风险流后便开始依附风险载体进行传导，由于不同传导载体及不同传导路径的阻力不同，风险传导速度不同，传导过程具有偶发性。嵌入风险的产生在很大程度上是由于入驻商家与消费者和网络平台之间信息不对称造成的，在风险传导的前期，是风险能量逐步蓄积、增长的过程，而这一过程往往不被平台企业管理者所察觉，当“风险流”已经突破风险阈值时，嵌入风险会突然迸发，尤其是 B2C 网络平台具有网络空间的特征，大规模的商家和消费者同时在线，初步奠定了节点之间信息的自由、不受控制、实时传播（所有人对所有人的即时传播）的基础，嵌入风险的传导会瞬时爆发，呈现涌现性的特征。也就是说，嵌入风险流在迸发释放前经历风险累积、蓄存和放大的过程，但由于该过程的隐蔽性以及 B2C 网络平台即时性的网络空间特征，决定了 B2C 网平台嵌入风险传导进程中的涌现性。

4.2 B2C 网络平台嵌入风险传导的构成要素

B2C 网络平台嵌入风险的传导过程是各传导要素相互作用、相互依存和相互影响的过程，因此对嵌入风险传导要素的分析，有利于揭示企业风险传导的机理与规律，为管理层对 B2C 网络平台嵌入风险的控制提供依据。由于 B2C 网络平台嵌入风险传导的构成要素暂没有国外文献和国内文献涉及，本书在借鉴企业风险传导要素、供应链风险传导要素以及网络组织风险传导要素的相关文献基础上进行整理和汇总，最终将 B2C 网络平台嵌入风险传导要素分为嵌入风险源、嵌入风险流、嵌入风险传导载体、嵌入风险传导通道、嵌入风险传导阈值和嵌入风险接受者六大要素。

4.2.1 嵌入风险源

引发企业风险的初始起因称为风险源，嵌入风险源是嵌入风险形成的根源，是嵌入风险传导的前提条件。嵌入风险是由于嵌入主体行为存在各种不确定性，从而导致 B2C 网络平台企业的经营目标偏离预期目标的可能性。嵌入风险源便是指影响网络平台企业正常运营的不确定性因素，主要包括网络平台外部环境和内部系统以及嵌入主体的非预期的变化等因素。B2C 网络平台嵌入风险源包括三类：一是外部环境风险源，具体包括市场环境变化、政策环境变化等，这些外部环境可改变网络平台市场的竞争环境，在一定程度上加剧了入驻商家实施违规行为的动机，给网络平台带来嵌入风险；二是网络平台自身风险源，如平台制度是否完善、交易规则是否合理、技术手段是否先进等，由于网络市场具有虚拟性特征，消费者不能看到真实的商品，购买决策主要依赖商品排名、商品销量以及商品评价，那么网络平台中依据销量和评价的排名规则在一定程度上刺激了入驻商家“刷单炒信”的行为，给网络平台带来嵌入风险；三是嵌入主体的风险源，包括入驻商家、消费者以及物流运营商等行为的不确定性，入驻商家的逐利行为、消费者对低价的偏好都在一定程度上激发了入驻商家的违规行为。

4.2.2 嵌入风险流

风险的传导具有抽象性的特征，因此为了更形象地揭示风险传导的动态过程和规律，学者在研究过程中，往往借鉴物理学、电子学等学科的研究方法，将风险视为一种具体的可以描述的经济能量。具体来说，嵌入风险流可以描述为嵌入风险源经风险事件被触发形成嵌入风险的过程中所产生的能量性冲击，当风险能量的聚集或变化的速度超过节点对其承受的阈值时，便开始产生风险的传导，形成风险的流动与传递。比如在网络平台中，嵌入商户的违规行为对消费者造成的损害超过消费者能够承受的极限时，消费者就会向网络平台发起维权，将此风险传导给网络平台，给网络平台企业的运营带来风险，引起嵌入风险的传导现象。在传导过程中，风险能量能够依附于网络平台的各个功能节点，利用节点之间的商品交易关系或者委托代理关系或者社会关系形成不同风险的耦合，使风险发生增强、转化或削弱，最终改变整个 B2C 网络平台系统的风险状态。嵌入风险经过不同的传导载体时，就会形成不同的嵌入风险流，如资金风险流、物流风险流、价格风险流、信息风险流等。值得一提的是，由于风险流具有流动性、耦合性、依附性、变异性等特点（夏喆，2007）[251]，嵌入风险流与嵌入风险传导载体并不是一一对应的，相同的嵌入风险传导载体可能带来不同的嵌入风险流。

4.2.3 嵌入风险传导载体

载体最早出现于生物化学领域，是指能够传递或运载其他物质的介质或媒介。后经过不断的发展，在社会科学领域中，载体泛指承载知识和信息的物质形体。嵌入风险传导载体是将嵌入风险源产生的风险流传导给风险接受者的输送“媒介”或“桥梁”。嵌入风险传导载体具有“承载”风险和“传导”风险的双重功能，承载性是指风险载体承载着嵌入风险的诸多因素，并且能够表现这些因素相互作用形式，传导性是指风险载体具有传导平台嵌入风险信息和内容的功能。承载性促动着网络平台嵌入风险传导的诸要素相互联系、相互作用，为“传导”提供了前提和条件。对于 B2C 网络交易平台这个特殊的系统而言，入驻商家群和消费者群之间存在着交易关联，而维系节点间交易关联的重要纽带便是载体，所以 B2C 网络交易平台在完成网络交易，使系统中各节点间发生业务往来的过程，事实上就是载体在节点间流动并发挥作用的过程。在载体发挥作用的过程中，其承载着的各种风险流也会发生相互作用，当风险流经过相互交织、相互耦合时，风险能量不断累积放大，当突破阈值时，“传导”就开始了。在嵌入风险传导的过程中，嵌入风险传导载体包括显性载体和隐性载体，显性载体包括商品、价格、人员、数据等，隐性载体包括技术、信息、行为等。

4.2.4 嵌入风险传导通道

嵌入风险在传导过程中需要经过若干传导节点，经由传导载体将风险从风险源传送到风险接受者，因此从风险源到风险接受者之间必然存在一个路线轨迹问题，这个路线轨迹即为嵌入风险传导通道。B2C 网络平台的虚拟性和开放性，嵌入主体的机会主义行为倾向以及巨大的用户规模，就决定了 B2C 网络平台企业的运营具有不确定性，当嵌入风险出现并沿着特定的渠道和轨迹在网络平台运行流程、平台内部各嵌入节点之间，以及网络平台外部的网络空间中进行流动和传递时，就形成了 B2C 网络平台嵌入风险传导通道。由此可以看出，嵌入风险传导路径有网络平台内部传导通道和外部传导通道两种，但这两种传导通道不是相互孤立的，而是密切相关的，它们纵横交错，实现网络平台内部各节点和各交易环节之间的风险交换，还实现网络平台内部与网络平台外部的风险交换。B2C 网络平台嵌入风险的传导通道主要有纵向的委托代理链、商品交易链和横向的社会关系链。

4.2.5 嵌入风险传导阈值

嵌入风险的阈值是指风险状态由量变到质变的临界点，也是风险受体所能承受风险的最大值。B2C 网络平台作为一个完整的系统，本身具有自组织、自适应、自调节等特点，这些特点决定了网络平台企业具有一定的抗风险能力，即当网络平台中存在的嵌入风险在一定阈值范围内，网络平台企业可通过自组织、自适应、自调节来减弱和阻断嵌入风险的耦合放大，使其不能达到风险阈值，进而使各风险源处于局部独立、静止的状态，风险流得不到释放和传导。当网络平台内各种嵌入主体的风险源不断累积耦合达到某一阈值时，即当风险流量、风险梯度压力（企业内部系统和外部环境存在状态改变前后的势差）、风险流量的速度同时达到一定的"临界值"时，B2C 网络平台企业将无力阻止和化解风险，风险源中所蕴含的潜在风险能量将依附于风险载体，迸发释放和输出，通过网络交易流程链、委托代理链和社会关系链，在 B2C 网络平台内部流动和蔓延，形成嵌入风险在网络平台内的动态传导。此时，各嵌入风险源中的风险流逐渐迸发释放，由局部、静态风险逐渐转化为动态、可传导的风险。此时风险阈值越高，不确定性的积累越高，冲过阈值后风险集中释放的杀伤力便越大。

4.2.6 嵌入风险接受者

B2C 网络平台嵌入风险接受者是指 B2C 网络平台嵌入风险源发出的风险经过传导后的最终接受者。嵌入风险源发出后，通过网络平台可能转嫁给 B2C 网络平台中的其他节点，如消费者或其他入驻商家，由于 B2C 网络平台存在网络外部性和市场属性，嵌入风险通过入驻商家和消费者最终可能转嫁给 B2C 网络平台企业，给 B2C 网络平台企业的运营或声誉带来损失。风险接受者同时也可能是风险发出者，当风险接受者接收到的风险流高于其自身所能承受的风险阈值时，风险就会依附特定载体沿着某一路径进一步向其所连接的其他受体传导，最终可能导致整个 B2C 网络交易平台的崩溃和瘫痪，给 B2C 网络平台企业带来灾难。比如由于入驻商家销售假货，阿里巴巴在 2011 年 11 月曾被美国贸易代表办公室收录进其公布的“恶名市场名单”①，一经列入该名单，阿里巴巴在商家中的信誉不仅会受到破坏的威胁，而且该公司的上市计划也变得错综复杂。2016年阿里巴巴成功加入美国的国际反假货联盟，但由于入驻商家的售价侵权行为，阿里巴巴遭受了其他知名品牌商会员的强烈抨击，他们认为阿里巴巴旗下网站更多地会导致而不是消除知识产权侵权问题，在这种压力下，阿里巴巴在入会不到一个月就被美国的国际反假货联盟取消了会员资格。正如马云所说，“淘宝并不是假货制造者，而是假货最大受害者”，可见入驻商家的不当嵌入风险经过传导给网络平台造成严重的嵌入风险。

4.2.7 嵌入风险传导要素间的逻辑关系

通过对以上风险要素的分析可知：风险源是嵌入风险产生的根源，是嵌入风险传导的基础；风险流是从物理学中类比过来的，将风险视为一种特殊的能量，嵌入风险传导的研究就是围绕风险流的流动与耦合展开的；风险事件是激发风险源释放风险流的导火索，是将局部静态的风险源变为动态的可流动的风险流的必要条件；风险载体是风险流在传导过程中依附的有形或无形的媒介，是风险传导的“桥梁”；风险传导通道是风险流传导流动的轨迹和路线；风险阈值是风险流能否传导的“临界值”，只有突破临界值，风险流才能依附风险载体进行流动和传导；风险接受者是嵌入风险传导的对象以及风险的承担者，风险接受者通过风险传导通道可以将风险进一步传导给下一个风险接受者，以此重复构成了风险不断演化和传导的过程。图 4.2 更加直观清楚地展示了 B2C 网络平台嵌入风险传导过程中各要素之间的逻辑关系。

从图 4.2 可以看出，B2C 网络平台嵌入风险的来源有多种渠道，不仅有嵌入主体的行为不确定性，还有平台内部和外部环境的风险源。在风险事件的激发下，不同类型的风险源相互作用，释放风险流，当风险流超过风险阈值时，就会依附商品、人员等显性载体和信息、技术等隐性载体，沿着委托代理链或网络交易链或社会关系链进行流动和传导，传递给其他消费者、入驻商家或网络平台企业等风险接受者，给风险接受者造成损失。对嵌入风险传导要素类别及其逻辑关

① 该名单上列出的是市场上经过报道或受到投诉的“参与并促进实质性盗用版本和假冒商标行为”。

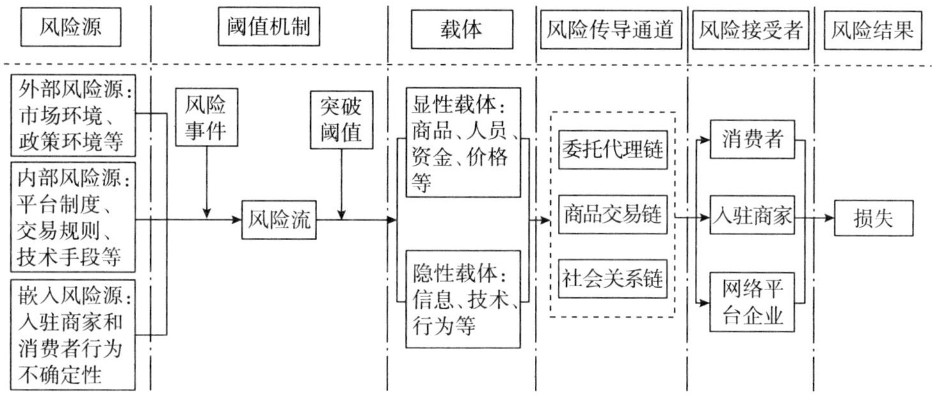

图4.2 B2C网络平台嵌入风险传导全过程分析

资料来源：笔者绘制。

系的分析有利于揭示B2C网络平台嵌入风险传导的内在机理，识别嵌入风险传导的规律，为网络平台企业更好地管理和控制嵌入风险提供重要的理论指导。

4.3 B2C网络平台嵌入风险的传导路径

在借鉴已有学者对风险传导路径分析（程国平和邱映贵，2009；李刚，2011；万幼清和胡强，2015；孙国强和邱玉霞，2016）[264,270,263,330]的基础上，结合本书研究对象的特点，将B2C网络平台嵌入风险传导路径分为链式传导和网络式传导两种，链式传导路径可分为正向传导和反向传导两类，网络式传导路径可分为中心辐射式、交互式和集中式三类，具体的传导路径的内涵如下文所示。

4.3.1 链式传导路径

B2C网络平台作为一个双边市场，具有连接商品供应方（入驻商家）和商品需求方（消费者）的连接价值。风险由供应方传导到需求方的过程称为正向链式传导路径，由需求方传导到供应方的过程称为负向链式传导路径。

如图 4.3 所示，嵌入风险链式正向传导路径是指在 B2C 网络平台中某一入驻商家带来的风险，如销售假冒伪劣商品，这一风险通过 B2C 网络平台传导到最终消费者身上。当消费购买到假冒伪劣产品时，如果在其所能承受的风险容量范围内，那么风险到消费者这里就会终止传导，如果超过其能承受的风险阈值，那么该风险就会从消费者端通过 B2C 网络平台进一步传导到入驻商家身上，如消费者选择退货或向入驻商家索取假一赔十补偿等，给入驻商家的运营带来风险。由于 B2C 网络平台的开放性以及消费者的素质良莠不齐，有的消费者利用七天无理由退换货条款，在 B2C 网络平台恶意消费，体验试玩后就退货，从而给入驻商家带来损失，形成链式反向传导路径。

图 4.3　B2C 网络平台嵌入风险链式传导路径

资料来源：笔者绘制。

链式传导路径的特征表现为：风险传递方向单一，风险沿着交易链由上游到下游或者由下游到上游传递；风险潜伏期较长，短期内的风险对 B2C 网络平台企业的危害不会凸显，具有较大的隐蔽性；风险波及范围小，有助于 B2C 网络平台企业对风险的控制。

4.3.2　网络式传导路径

（1）网状中心辐射式传导路径。网状中心辐射式传导路径是指嵌入风险传导方向是由核心节点向与其存在关联的多个节点传导的发散式传导路径。同时由于风险发出者发出的风险可能不止一种，如入驻商家可能不只有假冒伪劣的商品质量风险，还有刷单炒信的信用风险，以及发货运输中的物流风险等，每种风险的能量和风险阈值不同，可传导的程度也不一样，这些风险在传导过程中可相互叠加和耦合，产生变异，如商家的信用风险和商品质量风险可转变为消费者对卖家及网络平台的信任风险。由于风险传导的流动性和持续性，连接较多的核心风险接受者也可作为风险发出者，通过交易关系或社会关系将风险再次传导，因此辐射式传导过程相对复杂。如图 4.4 所示。

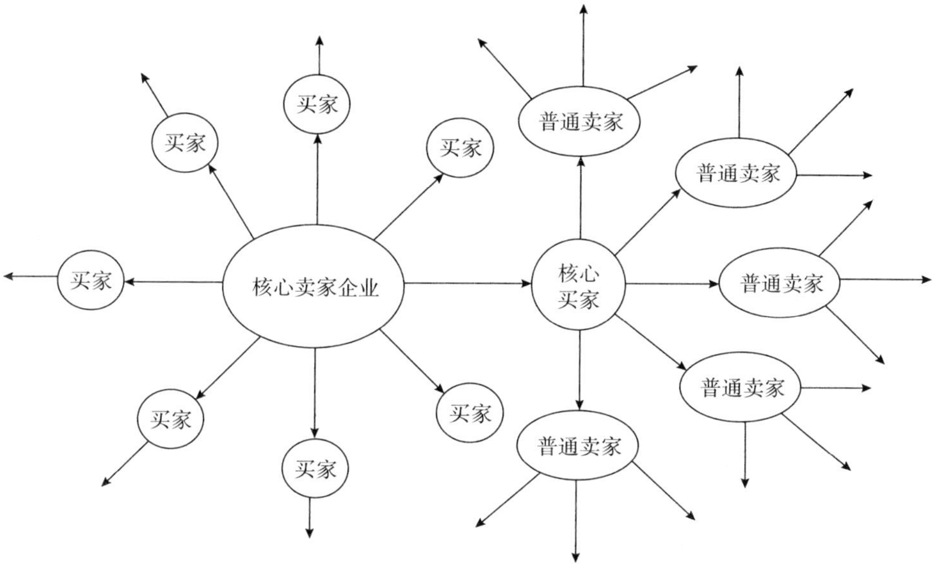

图 4.4　B2C 网络平台嵌入风险网状中心辐射式传导路径

资料来源：笔者绘制。

网状中心辐射式传导路径的特征表现为：风险传导过程的复杂性，同一节点既是风险接受者又是风险发出者，节点在接受风险后再次产生辐射传导，传导的风险可能相同也可能不同，风险传导的时间也可能不同，这些都加剧了风险传导过程的复杂性；风险源的核心性，网络平台中的核心卖家和核心买家作为初始风险或次生风险的发出者，由于连接节点多，辐射范围广，传导效应明显；风险传导过程的外部性明显，一旦核心节点的风险载荷超过其承受的风险阈值，那么就会通过其与其他节点之间的连接迅速传导和扩散，风险外部性明显。

（2）网状集中式传导路径。网状集中式传导路径是指不同的风险因子由多个方向的风险发出者集中向某一核心节点企业传导，产生风险的聚集。聚集式与辐射式传导路径最大的不同在于风险传导的方向发生了变化。对于 B2C 网络平台来说，核心卖家、核心买家以及 B2C 网络平台企业往往是此类传导路径的主要风险接受者，如图 4.5 所示。

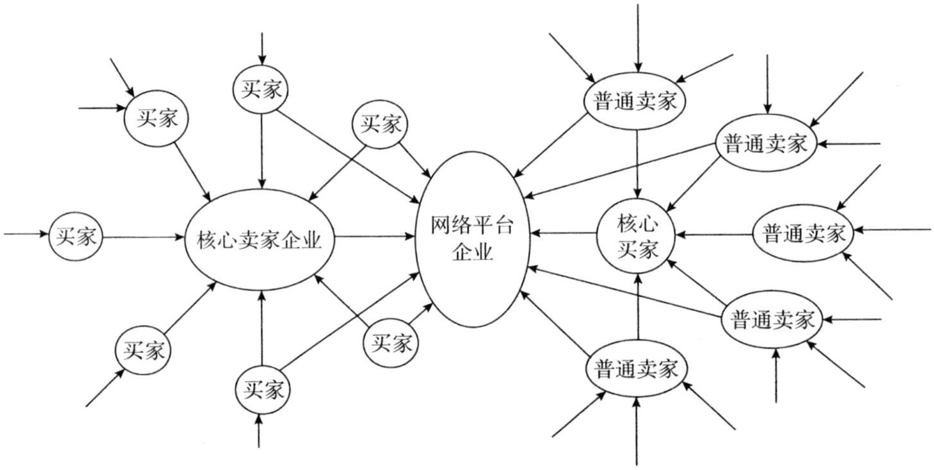

图 4.5　B2C 网络平台嵌入风险网状集中式传导路径

资料来源：笔者绘制。

网状集中式传导的主要特征是：风险源的复杂性，由于网络平台的嵌入主体规模庞大，消费者素质以及入驻商家品牌质量参差不齐，外部风险源以及嵌入主体的风险源由嵌入主体经过风险传导载体传导到 B2C 网络平台内部，风险源繁多而复杂，风险因素排查困难；传导后果的严重性，外部风险源的不同风险种类，在传导过程中经过耦合作用，不断累积叠加，一旦经由不同的风险发出者传导到核心风险接受者，那么风险能量将瞬时超过 B2C 网络平台承受的阈值，给 B2C 网络平台企业造成巨大损失。比如阿里巴巴在 2015 年卷入假货风波，并与原国家工商总局产生争端，导致阿里巴巴股价立刻下挫超过 4%，后进一步下跌了 8.8%，市值蒸发数百亿美元。

（3）网状交互式传导路径。网状交互传导路径是指嵌入风险在 B2C 网络平台各节点之间双向相互传导，交互式传导的根源是网络平台市场的跨边网络效应（Evans，2003）[14]，跨边网络效应及其产生的“鸡与蛋”动态博弈问题意味着网络平台的双边用户行为是相互影响、互为因果的。比如入驻商家将商品质量风险传导给消费者后，消费者买到劣质商品后对商家进行举报投诉，并要求假一赔十的补偿，又将风险传导给入驻商家这一风险发出者，对入驻商家的运营和信誉产生影响。与前两种网络传导路径相比，网状交互传导路径的传导过程更加复杂，具有连接的网络节点互为风险发出者和风险接受者，通过同种风险或不同风险之间的相互作用，风险不断累积叠加，并不断演化和变异，大大地增加了风险防范的难度。

如图 4.6 所示，网状交互式传导路径特征主要有：传导的循环叠加性，在这种传导方式下，风险传导是双向的，具有交互性，风险发出者将风险传递给风险接受者后，经过累积和变异，再将新的风险传导给原来的风险发出者；传导路径的复杂性，多种风险流的交互传递、双向耦合，使得风险防范的难度大大增加；风险传导的系统性，在网络平台中，同类节点或不同类节点之间往往是相互联系、相互影响的，因此风险的网状交互式传导比单向传导更具普遍性。

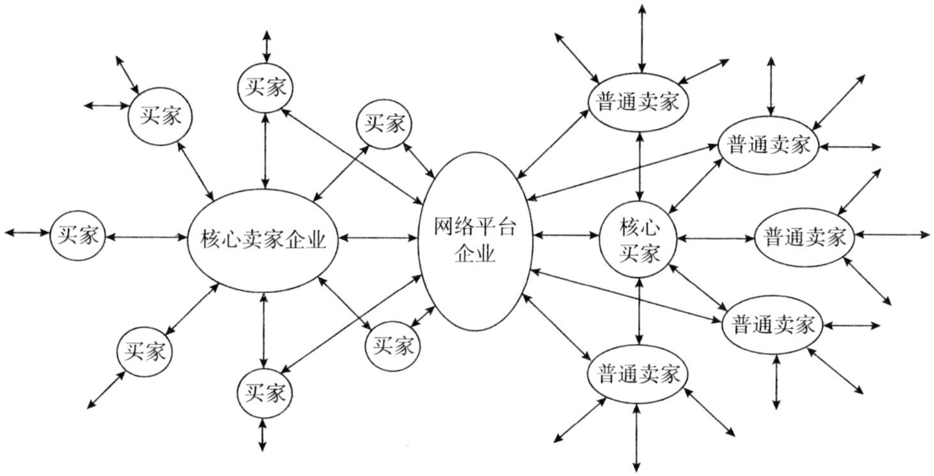

图 4.6 B2C 网络平台嵌入风险网状交互式传导路径

资料来源：笔者绘制。

4.4 嵌入风险传导的生命周期

与企业生命周期一样，众多学者根据研究对象的不同，将风险传导过程分为不同的阶段（刘纳新等，2015；叶厚元和洪菲，2010）[256,266]，本书将嵌入风险的传导分为潜伏增长期、爆发传导期、消退恢复期三个阶段。

B2C 网络平台嵌入风险传导的第一个阶段是潜伏增长期。在这一阶段，嵌入风险源的隐蔽性较强，释放的风险流的能量较小，流动的速度较慢，几乎处于静止状态，由于风险流的局部静态性，这一阶段往往被管理者所忽略。但是风险流不断累积和叠加，并不断耦合放大，直到突破风险阈值后，进入爆发传导阶段。

在第二个阶段即爆发传导期，风险流由静态的局部风险转变为动态的可传导风险，此时风险流依附于资金流、信息流和物流等风险载体，通过委托代理链、社会关系链、网络交易链进行传导和扩散，风险接受者在接收风险后可将风险进一步沿原路径传导给风险的发出者，也可沿网络辐射路径传导给其他关联节点。随着风险流的不断传导和释放，风险能量不断衰减，风险传导动力不足，开始进入消退恢复期。

在第三个阶段即消退恢复期，随着嵌入风险的传导速度不断降低，风险扩散的范围越来越小，最初的风险发出者的风险负荷经过多次传导释放后，开始进入风险恢复期，风险对其造成的影响逐渐缓解，风险事件的影响持续时间的长短与节点自身处理风险的能力大小相关。

4.5 本章小结

本章先对 B2C 网络平台嵌入风险传导的内涵进行界定，将 B2C 网络平台嵌入风险的传导过程分为网络平台内部风险传导和网络平台外部风险传导，并进一步分析了网络平台嵌入风险传导的潜在性、复杂性、不可逆性、动态性和涌现性特征。在此基础上分析了嵌入风险传导的构成要素，具体包括嵌入风险源、风险流、风险传导载体、风险传导通道、风险传导阈值和风险接受者，对每一要素的内涵进行了详细分析，并绘制了风险传导的流程图，以便清晰、直观地了解风险传导要素之间的逻辑关系。随后分析了嵌入风险传导的两种路径，包括链式传导路径和网络式传导路径，对不同传导路径用图示进行了直观展示，并对不同传导路径的特征进行分析。最后根据嵌入风险传导的阶段性特征，将嵌入风险的传导分为潜伏增长期、爆发传导期和消退恢复期三个阶段。

本章对嵌入风险传导的定义与特征、风险传导构成要素、风险传导模式以及风险传导的生命周期过程进行了系统的分析，揭示了嵌入风险传导的过程机理，为后面章节构建风险传导模型打下了基础。

第5章　B2C网络平台嵌入风险主体间的演化博弈与仿真分析

第3章分析了嵌入风险的生成机理，并得出B2C网络平台的三类嵌入风险；第4章分析了嵌入风险传导的机理，依据嵌入风险传导的范围将嵌入风险的传导分为平台内部传导和平台外部传导两个过程。本章则在前两章的基础上，从交易者群体行为的角度，采用三方演化博弈的方法，通过构建包含“网络平台—入驻商家和消费者”的三方演化博弈模型，对嵌入风险在平台内部的传导过程进行动力学分析。在建立模型时，考虑网络平台的双重嵌入情景，引入入驻商家与消费者在网络平台中的嵌入度，并分析了不同稳定条件下嵌入度的变化对系统稳定性的影响，最后使用Matlab软件对系统均衡的稳定性进行数值模拟，验证了分析的正确性。

5.1　研究方法的适应性分析

在B2C网络平台中，入驻商家和消费者依据平台规则与契约嵌入平台，开展网络交易活动。在平台型网络市场中，消费者委托网络平台提供优质商品，而网络平台又委托入驻商家提供优质商品，消费者、网络平台和入驻商家间存在多层委托代理关系。虽然消费者可通过重复购买和口碑传播、网络平台可通过提供买家资源对入驻商家行为进行约束，但由于网络市场中，消费者的低价要求与低黏性回报以及获取买家资源的大小主要取决于商家竞争行为的特征，导致对合规经营的商家激励不足，造成消费者、网络平台和入驻商家间的委托代理关系失效（汪旭晖和张其林，2017）[142]。

为获得更多的买家资源、谋取更大的超额利润，入驻商家纷纷选择虚假宣传、虚假促销、刷单炒信及假冒伪劣等投机行为，这不仅损害了同行的利益，也破坏了平台的竞争秩序。如果平台采取不治理的策略，任由商家违规行为肆意发展，尽管平台可能会获得交易规模提升的短期收益，但会造成其他合规商家模仿获得巨额利润的不当竞争行为发起者的做法，长此以往就会造成“劣币驱良币”现象，致使遵守市场秩序和规则的优良商家无法生存。入驻商家的不当竞争行为最终会导致平台假冒伪劣产品盛行，严重损害消费者的合法权益，并且这种风险会通过网络效应风险无限放大，使消费者群体不信任平台，给平台带来客户流失风险。由此可见，由入驻商家带来的嵌入风险是通过消费者这个桥梁传导到平台的，消费者利益受损进而放弃平台是风险由入驻商家传导到平台的必要条件。因此，B2C网络平台嵌入风险在平台内部的传导并不是个体行为简单累加的结果，而是由违规嵌入商家发起，由商家、平台与消费者多个利益主体相互作用、不断博弈的结果。如在B2C网络平台中某一嵌入节点（入驻商家）的不当嵌入行为（假冒伪劣）能否扩散传导给另一入驻商家，使之也实施假冒伪劣行为，是由网络平台和消费者的行为决策共同决定的，如果平台监管严厉，对违规行为惩罚力度大，消费者维权意识高，那么其他合规商家就不会模仿违规商家的行为，嵌入风险在平台内部得不到传导和扩散。

由第3章B2C网络平台嵌入风险生成机理可知，嵌入风险是在网络平台、入驻商家和消费者共同作用下形成的，且入驻商家的不当竞争行为是嵌入风险的直接诱因，因此本章以入驻商家采取违规行为策略的比例对嵌入风险进行度量，这一比例随时间的变化过程反映了B2C网络平台嵌入风险在网络平台内形成和传导的过程。通过构建嵌入风险主体间的演化博弈模型，分析嵌入风险扩散或收敛的条件，有助于揭示嵌入风险在平台内部传导和扩散的动态规律，进而为嵌入风险的控制提供思路和依据。

5.2 模型构建

5.2.1 模型假设

结合前文对嵌入风险生成机理和传导机理的分析，本书做如下假设：

(1) 研究由“平台—入驻商家—消费者”组成的网络交易系统，三个博弈主体均具有有限理性，且博弈主体间信息不对称，博弈随机，行为交互影响，这也就意味着各利益主体不能通过一次博弈获得最优策略，而是需要通过多轮博弈，不断试错、学习和调整自己过去的策略，从而做出与自身所面临的情况最匹配的行为决策。

(2) 网络平台嵌入度的定义与度量。“嵌入”的概念最早是由波兰尼于1944年提出的，是指经济并不是独立存在的，而是需要依赖政治、宗教、文化、制度等其他因素，从宏观方面证明了经济与社会的嵌入性关系。后来 Granovetter (1985)[63] 将嵌入的概念发展为经济行动及其后果会受到行动者所处的网络关系的影响。此后，嵌入性开始引起众多学者的关注，在众多学者的研究推动下，嵌入性的内涵也得到不断拓展，出现了工作嵌入（Job Embeddedness）（Mitchell et al.，2001）[331]、生态嵌入性（Ecological Embeddedness）（Whiteman & Cooper，2000）[213]、家庭嵌入（Familiy Embeddedness）（Aldrich et al.，2003）[332] 等新概念，但嵌入性的核心思想保持了相对的稳定。在以上学者研究的基础上，结合本书的研究内容将消费者和入驻商家的平台嵌入性定义为消费者和入驻商家的经济行为受其所处的网络平台的影响。

随着嵌入性理论研究的不断深入，不同学者根据研究内容的需要将嵌入性分为不同的类型，目前形成了几种被广泛认可并被大量引用的分析框架，分别是：关系嵌入（Relational Embededdness）和结构嵌入（Structural Embeddedness）分析框架（Granovetter，1985）[63]；结构嵌入、认知嵌入、文化嵌入和政治嵌入分析框架（Zukin & Dimaggio，1990）[209]；业务嵌入和技术嵌入分析框架

(Andersson et al., 2002)[219]；环境嵌入、组织嵌入和双边嵌入分析框架（Hagedoorn, 2006)[220] 等。其中格兰诺维特的结构嵌入和关系嵌入是被后续学者广泛采用的经典分析框架。本书主要采用格兰诺维特的关系嵌入来分析消费者和入驻商家的平台嵌入性。

关于关系嵌入性的维度划分，大多数学者都是参照 Uzzi（1997)[3] 的研究方法，从不同的角度进行研究。Granovetter（1973)[333] 用互动频率、亲密程度、关系持续时间以及互惠内容来判断关系的强弱；Uzzi（1997)[3] 从信任、优质信息共享和共同解决问题的机制这三个维度对嵌入性进行描述，并认为这三个维度是相互依赖的，且信任是嵌入性联系的首要特征。结合本章的研究需要，将入驻商家和消费者的平台嵌入性划分为互动频率（次数）、信任两个维度，具体测量指标对入驻商家和消费者来说略有不同。对于入驻商家来说，用商家的店铺销量、订单笔数来代表互动频率，用商家的店铺评分和信用评分来代表信任，入驻商家的店铺销量和订单笔数越高、嵌入度越高，店铺评分和信用等级越高，嵌入度越高。对于消费者来说用购买频率代表互动频率，用消费者的信用值（如阿里巴巴的淘气值和京享值）代表信任，购买频率越高嵌入度越高，信用值越高嵌入度越高。因此商家（消费者）的嵌入度可以定义为：$\alpha(\beta)=a\times$商家(消费者)的互动频率/商家(消费者)最高互动频率$+(1-a)\times$商家(消费者)的信任程度/商家(消费者)最高互信任程度，α、β 代表入驻商家和消费者的平台嵌入度，a 代表频率维度的权重，因此本书中嵌入度的取值范围为 0~1。

(3) 博弈主体行为策略。

1) 网络平台。平台的策略集｛监管，不监管｝。入驻商家的不当竞争行为不仅损害了平台的竞争秩序，还侵害了消费者的合法权益，在实际运营过程中，网络交易平台出于维护正常的网络秩序和规范，保护消费者合法权益以及履行企业社会责任的需要，有动机对商家的违规行为进行监管和制裁，以获得平台的健康持久发展。但与此同时，平台不仅需要支付监管治理成本，还需要承担因不能吸引消费者流量而导致的短期利益损失，因此并不是所有平台都会选择监管策略。尤其是在平台发展初期，平台严格的监管策略会阻碍平台规模的快速扩大，经过分析，本书认为 B2C 网络交易平台采取某一行为策略的概率是随着时间不断变化的，本书假定 B2C 网络平台选择“监管”策略的概率为 $x(t)$，$0\leqslant x(t)\leqslant 1$，

$x(t)$关于时间 t 可导。

2）入驻商家。在 B2C 网络平台中，由于同质产品过多，入驻商家很难保证持久的竞争优势。部分入驻企业为了获取客户资源与超额利润采用刷单炒信、假冒伪劣等不当手段，以争夺网络平台中有利的结构洞位置，获取丰富的网络资源。由于网络负外部性的作用，某一商家获得结构洞资源优势，必然会减少其他商家占用的资源，因此在有限资源条件下，其他商家可能也会模仿参与违规行为，产生传染效应。但是有的商家出于长期合作发展需要，以及履行社会责任、遵守平台规则、违规成本而选择不参与不当竞争。基于此，得出入驻商家的策略集为｛违规，不违规｝。商家在入驻初期，为了获得消费者流量，提高店铺信誉度，往往会采取违规操作，但是在获得相应的等级后，这种动机就会减弱，因此商家选择某一策略的概率也是随时间变化的，本书假定入驻商家选择“违规”策略的概率为 $y(t)$，那么有 $0 \leq y(t) \leq 1$，$y(t)$关于时间可导。

3）消费者。消费者是平台效用的直接体验者，掌握平台与商家的生杀大权。因此，在流量为王的时代，各大平台和商家都以争夺消费者流量为目标，通过各种“秒杀”促销活动、发放优惠券、其他平台引流等方式不断扩大平台、店铺的消费人群数量，提高点击率，进而提高商品成交量。在 B2C 网络平台中，消费者有两个决策选择，即｛购买，不购买｝。影响消费者购买决策的因素有很多，如商家的信誉度、商品的性价比、买家的评价及售后服务等，如果消费者在网络消费过程中遭遇欺诈或权益受损，购物体验较差，那么消费者可能就会选择不购买策略，因此，消费者的购买行为策略也是随时间不断变化的，本书假设消费者选择购买策略的概率为 $z(t)$，$0 \leq z(t) \leq 1$，$z(t)$关于时间 t 可导。

5.2.2 损益变量的设定

5.2.2.1 网络平台的损益变量

π_1：平台的基本收益，即网络平台在未采取监管措施时，只是通过提供平台交易场所等基本服务获得的基本收入。

$\Delta\pi_1$：平台采取监管策略时的潜在收益，即平台采取监管措施时，会对商家行为产生约束作用，优化网络平台的市场环境，进而提高消费者的购买量，提高平台的交易量，使得平台从中直接获益。

F_1：网络平台对实施违规行为的商家收取的罚金收益。

ΔC_1：平台对入驻商家采取监管措施时投入的成本（包括监管技术人员、设备等），以及由于监管力度增加造成的商家流失成本。

S_1：入驻商家采取违规行为给平台带来的损失。

5.2.2.2 入驻商家的损益变量

π_2：在平台不监管、消费者购买策略下，入驻商家合规运营时所获得的基本收益。

$\Delta\pi_2$：在平台不监管、消费者购买策略下，入驻商家采取违规行为时所获得的额外收益。根据本书对嵌入度的定义，如果商家在网络平台上的嵌入度较高，那么该商家的销量高，消费者群体基础相对较广，其与平台以及消费者之间信任程度较高，其违规获得的收益就大。因此本书假设入驻商家的嵌入程度与违规收益成正比，入驻商家的违规收益为 $\alpha\Delta\pi_2$。

ΔC_2：入驻商家采取违规行为时的违规成本，这里的违规成本是指违规行为被平台查处后受到降低曝光率、商品下架、降低信用等处分所造成的损失。嵌入程度高的商家对平台的依赖程度更高，除了要承担自身的损失以外，还要承担寻找新的入驻平台，以及重新经营的风险成本，因此一旦违规被查，那么对自身造成的损失相对就比较大；对于嵌入程度低的商家来说，其可能同时入驻多个平台，如果其在该平台受到处分，可能立马以另一平台为主要销售地点，自身的损失相对较小，因此在此假设嵌入程度与违规成本成正比，即入驻商家的违规成本为 $\alpha\Delta C_2$。假设在平台不监管时入驻商家具有机会主义行为，即 $\Delta\pi_2>\Delta C_2$，在平台监管时，平台能对入驻商家起到监管作用，即 $\alpha(\Delta\pi_2-\Delta C_2)<F_1$。

$\Delta\pi'_2$：平台监管时给入驻商家带来的额外收益。平台监管时由于其给消费者创造了安全放心的网络消费环境，因此在一定程度上会刺激消费者选择在线上购买，提高入驻商家的销量，给入驻商家带来一定的收益。同上分析，商家的嵌入程度与此额外收益成正比，因此不同嵌入程度商家的额外收益为 $\alpha\Delta\pi'_2$。

5.2.2.3 消费者的损失变量

π_3：在网络平台不监管、入驻商家不违规时，消费者选择购买策略时获得的预期收益；此收益包括消费者的使用价值与购买时的成本之差、选择网络消费的时间节约收益和免出行收益以及网络平台对消费者购物保障（七天无理由退换以及天猫极速退款等保障）带来的收益。

S_3：在入驻商家采用违规策略时，消费者选择购买策略时的潜在损失，具体指产品质量差、价格高、售后服务质量差等；考虑到 B2C 网络平台运费险及七天无理由退换货等网络购物的保障，因此假设$\pi_3>S_3$。

$\Delta\pi_3$：平台监管策略为消费者带来放心安全的网络消费市场环境，给消费者带来的额外收益，假设 $\Delta\pi_3>0$；消费者在平台嵌入程度高，其在网络平台的购物频率高，所获得的额外收益高，假设消费者的嵌入程度为β，那么其额外收益为$\beta\Delta\pi_3$。

ΔS_3：入驻商家采取违规策略时，由于破坏网络市场交易秩序，为消费者网络消费环境带来消极影响的损失，如搜寻成本增大。如果消费者的嵌入程度高，那么商家违规对其造成的损失就大，消费者的违规损失为$\beta\Delta S_3$。

消费者选择不购买策略时，收益为 0。

假设平台监管时，对消费者起到保护作用，即 $\Delta\pi_3>\Delta S_3$。

5.2.3　支付矩阵的构建

根据上文对三方主体参与下的假设条件，得出网络平台、入驻商家和消费者的收益矩阵，如表 5.1 所示。

表 5.1　嵌入风险主体间的三方演化博弈支付矩阵

博弈方的策略			商家不违规（1−y）		商家违规（y）	
			消费者购买（z）	消费者不购买（1−z）	消费者购买（z）	消费者不购买（1−z）
网络交易平台	监管（x）		$\pi_1+\Delta\pi_1-\Delta C_1$	$-\Delta C_1$	$\pi_1+\Delta\pi_1+F_1-\Delta C_1-S_1$	$F_1-\Delta C_1-S_1$
			$\pi_2+\alpha\Delta\pi'_2$	0	$\pi_2+\alpha\Delta\pi_2+\alpha\Delta\pi'_2-\alpha\Delta C_2-F_1$	$-\alpha\Delta C_2-F_1$
			$\pi_3+\beta\Delta\pi_3$	0	$\pi_3+\beta\Delta\pi_3-S_3-\beta\Delta S_3$	0
	不监管（1−x）		π_1	0	π_1-S_1	$-S_1$
			π_2	0	$\pi_2+\alpha\Delta\pi_2-\alpha\Delta C_2$	$-\alpha\Delta C_2$
			π_3	0	$\pi_3-S_3-\beta\Delta S_3$	0

资料来源：笔者绘制。

5.3 复制动态方程及均衡点

5.3.1 复制动态方程

在演化博弈中，博弈参与方需要在多次博弈之后不断调整选择某一策略的概率值 x、y、z 的大小才能获得稳定的混合策略，各博弈主体动态调整策略选择概率值的过程就是复制动态过程，概率值 x、y、z 调整的微分方程即复制动态方程。

假设 E_{11}、E_{12} 为网络平台采取“监管”“不监管”策略时的期望收益，E_1 为网络平台的平均期望收益，那么：

$$
\begin{aligned}
E_{11} &= (\pi_1+\Delta\pi_1-\Delta C_1)(1-y)z+(-\Delta C_1)(1-y)(1-z)+\\
&\quad (\pi_1+\Delta\pi_1+F_1-\Delta C_1-S_1)zy+(F_1-\Delta C_1-S_1)(1-z)y\\
&= (F_1-S_1)y+(\pi_1+\Delta\pi_1)z-\Delta C_1
\end{aligned} \tag{5.1}
$$

$$E_{12}=\pi_1(1-y)z+0+(\pi_1-S_1)yz+(-S_1)(1-z)y=\pi_1 z-S_1 y \tag{5.2}$$

$$E_1=E_{11}x+E_{12}(1-x) \tag{5.3}$$

那么，网络平台策略的演化博弈复制动态方程为：

$$F_1(x)=\frac{dx}{dt}=(E_{11}-E_1)x=(\Delta\pi_1 z+F_1 y-\Delta C_1)(1-x)x \tag{5.4}$$

同理，假设 E_{21}、E_{22} 为入驻商家采取“违规”“不违规”策略时的期望收益，E_2 为入驻商家的平均期望收益，那么：

$$
\begin{aligned}
E_{21} &= (\pi_2+\alpha\Delta\pi_2+\alpha\Delta\pi'_2-\alpha\Delta C_2-F_1)xz+(\pi_2+\alpha\Delta\pi_2-\alpha\Delta C_2)(1-x)+\\
&\quad (-\alpha\Delta C_2-F_1)(1-z)x+(-\alpha\Delta C_2)(1-x)(1-z)\\
&= \alpha\Delta\pi'_2 xz+(\pi_2+\alpha\Delta\pi_2)z-F_1 x-\alpha\Delta C_2
\end{aligned} \tag{5.5}
$$

$$E_{22}=(\pi_2+\alpha\Delta\pi'_2)xz+\pi_2(1-x)z+0+0=\alpha\Delta\pi'_2 xz+\pi_2 z \tag{5.6}$$

$$E_2=E_{21}y+E_{22}(1-y) \tag{5.7}$$

从而，入驻商家策略的演化博弈复制动态方程为：

$$F_2(y)=\frac{dy}{dt}=(E_{21}-E_2)y=[\alpha\Delta\pi_2 z-F_1 x-\alpha\Delta C_2](1-y)y \tag{5.8}$$

同理，假设 E_{31}、E_{32} 为入驻商家采取“购买”“不购买”策略时的期望收益，E_3 为消费者的平均期望收益，那么：

$$\begin{aligned}E_{31}&=(\pi_3+\beta\Delta\pi_3)(1-y)x+\pi_3(1-x)(1-y)+(\pi_3+\beta\Delta\pi_3-S_3-\beta\Delta S_3)yx\\&\quad+(\pi_3-S_3-\beta\Delta S_3)(1-x)y=\beta\Delta\pi_3 x-(S_3+\beta\Delta S_3)y+\pi_3\end{aligned} \tag{5.9}$$

$$E_{32}=0 \tag{5.10}$$

$$E_3=E_{31}z+E_{32}(1-z) \tag{5.11}$$

入驻商家策略的演化博弈复制动态方程为：

$$F_3(z)=\frac{dz}{dt}=(E_{31}-E_3)z=[\beta\Delta\pi_3 x-(S_3+\beta\Delta S_3)y+\pi_3](1-z)z \tag{5.12}$$

所以复制动态方程为：

$$\begin{cases}F_1(x)=\dfrac{dx}{dt}=(\Delta\pi_1 z+F_1 y-\Delta C_1)(1-x)x\\[2ex]F_2(y)=\dfrac{dy}{dt}=(\alpha\Delta\pi_2 z-F_1 x-\alpha\Delta C_2)(1-y)y\\[2ex]F_3(z)=\dfrac{dz}{dt}=[\beta\Delta\pi_3 x-(S_3+\beta\Delta S_3)y+\pi_3](1-z)z\end{cases} \tag{5.13}$$

5.3.2 演化博弈模型的稳定性分析

5.3.2.1 平台监管策略的渐进稳定性分析

在研究演化博弈问题中，对某一策略在种群内适应性程度的动态微分分析过程叫作复制动态分析。在博弈过程中，如果某一策略的收益高于其他策略的平均收益，那么就认为这一策略具有较强的抵抗变异策略的稳定性，可以在群体中发展演化。

平台监管策略的复制动态方程为：

$$F_1(x)=\frac{dx}{dt}=(\Delta\pi_1 z+F_1 y-\Delta C_1)(1-x)x \tag{5.14}$$

由复制动态方程稳定性定理可知，稳定策略时的 x 取值应满足 $F_1(x)=0$ 且

$F'_1(x)<0$。

由 $F_1(x)=0$，解得 $x^*=0$，$x^*=1$，$z=\dfrac{\Delta C_1-F_1y}{\Delta\pi_1}$。

$$F'_1(x)=\frac{\partial F_1(x)}{\partial x}=(\Delta\pi_1 z+F_1y-\Delta C_1)(1-2x) \tag{5.15}$$

（1）当 $z=\dfrac{\Delta C_1-F_1y}{\Delta\pi_1}$时，$F_1(x)=0$ 恒成立，这表明任何比例的“监管策略”群体在该条件下都是稳定策略，即监管策略比例不会随着时间的推移而变化。

（2）当 $z>\dfrac{\Delta C_1-F_1y}{\Delta\pi_1}$时，令 $F_1(x)=0$，易知 $x^*=0$、$x^*=1$ 是两个演化稳定，而 $F'_1(x)\mid_{x^*=0}>0$，$F'_1(x)\mid_{x^*=1}<0$，因此 $x^*=1$ 为渐进稳定点，此时对于平台来说，采取监管策略的潜在收益与罚金收益之和大于其监管成本，从利益角度出发，平台将会倾向于选择监管策略。

（3）当 $z<\dfrac{\Delta C_1-F_1y}{\Delta\pi_1}$时，$F'_1(x)\mid_{x^*=0}<0$，$F'_1(x)\mid_{x^*=1}>0$，即 $x^*=0$ 为渐进稳定点，此时对于网络平台企业来说，其策略最终会演化为全部选择不监管策略。此情况充分说明网络平台策略选择与入驻商家和消费者的策略选择密切相关。平台的复制动态相位图如图 5.1 所示。

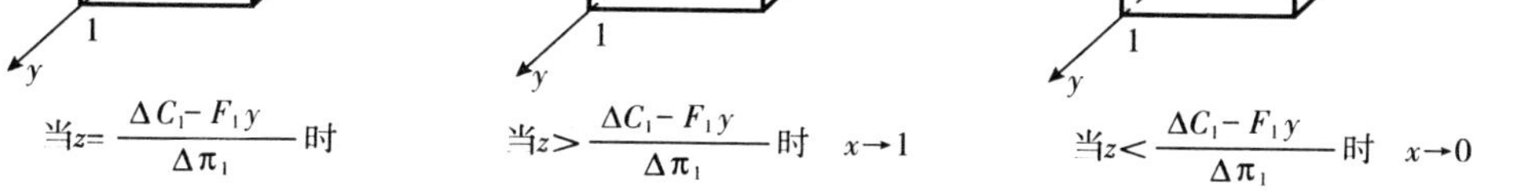

图 5.1　网络平台的复制动态相位图

资料来源：笔者绘制。

5.3.2.2　入驻商家违规策略的渐进稳定性分析

入驻商家违规策略的复制动态方程为：

$$F_2(y)=\frac{dy}{dt}=(\alpha\Delta\pi_2z-F_1x-\alpha\Delta C_2)(1-y)y \tag{5.16}$$

令 $F_2(y)=0$，解得：$y^*=0$，$y^*=1$，$z=\frac{F_1x+\alpha\Delta C_2}{\alpha\Delta\pi_2}$。

$$F'_2(y)=\frac{\partial F_2(y)}{\partial y}=(\alpha\Delta\pi_2z-F_1x-\alpha\Delta C_2)(1-2y) \tag{5.17}$$

由复制动态微分方程的稳定性定理及演化稳定策略可知，当 y 满足 $F_2(y)=0$，$\frac{\partial F_2(y)}{\partial y}<0$ 时，y 为演化稳定策略。现讨论如下：

（1）当 $z=\frac{F_1x+\alpha\Delta C_2}{\alpha\Delta\pi_2}$时，令 $F_2(y)=0$，恒成立，此时任何比例的违规策略都是稳定策略，违规策略比例不会随时间的变化而变化。

（2）当 $z<\frac{F_1x+\alpha\Delta C_2}{\alpha\Delta\pi_2}$时，令 $F_2(y)=0$，解得 $y^*=0$，$y^*=1$，而 $F'_2(y)\mid_{y^*=0}<0$，$F'_1(x)\mid_{x^*=1}>0$，因此 $y^*=0$ 为稳定点，即入驻商家不违规策略为演化稳定策略，这说明入驻商家违规获得的额外收益小于入驻商家的违规成本及罚金之和，从有限理性角度出发，入驻商家为了规避风险，获得最大利益，倾向于选择不违规的策略。

（3）当 $z>\frac{F_1x+\alpha\Delta C_2}{\alpha\Delta\pi_2}$时，易得 $F'_2(y)\mid_{y^*=0}<0$，$F'_1(x)\mid_{x^*=1}>0$，因此 $y^*=1$ 为稳定点。此时，入驻商家的违规收益大于入驻商家的违规成本及罚金之和，出于利益最大化的动机，入驻商家倾向于选择违规的行为策略。以上情况说明入驻商家的最终决策与网络平台和消费者的决策密切相关，入驻商家的复制动态相位图如图 5.2 所示。

5.3.2.3　消费者购买策略的渐进稳定性分析

消费者购买决策的复制动态方程为：

$$F_3(z)=\frac{dz}{dt}=[\beta\Delta\pi_3x-(S_3+\beta\Delta S_3)y+\pi_3](1-z)z \tag{5.18}$$

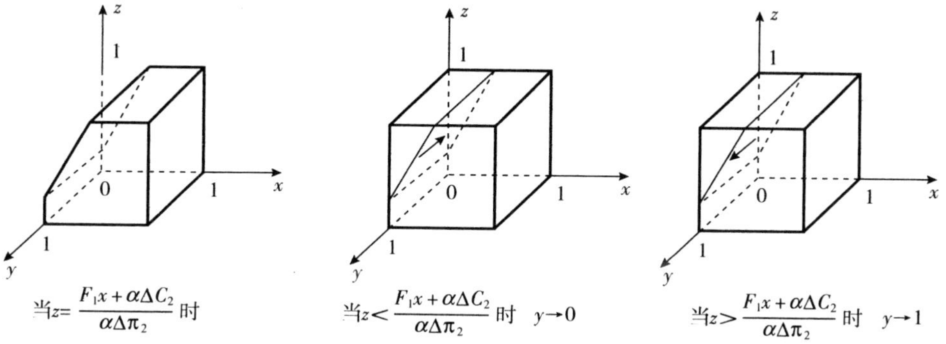

图 5.2　入驻商家的复制动态相位图

资料来源：笔者绘制。

（1）当$y=\frac{\beta\Delta\pi_3x+\pi_3}{S_3+\beta\Delta S_3}$时，$F_3(z)=0$ 恒成立，这表明消费者群体中所有比例的“购买策略”群体都是演化稳定策略，即消费者群体中的购买策略比例不会随着时间的推移而发生变化。

（2）当$y<\frac{\beta\Delta\pi_3x+\pi_3}{S_3+\beta\Delta S_3}$时，令 $F_3(z)=0$ 可知 $z^*=0$，$z^*=1$ 是两个演化稳定点。对 $F_3(z)$ 求导得：

$$F'_3(z)=\frac{\partial F_3(z)}{\partial z}=[\beta\Delta\pi_3x-(S_3+\beta\Delta S_3)y+\pi_3](1-2z) \tag{5.19}$$

易知 $F'_3(z)|_{z^*=0}>0$，$F'_3(z)|_{z^*=1}<0$，因此只有 $z^*=1$ 是稳定策略。这说明消费者选择购买策略的效用大于其选择不够买策略的效用，基于自身利益最大化的考虑，消费者会倾向于选择购买策略。

（3）当$y>\frac{\beta\Delta\pi_3x+\pi_3}{S_3+\beta\Delta S_3}$时，有 $F'_3(z)|_{z^*=0}>0$，$F'_3(z)|_{z^*=1}<0$，因此 $z^*=0$ 是渐进稳定点，这说明消费者选择购买策略的效用小于其选择不购买策略时的效用时，从风险规避角度考虑，消费者会倾向于选择购买策略。这说明消费者的购买决策与商家采取违规策略的比例密切相关。消费者的复制动态相位图如图 5.3 所示。

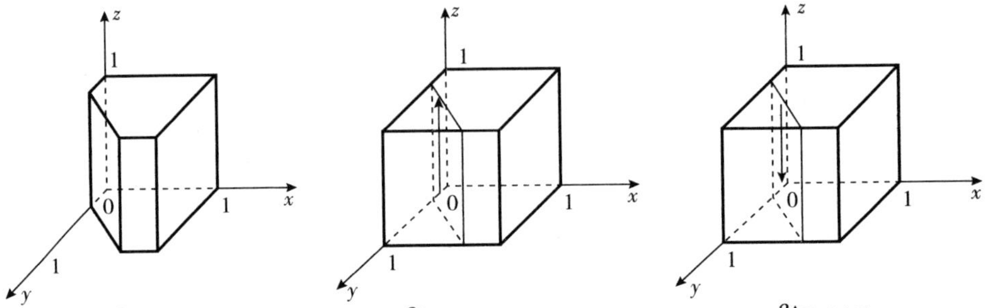

当 $y=\frac{\beta\Delta\pi_3 x+\pi_3}{S_3+\beta\Delta S_3}$ 时　　当 $y<\frac{\beta\Delta\pi_3 x+\pi_3}{S_3+\beta\Delta S_3}$ 时 $z\to1$　　当 $y>\frac{\beta\Delta\pi_3 x+\pi_3}{S_3+\beta\Delta S_3}$ 时 $z\to0$

图 5.3　消费者的复制动态相位图

资料来源：笔者绘制。

5.3.2.4　三方主体策略的演化稳定性分析

对于网络平台、入驻商家和消费者三方群体演化可以通过三者的复制动态方程来分析，但并不能直接判断出系统最终会演变到哪个均衡点。下面运用雅克比矩阵对这些均衡点的局部稳定性进行定性分析。

联立网络平台、入驻商家和消费者的复制动态方程，令 $F_1(x)=0$、$F_2(y)=0$、$F_3(z)=0$，即：

$$\begin{cases}F_1(x)=\frac{dx}{dt}=(\Delta\pi_1 z+F_1 y-\Delta C_1)(1-x)x=0\\F_2(y)=\frac{dy}{dt}=(\alpha\Delta\pi_2 z-F_1 x-\alpha\Delta C_2)(1-y)y=0\\F_3(z)=\frac{dz}{dt}=[\beta\Delta\pi_3 x-(S_3+\beta\Delta S_3)y+\pi_3](1-z)z=0\end{cases} \tag{5.20}$$

对以上方程组求解过程如下：

(1) 当均衡点为纯策略组合时，即满足 $\begin{cases}(1-x)x=0\\(1-y)y=0\\(1-z)z=0\end{cases}$ 时，容易推出 $\begin{cases}x=0,\ x=1\\y=0,\ y=1\\z=0,\ z=1\end{cases}$。进而解得系统内存在的八个均衡点，分别为 $E_1(0,0,0)$、

E_2(1, 0, 0)、E_3(0, 1, 0)、E_4(0, 0, 1)、E_5(1, 1, 0)、E_6(1, 0, 1)、E_7(0, 1, 1)、E_8(1, 1, 1)。

由上述三个复制动态方程，可求得雅克比矩阵为：

$$J=\begin{bmatrix} F_{11} & F_{12} & F_{13} \\ F_{21} & F_{22} & F_{23} \\ F_{31} & F_{32} & F_{33} \end{bmatrix} \tag{5.21}$$

其中：

$$F_{11}=\frac{\partial F_1(x)}{\partial x}=(\Delta\pi_1 z+F_1 y-\Delta C_1)(1-2x) \tag{5.22}$$

$$F_{12}=\frac{\partial F_1(x)}{\partial y}=F_1(1-x)x \tag{5.23}$$

$$F_{13}=\frac{\partial F_1(x)}{\partial z}=\Delta\pi_1(1-x)x \tag{5.24}$$

$$F_{21}=\frac{\partial F_2(y)}{\partial x}=-F_1(1-y)y \tag{5.25}$$

$$F_{22}=\frac{\partial F_2(y)}{\partial y}=(\alpha\Delta\pi_2 z-F_1 x-\alpha\Delta C_2)(1-2y) \tag{5.26}$$

$$F_{23}=\frac{\partial F_2(y)}{\partial z}=\alpha\Delta\pi_2(1-y)y \tag{5.27}$$

$$F_{31}=\frac{\partial F_3(z)}{\partial x}=\beta\Delta\pi_3(1-z)z \tag{5.28}$$

$$F_{32}=\frac{\partial F_3(z)}{\partial y}=-(S_3+\beta\Delta S_3)(1-z)z \tag{5.29}$$

$$F_{33}=\frac{\partial F_3(z)}{\partial z}=[\beta\Delta\pi_3 x-(S_3+\beta\Delta S_3)y+\pi_3](1-2z) \tag{5.30}$$

$$J=\begin{bmatrix} (\Delta\pi_1 z+F_1 y-\Delta C_1)(1-2x) & F_1(1-x)x & \Delta\pi_1(1-x)x \\ -F_1(1-y)y & (\alpha\Delta\pi_2 z-F_1 x-\alpha\Delta C_2)(1-2y) & \alpha\Delta\pi_2(1-y)y \\ \beta\Delta\pi_3(1-z)z & -(S_3+\beta\Delta S_3)(1-z)z & [\beta\Delta\pi_3 x-(S_3+\beta\Delta S_3)y+\pi_3](1-2z) \end{bmatrix} \tag{5.31}$$

根据李雅普诺夫判别法（间接法），当雅克比矩阵的所有特征值 $\lambda<0$ 时，该均衡点是渐进稳定点，即为汇；当雅克比矩阵中所有特征值均大于零时，该均衡点为不稳定点，此时为源；当雅克比矩阵的特征值 λ 既有正值又有负值时，该均衡点为不稳定点，此时为鞍点。下面以 $E_1(0, 0, 0)$ 为例分析纯策略纳什均衡点的渐进稳定性，其他纯策略纳什均衡点的稳定性证明类似可得。

纯策略纳什均衡点 $E_1(0, 0, 0)$ 的雅克比矩阵为：

$$J_1=\begin{bmatrix} -\Delta C_1 & 0 & 0 \\ 0 & -\alpha\Delta C_2 & 0 \\ 0 & 0 & \pi_3 \end{bmatrix} \tag{5.32}$$

解得此时的特征值为：

$\lambda_1=-\Delta C_1$，$\lambda_2=-\alpha\Delta C_2$，$\lambda_3=\pi_3$，由于 $\lambda_3=\pi_3>0$，所以此均衡点为不稳定点。

同理可得其他七个均衡点的稳定性分析，具体如表 5.2 所示。

表 5.2　均衡点的稳定性分析

均衡点	特征值	稳定性
$E_1(0, 0, 0)$	$\lambda_1=-\Delta C_1<0$ $\lambda_2=-\alpha\Delta C_2<0$ $\lambda_3=\pi_3>0$	不稳定点
$E_2(1, 0, 0)$	$\lambda_1=\Delta C_1>0$ $\lambda_2=-F_1-\alpha\Delta C_2<0$ $\lambda_3=\beta\Delta\pi_3+\pi_3>0$	不稳定点
$E_3(0, 1, 0)$	$\lambda_1=F_1-\Delta C_1$ $\lambda_2=\alpha\Delta C_2>0$ $\lambda_3=\pi_3-S_3-\beta\Delta\pi_3$	不稳定点
$E_4(0, 0, 1)$	$\lambda_1=\Delta\pi_1-\Delta C_1$ $\lambda_2=\alpha\Delta\pi_2-\alpha\Delta C_2>0$ $\lambda_3=-\pi_3<0$	不稳定点
$E_5(1, 1, 0)$	$\lambda_1=-F_1+\Delta C_1$ $\lambda_2=F_1+\alpha\Delta C_2>0$ $\lambda_3=\beta\Delta\pi_3 x-S_3-\beta\Delta S_3+\pi_3$	不稳定点

续表

均衡点	特征值	稳定性
$E_6(0,1,1)$	$\lambda_1=\Delta\pi_1+F_1-\Delta C_1$ $\lambda_2=-\alpha\Delta\pi_2+\alpha\Delta C_2<0$ $\lambda_3=-\pi_3+S_3+\beta\Delta S_3$	当 $\Delta\pi_1+F_1<\Delta C_1$，$S_3+\beta\Delta S_3<\pi_3$ 时，为渐进稳定点
$E_7(1,0,1)$	$\lambda_1=-\Delta\pi_1+\Delta C_1$ $\lambda_2=\alpha\Delta\pi_2-F_1-\alpha\Delta C_2<0$ $\lambda_3=-\beta\Delta\pi_3-\pi_3<0$	当 $\Delta\pi_1>\Delta C_1$ 时，为渐进稳定点
$E_8(1,1,1)$	$\lambda_1=-\Delta\pi_1-F_1+\Delta C_1$ $\lambda_2=F_1+\alpha\Delta C_2-\alpha\Delta\pi_2>0$ $\lambda_3=-\pi_3-\beta\Delta\pi_3+S_3+\beta\Delta S_3$	不稳定点

资料来源：笔者绘制。

（2）至少有一方为非纯策略解时，又可分为以下三种情况：

1）有一方为非纯策略解时，即满足 $\begin{cases} z=\dfrac{\Delta C_1-F_1 y}{\Delta\pi_1} \\ (1-y)y=0 \\ (1-z)z=0 \end{cases}$ 时，假定方程组存在解 (x_1, y_1, z_1)，则此时的雅克比矩阵为：

$$J=\begin{bmatrix} 0 & F_1(1-x)x & \Delta\pi_1(1-x)x \\ 0 & (\alpha\Delta\pi_2 z-F_1x-\alpha\Delta C_2)(1-2y) & \alpha\Delta\pi_2(1-y)y \\ 0 & 0 & [\beta\Delta\pi_3x-(S_3+\beta\Delta S_3)y+\pi_3](1-2z) \end{bmatrix} \quad (5.33)$$

因此，易知矩阵的特征值 $\lambda=0$ 恒成立，进而推出系统在 (x_1, y_1, z_1) 平衡状态下不存在渐进稳定点。同理可得：

$\begin{cases} (1-x)x=0 \\ z=\dfrac{F_1x+\alpha\Delta C_2}{\alpha\Delta\pi_2} \\ (1-z)z=0 \end{cases}$ 以及 $\begin{cases} (1-x)x=0 \\ (1-y)y=0 \\ y=\dfrac{\beta\Delta\pi_3x+\pi_3}{S_3+\beta\Delta S_3} \end{cases}$ 条件下均不存在渐进稳定点。

2）有两方为非纯策略解时，即满足$\begin{cases} z=\dfrac{\Delta C_1-F_1y}{\Delta\pi_1} \\ z=\dfrac{F_1x+\alpha\Delta C_2}{\alpha\Delta\pi_2} \\ (1-z)z=0 \end{cases}$时，假定方程组存在解($x_2$，$y_2$，$z_2$)，则此时的雅克比矩阵为：

$$J=\begin{bmatrix} 0 & F_1(1-x)x & \Delta\pi_1(1-x)x \\ -F_1(1-y)y & 0 & \alpha\Delta\pi_2(1-y)y \\ 0 & 0 & [\beta\Delta\pi_3x-(S_3+\beta\Delta S_3)y+\pi_3](1-2z) \end{bmatrix} \tag{5.34}$$

容易解得矩阵的特征值有虚数，不满足全部实数的条件，因此系统在均衡解(x_2，y_2，z_2)的条件下不存在渐进稳定点。

同理可得，当满足$\begin{cases} z=\dfrac{\Delta C_1-F_1y}{\Delta\pi_1} \\ (1-y)y=0 \\ y=\dfrac{\beta\Delta\pi_3x+\pi_3}{S_3+\beta\Delta S_3} \end{cases}$以及$\begin{cases} (1-x)x=0 \\ z=\dfrac{F_1x+\alpha\Delta C_2}{\alpha\Delta\pi_2} \\ y=\dfrac{\beta\Delta\pi_3x+\pi_3}{S_3+\beta\Delta S_3} \end{cases}$时，均不存在渐进稳定点。

3）当三方均为非纯策略解时，即满足$\begin{cases} z=\dfrac{\Delta C_1-F_1y}{\Delta\pi_1} \\ z=\dfrac{F_1x+\alpha\Delta C_2}{\alpha\Delta\pi_2} \\ y=\dfrac{\beta\Delta\pi_3x+\pi_3}{S_3+\beta\Delta S_3} \end{cases}$时，假定方程组存在解($x_3$，$y_3$，$z_3$)，雅克比矩阵为：

$$J=\begin{bmatrix} 0 & F_1(1-x)x & \Delta\pi_1(1-x)x \\ -F_1(1-y)y & 0 & \alpha\Delta\pi_2(1-y)y \\ \beta\Delta\pi_3(1-z)z & -(S_3+\beta\Delta S_3)(1-z)z & 0 \end{bmatrix} \tag{5.35}$$

解得此时矩阵 J 的特征值 $\lambda_1+\lambda_2+\lambda_3=0$。则此矩阵必有一个非负特征值，由此可知，系统在此解条件下也不存在渐进稳定点。

综上所述，在网络交易平台、入驻商家、消费者三方复制动态系统中，B2C网络平台交易市场参与主体行为策略的演化博弈均衡受到多种因素影响。系统中八个纯策略均衡点的稳定性分析如表5.2所示。由表5.2可以得出如下定理：

定理1：当$\Delta\pi_1+F_1<\Delta C_1$，$S_3+\beta\Delta S_3<\pi_3$时，均衡点$E_6(0, 1, 1)$为唯一的渐进稳定点；当$\Delta\pi_1>\Delta C_1$时，均衡点$E_7(1, 0, 1)$是唯一的渐进稳定点。

5.3.2.5 演化稳定策略分析

为分析本模型的演化稳定策略，先给出如下引理：

引理1：$X\in\Sigma$是多群体演化博弈的演化稳定策略（ESS）的充要条件是X为严格纳什均衡。

引理2：当且仅当X是严格的纳什均衡时，策略X在多群体演化博弈的动态复杂系统中是渐近稳定的。

由引理1和引理2可以得出如下定理：

定理2：在多主体演化博弈的动态复制系统中，演化稳定策略（ESS）是渐近稳定状态，渐近稳定状态必是演化稳定策略（ESS）。

由定理1和定理2可得本书的演化稳定策略：

定理3：当$\Delta\pi_1+F_1<\Delta C_1$，$S_3+\beta\Delta S_3<\pi_3$时，渐进稳定点$E_6(0, 1, 1)$为唯一的演化稳定点；当$\Delta\pi_1>\Delta C_1$时，渐进稳定点$E_7(1, 0, 1)$是唯一的演化稳定点。

上述定理说明：

（1）当网络平台的监管收益与罚金之和小于监管成本时，网络平台将稳定于采用不监管策略，消费者的购买收益大于商家违规给消费者带来的损失时，消费者将稳定于采用购买策略，由于机会主义的存在，商家将稳定于采用违规策略，此时系统将稳定于（不监管，违规，购买）的策略组合，处于一种较混乱的稳定状态。当系统在$E_6(0, 1, 1)$稳定条件下，消费者的嵌入程度较低$\left(\beta<\dfrac{\pi_3-S_3}{\Delta S_3}\right)$，这说明在网络平台成立初期，由于平台用户的规模较小，消费者的嵌入程度较低，网络平台为了快速扩大平台用户规模，通过平台优惠补贴、宽松的监管环境吸引商家入驻，进而借助平台的交叉网络外部性效应吸引更多的消费者入驻平台进行消费。在不监管的情景下，由于商家的违规收益大于违规成本，因此出于利益驱使，不管商家的嵌入程度如何，所有的商家都会选择违规策略。

而对于消费者来说，由于线上消费的低价优势以及平台保障，消费者购买所获得的整体效用为正，因此消费者会选择购买策略，这一阶段平台处于较为混乱的初始扩张期，嵌入风险处于潜伏增长阶段。

（2）当平台的监管收益大于监管成本，平台将稳定于采用监管策略，此时由“网络平台—入驻商家—消费者”构成的动态系统稳定于（监管，不违规，购买）的策略组合，此时 B2C 网络平台处于规范状态。当系统处于 E_7（1，0，1）这一状态时，入驻商家的嵌入程度 $\alpha<\frac{F_1}{\Delta\pi_2-\Delta C_2}$，而消费者的嵌入程度在任何水平都是稳定状态，说明在规范阶段，网络平台对入驻商家的监管不断加大，对违规行为的惩罚力度越来越大，因此入驻商家的违规成本越来越高，出于自身利益考虑，入驻商家会选择不违规行为。另外，随着线上“获客”成本提高、新零售的发展以及消费者对购物体验要求的不断提高，电子商务网络红利消失，入驻商家会倾向于“线上线下”融合发展，因此嵌入程度相对较低。而随着平台监管制度的完善以及商家合规运营，消费者的购买策略收益大于不购买策略收益，因此不管消费者的嵌入程度如何，都会选择购买策略，此时嵌入风险的演化得到控制。

5.4 博弈主体演化博弈分析

通过对上述三个博弈主体的演化博弈分析可知，不论网络平台采取何种策略，入驻商家和消费者的策略组合（违规，不违规）、（购买，不购买）将长期共存。演化博弈系统的演化稳定收敛结果取决于支付矩阵参数的影响，不同的参数条件会导致不同的演化结果。本书的演化稳定性分析是基于网络平台的监管有效和商家违规成本较低的条件，当以上假设条件发生变化，那么系统的渐近稳定策略也将发生变化。下面将重点分析约束条件改变时稳定点的变化。

5.4.1　监管效力不足时

当网络平台的监管效力不足时，$\alpha\Delta\pi_2>\alpha\Delta C_2+F_1$，$\Delta\pi_3<\Delta S_3$，那么网络平台、入驻商家和消费者的三方演化博弈系统的渐进稳定性如表 5.3 所示。

表 5.3　$\alpha\Delta\pi_2<\alpha\Delta C_2+F_1$ 时，均衡点的稳定性分析

均衡点		E_1 (0, 0, 0)	E_2 (1, 0, 0)	E_3 (0, 1, 0)	E_4 (0, 0, 1)	E_5 (1, 1, 0)	E_6 (0, 1, 1)	E_7 (1, 0, 1)	E_8 (1, 1, 1)
特征值	λ_1	<0	>0	—	—	—	—	>0	<0
	λ_2	<0	<0	>0	>0	>0	<0	<0	>0
	λ_3	>0	>0	—	<0	—	<0	—	—
稳定性		不稳定	不稳定	不稳定	不稳定	不稳定	当 $\Delta\pi_1+F_1<\Delta C_1$，$S_3+\beta\Delta S_3<\pi_3$ 时，为渐进稳定点	不稳定	当 $\Delta\pi_1+F_1>\Delta C_1$，$\pi_3+\beta\Delta\pi_3>S_3+\beta\Delta S_3$ 时，为渐近稳定点

资料来源：笔者绘制。

定理 4：当 $\Delta\pi_1+F_1<\Delta C_1$，$S_3+\beta\Delta S_3<\pi_3$ 时，$E_6(0, 1, 1)$ 是系统的唯一渐近稳定点；当 $\Delta\pi_1+F_1>\Delta C_1$，$\pi_3+\beta\Delta\pi_3>S_3+\beta\Delta S_3$ 时，$E_8(1, 1, 1)$ 是系统唯一的渐近稳定点。

定理 4 说明在平台监管效力不足时，不管入驻商家选择违规策略的初始比例如何，经过长期演化最终都会选择违规策略。当平台监管收益与罚金之和大于监管成本时会选择监管策略，当监管收益小于与罚金之和监管成本时会选择不监管策略，消费者购买收益大于商家违规对消费造成的损失时，系统趋向于 $E_6(0, 1, 1)$ 的渐进稳定点，在该状态下消费者的嵌入程度 $\beta<\frac{\pi_3-S_3}{\Delta S_3}$，商家的任何水平的嵌入度都是稳定的，嵌入风险处于潜伏增长期。当 $\Delta\pi_1+F_1>\Delta C_1$，$\pi_3+\beta\Delta\pi_3>S_3+\beta\Delta S_3$ 时，系统趋向于 $E_8(1, 1, 1)$ 的渐进稳定点，在此状态下，入驻商家的嵌入程度较高 $\alpha>\frac{F_1}{\Delta\pi_2-\Delta C_2}$，说明在入驻商家嵌入程度较高的情况下，

由于消费者客户资源有限性，入驻商家之间竞争越来越激烈，生存压力越大，企业绩效不断降低，为了获得超额收益，商家会选择更加隐蔽和温和的手段，如提供高仿真的假冒伪劣产品。此外，入驻商家的嵌入度越高，入驻商家和网络平台、入驻商家和消费者之间的信任程度越高，入驻商家越容易实施欺诈行为（Granovetter，1985）。而消费者对商品的辨别能力较低，购买主要是低价驱使，因此在性价比合适的情况下，消费者仍然会选择购买策略。在该状态下消费者的嵌入程度$\beta<\frac{\pi_3-S_3}{\Delta S_3-\Delta\pi_3}$，而$\frac{\pi_3-S_3}{\Delta S_3-\Delta\pi_3}>\frac{\pi_3-S_3}{\Delta S_3}$，说明系统在$E_8(1, 1, 1)$状态下时消费者嵌入度比在$E_6(0, 1, 1)$状态下的嵌入度有所提高，即消费者对平台的信任度提高，消费者的信任有利于商家实施欺诈行为。这一状态是平台从不规范到规范的转化阶段，嵌入风险处于衰退恢复期。

5.4.2 违规成本较高时

前文稳定点的分析是基于入驻商家的违规收益大于违规成本的假设进行的，当入驻商家违规成本较高时，即$\Delta\pi_2<\Delta C_2$时，三方博弈演化系统的渐进稳定性分析如表 5.4 所示。

表 5.4 $\Delta\pi_2<\Delta C_2$时，均衡点的稳定性分析

均衡点		E_1 (0, 0, 0)	E_2 (1, 0, 0)	E_3 (0, 1, 0)	E_4 (0, 0, 1)	E_5 (1, 1, 0)	E_6 (0, 1, 1)	E_7 (1, 0, 1)	E_8 (1, 1, 1)
特征值	λ_1	<0	>0	—	—	—	—	—	—
	λ_2	<0	<0	>0	<0	>0	>0	<0	>0
	λ_3	>0	>0	—	<0	—	—	<0	—
稳定性		不稳定	不稳定	不稳定	当$\Delta\pi_1<\Delta C_1$时，为渐进稳定点	不稳定	不稳定	当$\Delta\pi_1>\Delta C_1$时，为渐进稳定点	不稳定

资料来源：笔者绘制。

定理 5：当$\Delta\pi_1<\Delta C_1$时，$E_4(0, 0, 1)$是唯一的渐进稳定点；当$\Delta\pi_1>\Delta C_1$时，$E_7(1, 0, 1)$是唯一的渐进稳定点。

定理 5 表明当入驻商家的违规机会成本较高时，无论平台是否监管，入驻商家和消费者经过长期演化过程必将选择不违规策略和购买行为，在该条件下，系统不存在嵌入风险。当平台监管的额外收益高于监管成本时，（监管，不违规，购买）是系统的唯一演化稳定策略；反之，当平台监管的额外收益低于监管成本时，（不监管，不违规，购买）是唯一的演化稳定策略。当商家违规成本较高时，系统可能存在的两个演化稳定状态与消费者和入驻商家的嵌入程度无关，改变嵌入程度水平不改变系统的渐进稳定策略。

5.4.3 惩罚力度较大时

当网络平台的惩罚力度较大，即收取罚金 F_1 较高时，满足 $F_1>\alpha\Delta\pi_2-\alpha\Delta C_2$，且 $F_1>\Delta C_1-\Delta\pi_1$，那么网络平台、入驻商家和消费者的三方演化博弈系统的渐进稳定性如表 5.5 所示。

表 5.5 $F_1>\alpha\Delta\pi_2-\alpha\Delta C_2$，$F_1>\Delta C_1-\Delta\pi_1$ 时，均衡点的稳定性分析

均衡点		E_1 (0, 0, 0)	E_2 (1, 0, 0)	E_3 (0, 1, 0)	E_4 (0, 0, 1)	E_5 (1, 1, 0)	E_6 (0, 1, 1)	E_7 (1, 0, 1)	E_8 (1, 1, 1)
特征值	λ_1	<0	>0	—	—	—	>0	—	<0
	λ_2	<0	<0	>0	>0	>0	<0	<0	>0
	λ_3	>0	>0	—	<0	—	—	<0	—
稳定性		不稳定	不稳定	不稳定	不稳定	不稳定	不稳定	$\Delta\pi_1>\Delta C_1$ 时，为渐进稳定点	不稳定

资料来源：笔者绘制。

定理 6：当 $\Delta\pi_1>\Delta C_1$ 时，$E_7(1, 0, 1)$ 是系统唯一的渐进稳定点。

当 $\Delta\pi_1>\Delta C_1$ 时，$E_7(1, 0, 1)$ 是系统的唯一的渐进稳定点。说明在入驻商家有机会主义动机时，即商家的违规收益大于违规成本时，如果平台的惩罚力度较高，即 $F_1>\alpha\Delta\pi_2-\alpha\Delta C_2$，不管入驻商家选择违规策略的初始比例如何，经过长期演化最终都会选择不违规策略，消费者都会选择购买策略。当平台的监管额外收益大于监管成本时，（监管，不违规，购买）为渐进稳定策略，此时嵌入风险的演化得到控制。

5.5 仿真分析

“天猫”是阿里巴巴在淘宝网的基础上全新打造的 B2C 网络交易平台，汇集了大量的品牌商和生产商，向消费者提供 100%品质保证的商品，7 天无理由退货的售后服务，以及积分返现等优质服务，为商家和消费者之间提供一站式解决方案。依托淘宝网，“天猫”迅速发展成为国内最大的 B2C 市场，处于国内市场的垄断地位。2019 年 9 月 7 日，中国商业联合会、中华全国商业信息中心发布 2018 年度中国零售百强名单，“天猫”排名第 1 位。与其他类型的 B2C 电商模式不同，“天猫”被称为提供信誉保障的第三方交易平台，它为企业和消费者提供了一个第三方交易平台，商品的销售、配送和售后服务均由“天猫”卖家负责，其本身不参与商品的销售和服务，这种模式导致了较高的嵌入风险。不少商家为了获得高的销量和信誉采取刷单炒信不当行为，以及为了获得超额利润售卖假冒伪劣产品，如“香炉”事件、“假货”风波等。近年来，阿里巴巴一直致力于平台打假，运用先进算法、模型对平台假货进行检测识别，与此同时还出台了各种创新管理举措，如大众评审制度、平台仲裁机制等，均取得了显著成效，引起了国内外学者的广泛关注，为本书研究提供了全面、详细、权威的案例数据资料。

为了更加清晰、直观地反映网络平台、入驻商家和消费者策略选择的动态演化行为过程，借助 MATLAB 仿真工具，对本书建立的嵌入风险传导的演化博弈模型进行数值仿真分析。根据仿真模拟的需要，基于三方动态复制方程，将网络平台、入驻商家和消费者的动态复制方程进行离散化处理，分析演化博弈的渐进稳定运行轨迹，设时间步长为 Δt，由导数的定义可得：

$$
\begin{aligned}
\frac{dx(t)}{dt} &\approx \frac{x(t+\Delta t)-x(t)}{\Delta t} \\
\frac{dy(t)}{dt} &\approx \frac{y(t+\Delta t)-y(t)}{\Delta t} \\
\frac{dz(t)}{dt} &\approx \frac{z(t+\Delta t)-z(t)}{\Delta t}
\end{aligned}
\tag{5.36}
$$

根据式（5.36），借助 Matlab 软件对网络平台经济发展的三方进行仿真模拟。参考曹霞等（2018）[334]、吴洁等（2019）[335]、祁凯和杨志（2018）[336] 等的做法，结合“天猫”的实际运行情况以及网络平台经济发展的现实情况拟定其他参数的取值，数值模拟分析博弈三方具体行为的动态演化。为使博弈系统最终有可能演化到三方均采取积极策略 $E_7(1, 0, 1)$ 的理想状态，需使初始参数设定满足：$\Delta\pi_1>\Delta C_1$，$\pi_2>\Delta C_2$，$\alpha(\Delta\pi_2-\Delta C_2)<F_1$ 的演化条件，对参数赋初始值如下：$\Delta\pi_1=0.5$，$F_1=0.2$，$\Delta C_1=0.3$，$\Delta\pi_2=0.4$，$\Delta C_2=0.2$，$\Delta\pi_3=0.3$，$S_3=0.2$，$\Delta S_3=0.2$，$\pi_3=0.4$，$\alpha=0.4$，$\beta=0.5$。在以上参数条件下，首先对单个参与主体的稳定策略进行数值分析，然后对三方主体策略的演化稳定性进行数值分析，并讨论了网络平台的惩罚力度、违规成本、入驻商家的平台嵌入度以及消费者的平台嵌入度对均衡的影响。

5.5.1 网络平台稳定策略分析

在以上条件下，固定 y 和 z 的初值，探讨 y 和 z 取值对系统稳定性的影响如果满足 $z=\dfrac{\Delta C_1-F_1y}{\Delta\pi_1}$，取 $y=0.5$；$z=0.2$ 和 $y=0.375$；$z=0.3$，此时给定 x 的初值为 0.7、0.6、0.4、0.2，得 x 随时间的演化路径如图 5.4 所示。

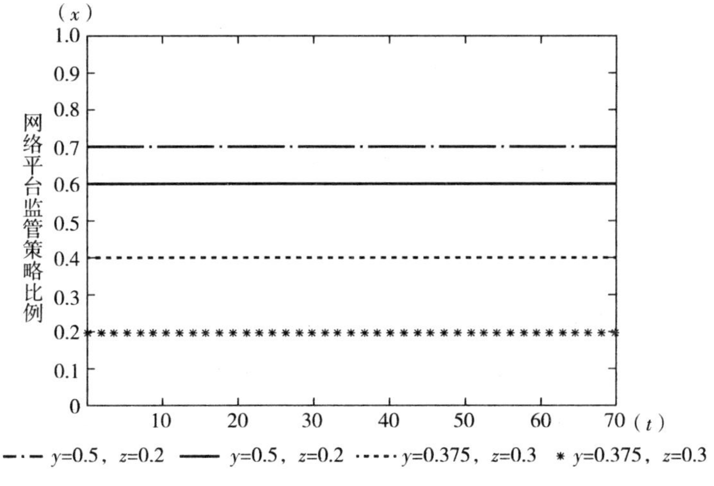

图 5.4 当 $z=\dfrac{\Delta C_1-F_1y}{\Delta\pi_1}$ 时，网络平台监管策略演化路径

资料来源：笔者绘制。

由图 5.4 可知，当取 $y=0.5$，$z=0.2$ 时，给 x 赋初始值为 0.7、0.6，发现网络平台的监管策略稳定比例为 0.7 和 0.6，即 x 不随时间变化而变化；当 $y=0.375$，$z=0.3$ 时，给 x 赋初值 0.4、0.2，发现网络平台最终的监管策略稳定比例为 0.4 和 0.2，即 x 的值不随时间的变化而变化，由此可得，当满足 $z=\frac{\Delta C_1-F_1y}{\Delta\pi_1}$ 时，任何比例的“监管策略”都是稳定策略。

给 y、z 赋不同的初始值，使 y、z 的关系满足 $z>\frac{\Delta C_1-F_1y}{\Delta\pi_1}$，得到的演化结果如图 5.5 所示。

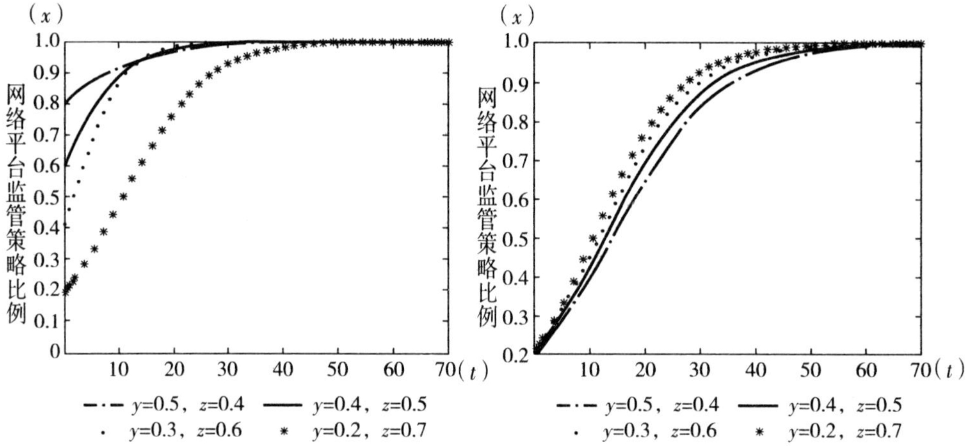

图 5.5　当 $z>\frac{\Delta C_1-F_1y}{\Delta\pi_1}$ 时，网络平台监管策略演化路径

资料来源：笔者绘制。

由图 5.5 中左图可知，当 $y=0.5$，$z=0.4$；$y=0.4$，$z=0.6$；$y=0.3$，$z=0.8$；$y=0.2$，$z=0.7$ 的情况下，分别给 x 赋初始值为 0.8、0.6、0.4、0.3，由图可知在不同的初始值条件下，网络平台的监管策略比例随着时间的演化最终稳定于 1，这说明当 y 与 z 的关系满足 $z>\frac{\Delta C_1-F_1y}{\Delta\pi_1}$ 时，不管网络平台监管策略的初始比例如何，最终都会演化为 1。图 5.5 右图为固定网络平台监管策略的初始比例为

0.2，只改变 y 与 z 的值，当仍然满足 $z>\frac{\Delta C_1-F_1y}{\Delta\pi_1}$ 条件时 x 随时间的演化路径图。由图 5.5 可知，y 与 z 的值的变化只对 x 的演化速率有影响，当入驻商家违规策略的比例越小，消费者购买策略的比例越大时，x 随时间变化的速率越快，但不会改变 x 随时间单调递增以及稳定于 1 的趋势，这说明网络平台的监管策略比例会随时间持续增大并最终稳定于全部采取积极的监管策略。

当 $z<\frac{\Delta C_1-F_1y}{\Delta\pi_1}$ 时，给 y、z 赋不同的初始值，得到的演化结果如图 5.6 所示。

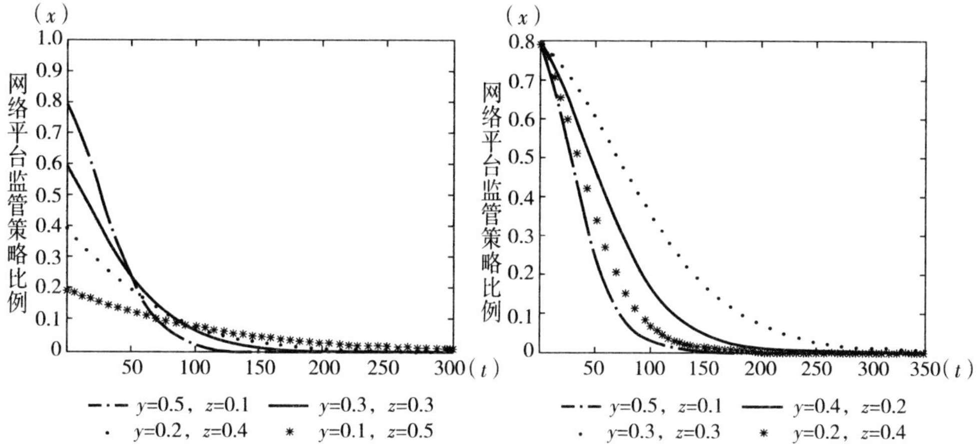

图 5.6　当 $z<\frac{\Delta C_1-F_1y}{\Delta\pi_1}$ 时，网络平台监管策略演化路径

资料来源：笔者绘制。

由图 5.6 中左图可知，当 $y=0.5$，$z=0.1$；$y=0.3$，$z=0.3$；$y=0.2$，$z=0.4$；$y=0.1$，$z=0.5$ 的情况下，分别给 x 赋 0.8、0.6、0.4、0.2 的初始值，由图可知在不同的初值条件下，网络平台的监管策略比例随着时间的演化最终稳定于 0，这说明当 y 与 z 的关系满足 $z<\frac{\Delta C_1-F_1y}{\Delta\pi_1}$ 时，不管网络平台监管策略的初始比例如何，最终都会演化为 0。图 5.6 右图为固定网络平台监管策略的初始比例为 0.8，

只改变 y 与 z 的值，在满足 $z<\frac{\Delta C_1-F_1y}{\Delta\pi_1}$ 条件时 x 随时间的演化路径图。由图 5.6 可知，y 与 z 的值的变化只对 x 的演化速率有影响，当入驻商家违规策略的比例越小时，消费者购买策略的比例越大，x 随时间变化的速率越慢，但不会改变 x 随时间单调递减以及稳定于 0 的趋势，说明网络平台的监管策略比例会随时间持续减小并最终稳定于全部采取消极的不监管策略。

5.5.2 入驻商家的策略稳定性分析

在以上初值条件下，固定 x 和 z 的初值，即固定网络平台和消费者选择监管策略和购买策略的占比，如果满足 $z=\frac{F_1x+\alpha\Delta C_2}{\alpha\Delta\pi_2}$，得出 y 随时间的演化路径如图 5.7 所示。

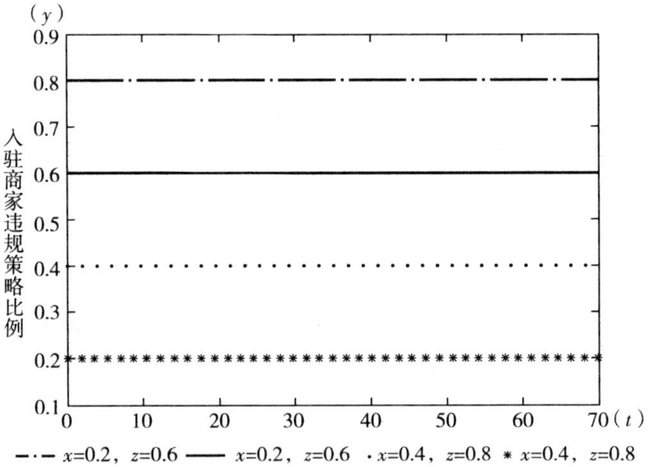

图 5.7 当 $z=\frac{F_1x+\alpha\Delta C_2}{\alpha\Delta\pi_2}$ 时，入驻商家违规策略演化路径

资料来源：笔者绘制。

由图 5.7 可知，当 $x=0.2$，$z=0.6$ 时，给定 y 的初值 0.8、0.6，发现入驻商家的违规策略稳定比例为 0.8 和 0.6，即 y 不随时间变化而变化；当 $x=0.4$，$z=0.8$

时，给定 y 的初值为 0.4、0.2，发现入驻商家最终的监管策略稳定比例为 0.4 和 0.2，即 y 的值不随时间的变化而变化，由此可得，当满足 $z=\frac{F_1x+\alpha\Delta C_2}{\alpha\Delta\pi_2}$ 时，任何比例的"监管策略"都是稳定策略。

当 $z>\frac{F_1x+\alpha\Delta C_2}{\alpha\Delta\pi_2}$ 时，给 x、z 赋不同的初始值，得到的演化结果如图 5.8 所示。

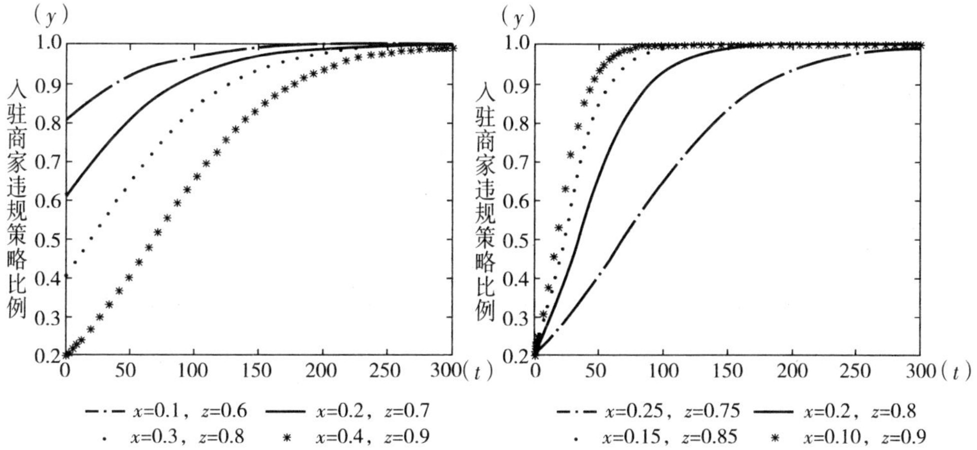

图 5.8　当 $z>\frac{F_1x+\alpha\Delta C_2}{\alpha\Delta\pi_2}$ 时，入驻商家违规策略演化路径

资料来源：笔者绘制。

由图 5.8 中左图可知，当 $x=0.1$，$z=0.6$；$x=0.2$，$z=0.7$；$x=0.3$，$z=0.8$；$x=0.4$，$z=0.9$ 的情况下，分别给 y 赋 0.8、0.6、0.4、0.3 的初始值，由图可知在不同的初值条件下，入驻商家的违规策略比例随着时间的演化最终稳定于 1，这说明当 x 与 z 的关系满足 $z>\frac{F_1x+\alpha\Delta C_2}{\alpha\Delta\pi_2}$ 时，不管入驻商家违规策略的初始比例大小如何，最终都会演化为 1。图 5.8 右图为固定入驻商家监管策略的初始比例为 0.2，只改变 x 与 z 的值，当仍然满足 $z>\frac{F_1x+\alpha\Delta C_2}{\alpha\Delta\pi_2}$ 时，y 随时间的演化路径。由图 5.8 可知，x 与 z 的值的变化只对 y 的演化速率有影响，当网络平台监管策略的比例越小，消费者购买策略的比例越大，y 随时间变化的速率越快，但不会改变 y 随时间单调递增以及稳定于 1 的趋势，这说明入驻商家的违规策略比例会随时间持续增大并最终稳定于全部采取违规策略。

当 $z<\frac{F_1x+\alpha\Delta C_2}{\alpha\Delta\pi_2}$ 时，给 x、z 赋不同的初始值，得到的演化结果如图 5.9 所示。

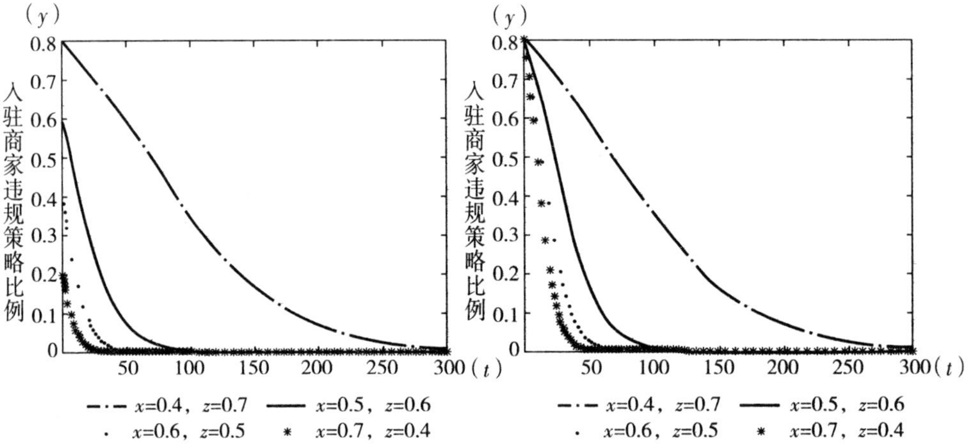

图 5.9　当 $z<\frac{F_1x+\alpha\Delta C_2}{\alpha\Delta\pi_2}$ 时，入驻商家违规策略演化路径

资料来源：笔者绘制。

由图 5.9 中左图可知，当 x=0.4，z=0.7；x=0.5，z=0.6；x=0.6，z=0.5；x=0.7，z=0.4 的情况下，分别给 y 赋 0.8、0.6、0.4、0.2 的初始值，由图 5.9 可知，在不同的初始值条件下，入驻商家违规策略比例随着时间的演化最终稳定于 0，这说明当 x 与 z 的关系满足 $z<\frac{F_1x+\alpha\Delta C_2}{\alpha\Delta\pi_2}$ 时，不管入驻商家违规策略的初始比例大小如何，最终都会演化为 0。图 5.9 右图为固定入驻商家违规策略的初始比例为 0.8，只改变 x 与 z 的值，在满足 $z<\frac{F_1x+\alpha\Delta C_2}{\alpha\Delta\pi_2}$ 条件时，y 随时间的演化路径图。由图 5.9 可知，x 与 z 的值的变化只对 y 的演化速率有影响，当网络平台监管策略的比例越大，消费者购买策略的比例越小，y 随时间变化的速率越快，

但不会改变 y 随时间单调递减以及稳定于 0 的趋势，说明入驻商家的违规策略比例会随时间持续减小并最终稳定于全部采取不违规策略。

5.5.3　消费者策略稳定性分析

在以上初值条件下，固定 x 和 y 的初值，即固定网络平台和入驻商家选择监管策略和违规策略的占比，如果满足 $y=\frac{\beta\Delta\pi_3 x+\pi_3}{S_3+\beta\Delta S_3}$，得出 z 随时间的演化路径如图 5.10 所示。

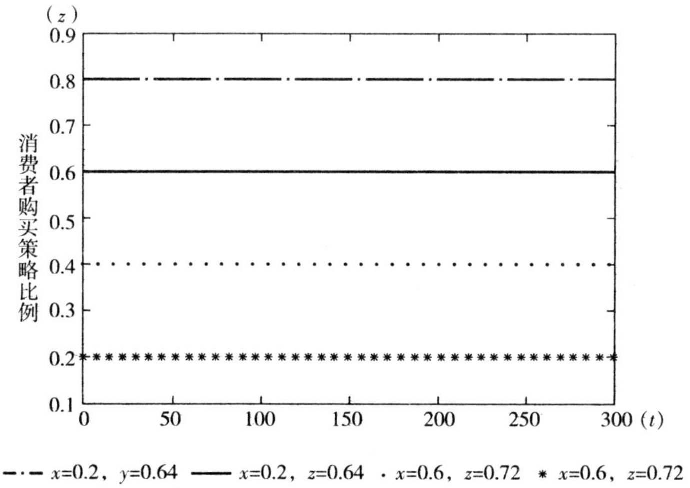

图 5.10　当 $y=\frac{\beta\Delta\pi_3 x+\pi_3}{S_3+\beta\Delta S_3}$ 时，消费者购买策略演化路径

资料来源：笔者绘制。

由图 5.10 可知，当取 $x=0.2$，$y=0.64$，给定 z 的初值 0.8、0.6，发现消费者的购买策略稳定比例为 0.8 和 0.6，即 z 不随时间变化而变化；当 $x=0.6$，$y=0.72$ 时，给 z 赋初始值 0.4 和 0.2，发现消费者的购买策略稳定比例为 0.4 和 0.2，即 z 的值不随时间变化而变化，由此可得，当满足 $y=\frac{\beta\Delta\pi_3 x+\pi_3}{S_3+\beta\Delta S_3}$ 时，任何比例的"购买策略"都是稳定策略。

当 $y<\dfrac{\beta\Delta\pi_3x+\pi_3}{S_3+\beta\Delta S_3}$ 时，给 x、y 赋不同的初始值，得到消费者购买策略演化路径如图 5.11 所示。

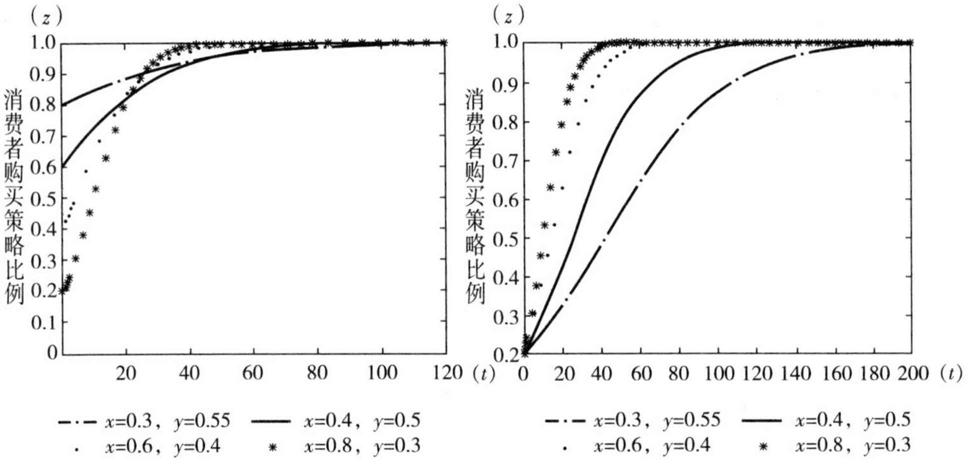

图 5.11　当 $y<\dfrac{\beta\Delta\pi_3x+\pi_3}{S_3+\beta\Delta S_3}$ 时，消费者购买策略演化路径

资料来源：笔者绘制。

由图 5.11 中左图可知，当 $x=0.3$，$y=0.55$；$x=0.4$，$y=0.5$；$x=0.6$，$y=0.4$；$x=0.8$，$y=0.3$ 的情况下，分别给 z 赋 0.8、0.6、0.4、0.2 的初始值，由图 5.11 可知在不同的初值条件下，消费者的购买策略比例随着时间的演化最终稳定于 1，这说明当 x 与 y 的关系满足 $y<\dfrac{\beta\Delta\pi_3x+\pi_3}{S_3+\beta\Delta S_3}$ 时，不管消费者购买策略的初始比例大小如何，最终都会演化为 1。图 5.11 右图为固定消费者购买策略的初始比例为 0.2，只改变 x 与 y 的值，当仍然满足 $y<\dfrac{\beta\Delta\pi_3x+\pi_3}{S_3+\beta\Delta S_3}$ 条件时 x 随时间的演化路径图。由图 5.11 可知，x 与 y 的值的变化只对 z 的演化速率有影响，当网络平台监管策略的比例越大，入驻商家违规策略的比例越小，z 随时间变化的速率越快，但不会改变 z 随时间单调递增以及稳定于 1 的趋势，说明消费者购买策略比例会随时间持续增大并最终稳定于全部采取购买策略。

当 $y>\frac{\beta\Delta\pi_3 x+\pi_3}{S_3+\beta\Delta S_3}$ 时，给 x、y 赋不同的值，得到消费者购买策略演化路径如图 5.12 所示。

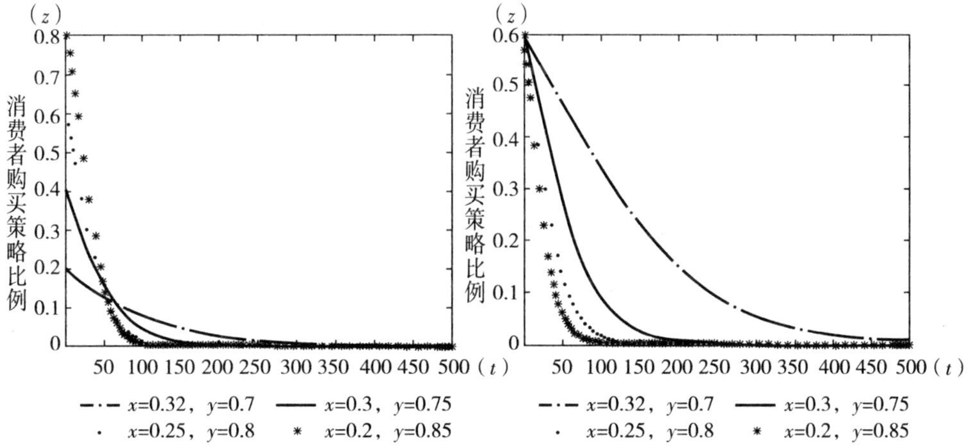

图 5.12　当 $y>\frac{\beta\Delta\pi_3 x+\pi_3}{S_3+\beta\Delta S_3}$ 时，消费者购买策略演化路径

资料来源：笔者绘制。

由图 5.12 中左图可知，当 $x=0.32$，$y=0.7$；$x=0.3$，$y=0.75$；$x=0.25$，$y=0.8$；$x=0.2$，$y=0.85$ 的情况下，分别给 z 赋 0.8、0.6、0.4、0.2 的初值，由图 5.12 可知在不同的初值条件下，消费者购买策略比例随着时间的演化最终稳定于 0，这说明当 x 与 y 的关系满足 $y>\frac{\beta\Delta\pi_3 x+\pi_3}{S_3+\beta\Delta S_3}$ 时，不管消费者购买策略的初始比例大小如何，最终都会演化为 0。图 5.12 右图为固定消费者购买策略的初始比例为 0.6，只改变 x 与 y 的值，在满足 $y>\frac{\beta\Delta\pi_3 x+\pi_3}{S_3+\beta\Delta S_3}$ 时，z 随时间的演化路径图。由图 5.12 可知，x 与 y 的值的变化只对 z 的演化速率有影响，当网络平台监管策略的比例越小，入驻商家违规策略的比例越大，z 随时间变化的速率越快，但不会改变 z 随时间单调递减以及稳定于 0 的趋势，说明消费者购买策略比例会随时间持续减小并最终稳定于全部采取不购买策略。

5.5.4 三方主体策略的演化稳定性分析

分析完单个主体的行为策略后，在以上参数条件下，对网络平台、入驻商家和消费者三方系统的演化稳定状态进行仿真模拟。先分析了不同初始概率对系统策略选择的动态演化过程的影响，在此基础上保持初始演化状态（$x=0.2$，$y=0.8$，$z=0.3$）对消费者的平台嵌入度、网络平台的监管成本、网络平台的惩罚力度以及入驻商家的违规成本进行重点讨论。

5.5.4.1 不同初值对参与主体演化路径的影响

设初始时间为 0，B2C 网络平台选择“监管”策略，入驻商家选择“不违规”策略，消费者选择“购买”策略的初始值设定为（0.2，0.8，0.3）、（0.5，0.5，0.5）、（0.2，0.5，0.8），在不同初始策略概率情况下，系统演化的稳定情况，仿真实验结果如图 5.13 所示。

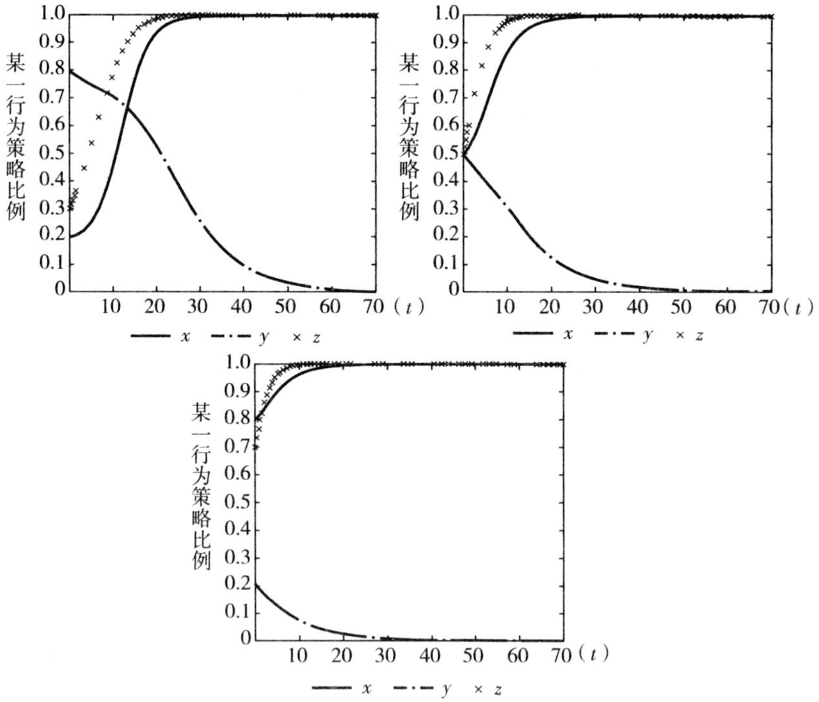

图 5.13 不同初值对演化路径的影响

资料来源：笔者绘制。

由图5.13可知，在满足演化稳定策略$E_7(1, 0, 1)$的参数条件下，在初始值为(0.2，0.8，0.3)、(0.5，0.5，0.5)、(0.8，0.2，0.7)的条件下，网络平台、入驻商家、消费者的行为策略最终分别演化为“监管”“不违规”“购买”策略，这说明系统的稳定状态与初始策略人群占比无关。进一步分析发现，初始行为策略的人群比例会影响系统到达稳定状态的时间，初始值与演化稳定状态比例越接近，那么演化到达稳定状态的时间就会缩短。

5.5.4.2 不同β对参与主体的行为演化的影响

以上参数条件下，改变消费者的平台嵌入度，当β取值0.1、0.5、0.9时，得到的参与主体的演化稳定策略如图5.14所示。

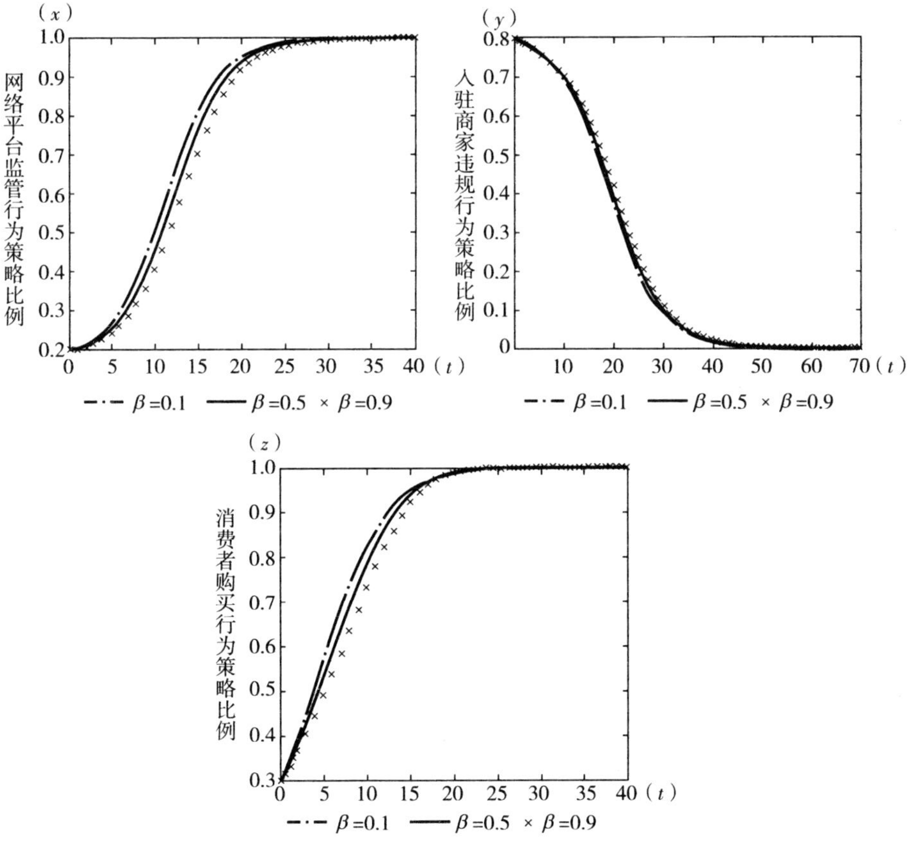

图5.14 不同β下各参与主体的行为演化轨迹

资料来源：笔者绘制。

由图 5.14 可知，在 $E_7(1, 0, 1)$ 的理想状态下，消费者的嵌入程度对网络平台、入驻商家和消费者的策略没有影响，说明在该状态下，网络平台的发展处于规范理想阶段，网络平台选择监管策略来维护自己的平台秩序，保护消费者权益，网络平台的监管对入驻商家起到了很好的监管作用，入驻商家选择合规经营，而任何嵌入程度的消费者都选择购买策略。进一步分析发现消费者嵌入度越低，网络平台和入驻商家策略的演化速率越快，说明消费者嵌入程度较低时，为了吸引消费者入驻平台并购买商品，网络平台和入驻商家更容易采取积极的策略。如面对日益激烈的竞争环境，为了提高消费者在平台的嵌入度，并吸引新的消费者入驻平台，“天猫”自 2012 年推出“退货运费险”后，于 2015 年推出“正品险”，向消费者承诺如果在“天猫”平台购买到假冒商品，不仅可以无条件退货退款，还可以获得商品价格 4 倍的赔偿。随着消费者消费水平的提高，商家也越来越注重提升产品质量，看重长远利益，“天猫”在严格的监管策略下，不断提升产品质量和服务质量，以获得长远发展。

5.5.4.3　监管成本对参与主体的行为演化的影响

在以上参数条件下，改变网络平台的监管成本，当 ΔC_1 取值为 0.1、0.3、0.7 时，得到的参与主体的演化稳定策略如图 5.15 所示。

由图 5.15 可知，当网络平台的监管成本不断增大，网络平台监管策略随时间演化的速率越慢，当监管成本增大到 $\Delta C_1>\Delta \pi_1+F_1$ 时，网络平台将演化到不监管的稳定策略，此时入驻商家将稳定于全部采取违规的行为策略。监管成本越大，消费者达到稳定策略的演化时间就越长。由此可知，监管成本对网络平台和入驻商家的行为策略有重要影响。监管成本越低，网络平台越容易采取“监管”的策略，入驻商家越容易采取“不违规”的行为策略，消费者则越容易采取“购买”的行为策略，因此，降低监管成本有利于控制嵌入风险的演化。阿里巴巴近几年一直致力于平台打假，不断对系统进行升级，提高监测的效率，降低人工审核成本，进而降低监管成本。为了打击商家“傍名牌”导流行为，“天猫”通过大数据建模主动防控，利用技术手段开展“扫霾行动”，首批处理商品量高达 2000 余万件，取得了显著成效，阿里巴巴的主动防控技术有利于促使商家向合规行为策略演化。与此同时，平台消费者用户的数量也不断增加，据阿里巴巴集团发布的 2019 年第三季度的财务报表显示年度活跃用户突破 6 亿大关，该指

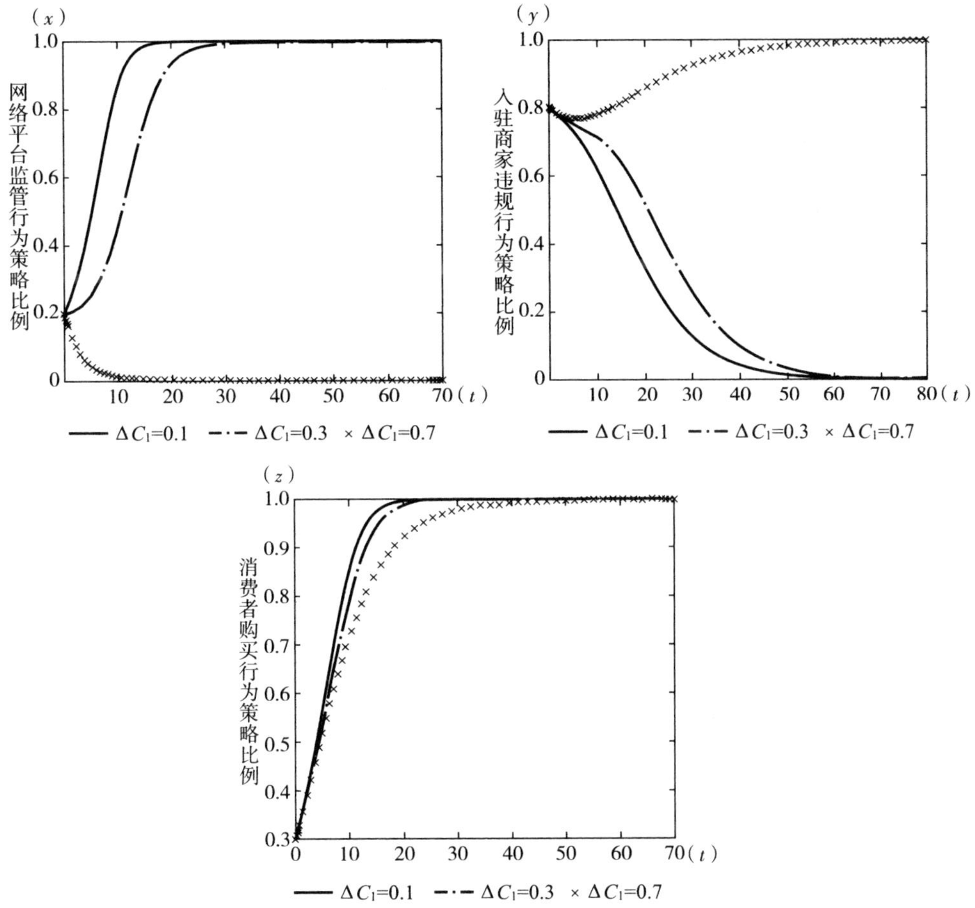

图 5.15　不同监管成本对演化路径的影响

资料来源：笔者绘制。

标连续 6 个季度保持 2000 万以上的增长，收入增长率高达 54%，收入增速连续 6 季度高于亚马逊、苹果等全球互联网巨头企业，说明在平台积极的监管策略下，消费者越容易选择积极的购买策略。

5.5.4.4　不同惩罚力度对参与主体的行为演化的影响

在上述参数条件下，降低网络平台的惩罚力度，当 F_1 取值为 0.2、0.15 和 0.05 时，得到的参与主体的演化稳定策略如图 5.16 所示。

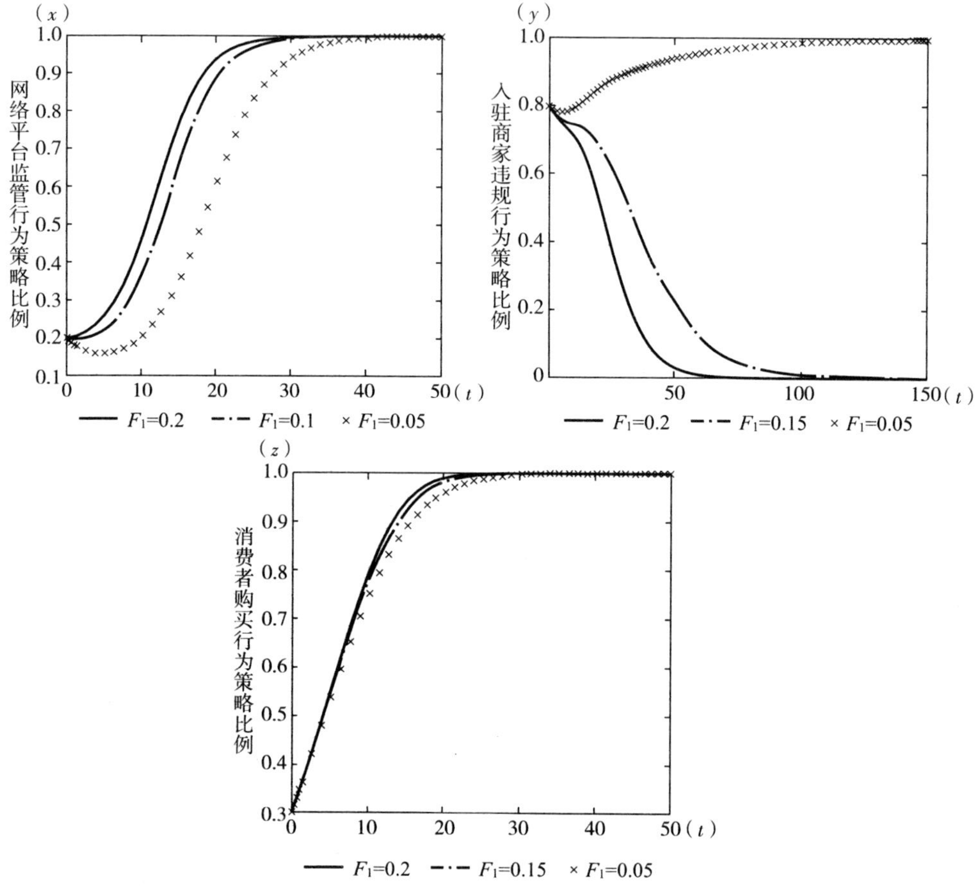

图 5.16　不同惩罚力度对参与主体演化路径的影响

资料来源：笔者绘制。

由图 5.16 可知，随着网络平台惩罚力度的不断减小，网络平台选择监管策略的行为演化速率变慢，但最后稳定于全部采取监管策略；入驻商家的演化稳定策略则由不违规策略改变为违规策略，且罚金越大，入驻商家选择不违规策略的演化速率越快；消费者选择购买策略的行为演化速率随罚金的增大而增大。以上结果说明：惩罚力度越大，网络平台、入驻商家和消费者越容易选择积极的行为策略，越容易对嵌入风险的生成和演化进行控制。以阿里巴巴打假为例，为了打击平台假货，阿里巴巴专门成立了打假队伍并提高对假货的惩罚力度，实行“三振出局”机制来严惩制售假冒产品的商家，为了防止售假者换名“卷土重来”，阿里还联合“蚂蚁金服”发布了六大追杀手段：“马甲”识别永不得开店；芝麻分降分，列入行业关注名单；终止使用蚂蚁信贷产品；“花呗”“借呗”使用遭禁闭；大数据协助公安线下打假；起诉售假店主展开持续追偿。这些惩罚手段对制售假者产生了较好的威慑力，取得了较好的打假成效，由此可知，惩罚力度越大，商家越容易选择不违规的积极行为策略。

5.5.4.5　入驻商家不同违规成本对参与主体的行为演化的影响

在 $F_1=0.05$ 的条件下，其他参数不变，增大入驻商家的违规成本，当 ΔC_2 取值为 0.2、0.5、0.8 时，得到网络平台、入驻商家和消费者的演化路径如图 5.17 所示。

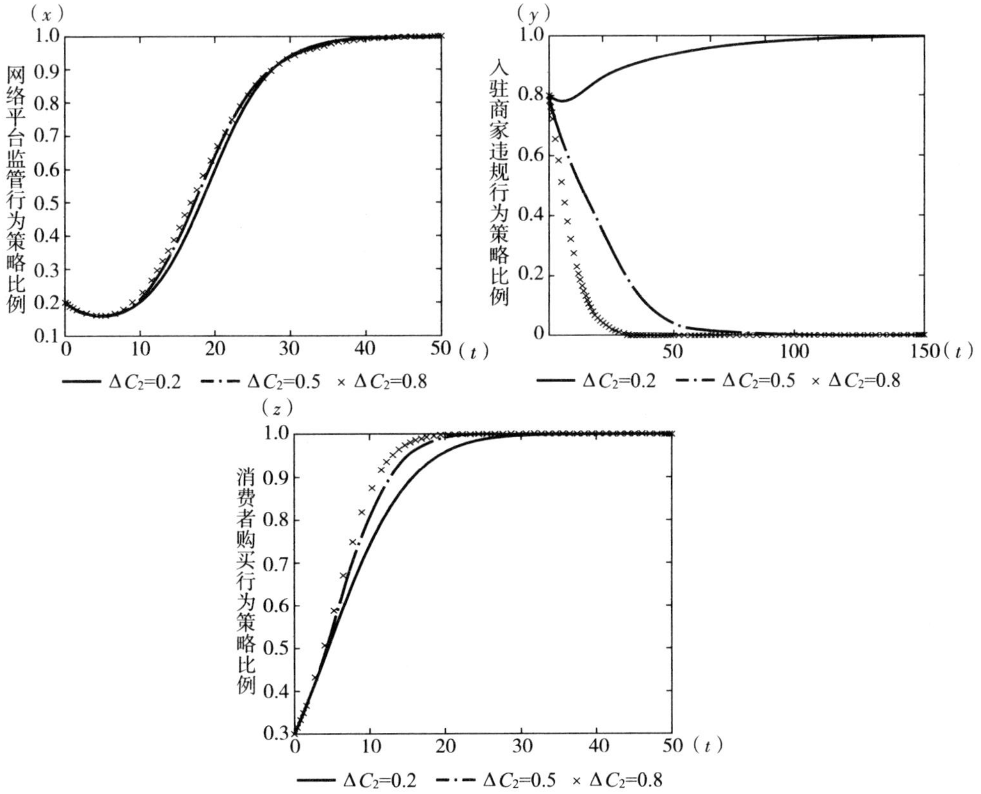

图 5.17　不同违规成本对参与主体演化路径的影响

资料来源：笔者绘制。

由图 5.17 可知，随着违规成本的不断升高，入驻商家的行为策略由违规策略转变为不违规策略，系统由（监管，不违规，购买）的策略组合转变为（监管），并且违规成本越高，入驻商家选择不违规策略随时间演化的速度越快。对于网络平台来说，只要监管收益大于监管成本，那么网络平台都会选择监管策略。入驻商家违规成本的大小影响网络平台监管策略选择的演化速率，入驻商家违规成本越大，网络平台选择监管策略的演化速率越慢，这表明在商家不违规策略下，网络平台的监管动机较小。对于消费者来说，只要满足购买收益大于 0，那么消费者就会选择购买策略，违规成本越大，消费者达到购买演化稳定的时间越短，越容易选择购买策略。以入驻商家的刷单炒信违规行为为例，为了打击商家刷单行为，阿里巴巴建立了覆盖全链路的大数据实时风险控制与稽查系统，对交易数据进行实时监测，识别交易环节的异常数据，通过对虚假交易精准定位，将涉及商家的信息及时反馈给搜索和申诉团队，并依据严重程度对店铺进行处理。为了规避平台的“反刷单”机制，“刷单”平台相应地提高了服务的复杂度，收费标准也越来越高，商家实施刷单炒信的成本越来越高，由最初的几角到后来的几元、几十元甚至上百元，并且操作的难度系数越来越大，“刷单”已经成为越来越多商家不敢触碰的“高压线”，2016 年，共有 4.6 万家因“刷单”违规的店铺被阿里巴巴关店处理。随着打击力度的不断加强，这一数字在 2017 年下降到 2.6 万家，可见违规成本越高，入驻商家越倾向于选择不违规策略，嵌入风险的传导得到控制。

5.6 本章小结

本章构建了由 B2C 网络平台、入驻商家和消费者三个博弈主体构成的嵌入风险在平台内部传导的演化博弈模型，引入入驻商家和消费者的平台嵌入度，通过分析三方的决策选择，探讨了模型均衡点的渐近稳定性及系统的演化博弈稳定，分析了平台的监管效力、入驻商家的机会主义成本以及惩罚力度对嵌入风险演化的影响，进一步通过数值仿真分析了相关变量对嵌入风险演化稳定性的影响，本书得出的主要研究结论有：

（1）在入驻商家的违规收益大于违规成本的条件下，当平台监管收益与罚金之和小于监管成本，消费者购买收益大于商家违规给消费者带来的损失时，此时系统将稳定于（不监管，违规，购买）的策略组合，在这一状态消费者的嵌入程度较低，与入驻商家的嵌入度无关，这一状态对应于网络平台的初始扩展期，嵌入风险处于潜伏增长期。当平台监管的收益大于监管成本，且对入驻商家的监管有效时，经过长期演化系统将稳定于（监管，不违规，购买）策略组合，在这一状态下不管消费者的嵌入程度如何，都会选择购买策略，入驻商家的嵌入度较低，此时对应于网络平台的规范阶段，嵌入风险的传导得到控制。

（2）当入驻商家的违规收益小于违规成本时，不管平台是否监管，入驻商家都会选择不违规策略，消费者都会选择购买策略，此时系统的稳定性取决于平台的监管收益与监管成本的大小。当网络平台的监管收益大于监管成本时，系统将稳定于（监管，不违规，购买）的策略组合，当网络平台的监管收益小于监管成本时，系统将稳定于（不监管，不违规，购买）的策略组合。在这两种稳定状态下，消费者和商家的嵌入程度变化不影响系统的渐进稳定策略，且稳定时入驻商家选择不违规的经营策略，系统中不存在嵌入风险，嵌入风险的传导得到控制。

（3）当平台的监管收益与罚金之和大于监管成本，入驻商家的违规收益大于违规成本与罚金之和，消费者的购买收益与平台监管给消费者带来的收益之和大于商家违规对消费者造成的损失时，系统将稳定于（监管，违规，购买）的策略组合。在这一状态下，入驻商家的嵌入程度较高，说明在入驻商家嵌入程度较高的情况下，由于消费者客户资源的限制以及消费者低价策略的选择，电子商务的互联网红利消失，入驻商家为了获得利润会采取更加隐蔽的违规手段，此时系统处于从不规范到规范的转变阶段，嵌入风险传导处于衰退恢复期。

第 6 章　B2C 网络平台嵌入风险外部传导与仿真分析

第 5 章运用三方演化博弈的方法分析了嵌入风险在网络平台内部传导的动力学过程与影响因素，本章则采用复杂网络和 SIR 模型来构建嵌入风险在网络平台外部的传导动力学模型，以稳定时系统中 R 状态的比例对嵌入风险进行度量，这一比例随时间的变化过程和规律反映了嵌入风险在网络空间的传导过程和规律。考虑到在风险传导的不同阶段，嵌入风险传导的速率不同，因此本章考虑风险偏好、平台干预速度、网民在网络中权重大小、信息衰减速率以及极端风险信息拥护者比例对嵌入风险传导过程的影响，对传统的 SIR 模型进行修正，建立 B2C 网络平台嵌入风险在网络空间中传导的状态转移率随时间变化的 SIR 模型，最后对嵌入风险的传导过程进行数值仿真，揭示嵌入风险在网络空间中的传导过程与规律，试图为 B2C 网络平台企业对嵌入风险传导的控制提供对策建议。

6.1　研究方法的适应性分析

6.1.1　BA 无标度网络适应性分析

网络空间源于现实空间，但随着互联网的发展，网络空间开始超越现实空间，影响和制约现实空间。网络空间具有显著的社会化和即时化特征，网络空间中信息与数据的全球化流动特征更为明显。当 B2C 网络平台嵌入风险突破 B2C 网络平台，在网络空间中进行传导时，由于网络空间的虚拟性、自由性、即时性、全球性、复杂性等特征，风险信息的自由传播获得空间的解放。网络空间中开放性技术协议和基础架构，去中心化的运行模式，塑造了自由、开放、平等的文化特性，这也为风险信息的传播创造了有利的条件。从社会传播层面看，大规模同时在线网民之间信息的自由、不受控制、实时传播（所有人对所有人的即时传播）基础已经初步奠定，公共领域和私人领域两大层面的社会传播模式已经发生根本性变化。随着网民数量不断增加，人均上网时间大幅增加，出现了大规模同时在线的网民群体，而同时在线的网民之间的关系与互动，成为风险传播的主要动力。

网络空间中由网民构成的信息传播网络结构属于复杂网络，网民出于对事实真相信息的猎奇心理以及对“弱者”天生的同情心理，对嵌入风险信息进行转发和评论，通过众多网民意见的聚合与扩散，B2C 网络平台嵌入风险在网络空间中的传导经历增长期、爆发期和消退期的生命周期过程。在风险传导的过程中，网络空间中的网民因态度和行为动机的差异，具备主体异质性的属性特征。与此同时，网民呈现出年轻化和低学历的整体属性，这些都增加了嵌入风险演进过程中的不确定性。网民的观点以及网民之间的连接强度等都具备无标度复杂网络的结构特性。

嵌入风险在网络空间中传导的影响因素具有复杂网络的特征。在开放、公平、匿名的网络空间中，在不同利益诉求的驱使下，网民关注社会热点事件的热情空前高涨。

徐恪等（2014）[337] 对在线社交网络的拓扑结构进行分析，证实了在线社交网络是无标度网络，度分布呈幂律形式，在网络生成过程中呈现出增长性和优先连接的特征。增长性是指随着时间的延长，网络的节点数量是不断扩大的，如网民的数量是逐年增长的；优先连接是节点在加入网络时更倾向于与网络中度值较高的节点相连，如新的网民往往会关注一些粉丝较多的大 V 或意见领袖。因此，本书选择复杂网络中的无标度网络对嵌入风险的传导机理进行建模，具体算法如下：

（1）增长算法。从初始网络节点数目为 m_0 的网络开始，每隔相同时间有一个新的网节点加入该网络，新加入的节点与网络中 m 个节点相连，产生 m 条边，这里需满足条件 $m \leqslant m_0$。

（2）优先连接算法。在网络增长过程中，新加入的网民节点与网络中已经存在的节点 v_i 相连的概率 $\prod_i$ 与被连节点 v_i 的度 k_i 有关，并满足如下关系：

$$\prod_i = \frac{k_i + 1}{\sum_j (k_j + 1)} \tag{6.1}$$

BA 无标度网络模型的初始网络结构没有完全设定，这 m_0 个节点可以是孤立点，也可以是全部相连的。经过 t 步之后，按照这种算法将生成一个网络节点数为 $N=t+m_0$、新增 mt 条边的无标度网络。

6.1.2 SIR 模型的适应性分析

传染病动力学是根据疾病的发生机理，考虑疾病传播与扩散的规律，建立的可以揭示传染病传播动力学特性及其动态演变过程的数学模型，通过对模型的定量分析和数值模拟，有利于明确传染病的流行规律，预测传染病的发展趋势（马知恩等，2004）[338]。

当嵌入风险传导到网络平台外部，在网络空间中进行传播时，由于网络空间具有虚拟性特征，同时还超越时空限制，具备空间无限延展的特征，嵌入风险信息传播速度极快，在非常短的时间内就能大范围地传导，给 B2C 网络平台企业带来多方面的负面影响，如股价下跌、声誉受损等。考虑到嵌入风险在网络空间中的传播机制与传染病的传播机理类似，并且在现有的生物数学领域研究中，传染病模型已经取得了丰硕的研究成果。因此，本书采用传染病模型构建嵌入风险在网络空间中传导的动力学方程。

在传染病数学模型中，应用最广的是 SIR 模型和 SIS 模型。在 SIR 模型中，系统中的人群划分为三类：易感者(Susceptibles)，其群体数量记为 $S(t)$，表示 t 时刻尚未感染但有可能被传染的群体数量，$s(t)$ 表示 t 时刻易感者个体的密度；染病者(Infectives)，其群体数量记为 $I(t)$，表示 t 时刻已被感染且具有传染能力的群体数量，$i(t)$ 表示 t 时刻染病者个体密度；免疫者(Recover)，表示还在系统中，但不具备感染其他个体的能力，同时也不会被其他感染个体感染，其群体数量记为 $R(t)$，表示 t 时刻从染病者变为免疫者的数量，$r(t)$ 表示 t 时刻免疫者个体密度。α 为 S 类个体被感染为 I 类个体的概率，β 为 I 类个体被治愈并获得免疫成为 R 类个体的概率。传统 SIR 模型节点状态转化模型如图 6.1 所示。

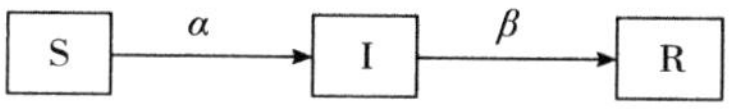

图 6.1　传统 SIR 模型节点状态转化

传导动力学方程如下所示：

$$\begin{cases} \dfrac{ds(t)}{d_t}=-\alpha i(t)s(t) \\ \dfrac{di(t)}{d_t}=-\alpha i(t)s(t)-\beta i(t) \\ \dfrac{dr(t)}{d_t}=\beta i(t) \end{cases} \tag{6.2}$$

在 BA 无标度网络中，SIR 传染病的模型为：

$$\begin{cases} \dfrac{ds_k(t)}{d_t}=-\alpha k s_k(t)\Theta(t) \\ \dfrac{di_k(t)}{d_t}=\alpha k s_k(t)\Theta(t)-\beta i_k(t) \\ \dfrac{dr_k(t)}{d_t}=\beta i_k(t) \end{cases} \tag{6.3}$$

$\Theta(t)$表示一个度为 k 的易感者个体与感染者相连的概率，对于非关联的无标度网络，任何一个节点的度与它的邻居节点的度都是相互独立的，有：

$$P(k' \mid k)=\frac{k'P(k')}{<k>} \tag{6.4}$$

因此，$\Theta(t)=\sum_{k'}P(k' \mid k)i_{k'}(t)=\dfrac{1}{<k>}\sum_{k'}k'P(k')i_{k'}(t)$。

$P(k' \mid k)$为度为 k 的节点与度为 k'的节点相连的条件概率，$\langle k\rangle$为节点的平均度值，$i_{k'}(t)$为 t 时刻度为 k'的节点组中感染个体的密度。BA 无标度网络在迭代次数趋向无穷大时的度分布特性 $P(k)=2m^2k^{-3}$，其中，m 为 BA 网络每次迭代增加的边数。根据 BA 无标度网络的度分布，可以求得：

$$\langle k\rangle = \int_{m}^{\infty} kP(k)\,dk = \int_{m}^{\infty} 2m^2k^{-2}\,dk = 2m \tag{6.5}$$

SIS 模型不同，在 SIR 模型中是以稳定时系统最终感染的 R 状态的节点比例来衡量传染效率的。因此，本书基于 BA 无标度复杂网络，结合嵌入风险传导的影响因素，采用 SIR 传染病模型建立嵌入风险在网络空间中传导的动力学模型，以稳定时系统中 R 状态的比例对嵌入风险进行度量，这一比例随时间的变化过程和规律反映了嵌入风险在网络空间的传导过程和规律，并利用阈值理论，深入 B2C 网络平台嵌入风险在网络空间中传导的过程和规律，进而提出控制嵌入风险传导的对策建议。

6.2 模型构建

6.2.1 模型假设

假设 1：当嵌入风险突破 B2C 网络平台边界传导到网络空间时，嵌入风险会依托网民之间的连接进行传导，因此，本章假设嵌入风险在平台外部的传导网络是众多网民组成的复杂网络，网络中的节点表示通过互联网技术与网络空间建立连接的网民，两节点之间的连线表示网民在网络空间中的连接关系，如相互关注或互为好友。由于在现实生活中关系具有相互性的特征，因此嵌入风险在网络空间中的传导网络用无向图 $G(V, E)$ 表示，其中，$V=\{1, 2, 3, \cdots, N\}$ 代表网络中所有节点的集合，$E=\{e_{ij} \mid i, j\in V\} \subseteq V\times V$ 代表网络中所有边的集合。

假设 2：网络空间中的网民数量众多，并且年龄、学历、性别、兴趣爱好不同，网民主体之间具有异质属性，不同类型的网民节点之间通过各种社交平台（微信、微博）、门户网站（新浪）建立连接，彼此相互关联、交织在一起形成复杂的网络空间结构，B2C 网络平台嵌入风险信息通过网民节点间的关系连接在网络空间中不断传播和扩散。本书将由网民构成的网络空间视为嵌入风险在 B2C

网络平台外部传导的网络环境，网络空间中参与 B2C 网络平台嵌入风险信息传播的网民、媒体和组织等均视为网络中的节点，共同构成具有幂律分布特征的无标度的复杂网络，假设在嵌入风险信息传播过程中，网络的拓扑结构保持不变。

假设 3：本书采用 SIR 模型将网络中的节点状态分为以下三类：风险未知者即易感染节点、风险传播者即感染节点、风险免疫者。S 代表没有接收到风险信息的节点，类似于病毒传播模型中的易感染节点（Susceptile），对应于不知道风险信息的网民个体；I 代表风险信息传播节点，类似于病毒传播模型中的感染节点（Infected），对应于知道风险信息并有能力继续传播风险信息的网民个人；R 代表风险免疫者是指接收到风险信息但并不传播风险信息的节点，类似于病毒传播模型中的免疫节点（Recover），对应于知道风险信息但对风险信息失去兴趣或传播能力的网民个体。以稳定时系统中 R 状态的比例对嵌入风险进行度量，这一比例随时间的变化过程和规律反映了嵌入风险在网络空间的传导过程和规律。

假设 4：在风险传导过程中的任何时刻，网络系统中风险未知状态节点与风险传播状态节点和风险免疫状态节点数目之和等于网络中总的节点数目，且在 B2C 网络平台嵌入风险传播的初始状态中，只有极少节点为风险传播者。根据平均场理论，将网络空间中所有的网民按其度值大小分为不同的组，也就是将具有相同度值的网民归为一类。假设一个度为 k 的节点组中处于风险未知状态、风险传播状态和风险免疫状态的密度分别为 $s_k(t)$、$i_k(t)$、$r_k(t)$，则它们满足约束关系：

$$s_k(t)+i_k(t)+r_k(t)=1 \tag{6.6}$$

6.2.2　传播规则

假设网络上共有 N 个网民节点，每个节点代表一个可传播嵌入风险信息的个体，它们传播 B2C 网络平台嵌入风险信息的规则如下：

（1）如果风险未知节点与风险传播节点接触，那么该风险未知节点就会接收到风险信息，并以 α 的概率成为风险传播者，继续对风险信息传播。

（2）如果风险未知者对风险信息不感兴趣，那么风险未知者在得到信息后并不一定会对此风险事件进行传播，而是以概率 γ 直接转化为风险免疫者，

$\gamma=1-\alpha$。

（3）风险传播者在传播风险时，如果与他相连的邻居已经知道了该风险，那么风险传播者就不再对风险信息进行传播，从而以一定的概率 β 变为风险免疫者，不继续对风险进行传播。

根据以上传播规则得到改进的 SIR 模型中节点状态之间的转化，如图 6.2 所示。

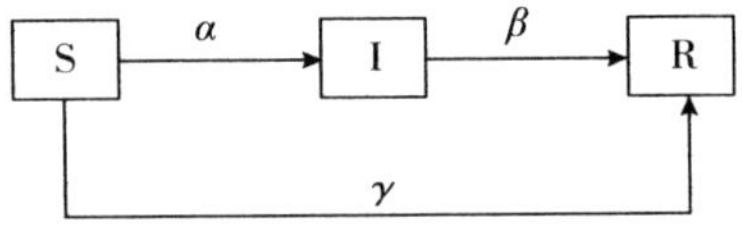

图 6.2　改进的 SIR 模型中节点状态转化

根据 B2C 网络平台嵌入风险在网络空间中的传播规则，构建如下风险传播动力学模型：

$$\begin{cases}\dfrac{ds_k(t)}{d_t}=-(\alpha+\gamma)ks_k(t)\Theta(t)\\[2ex]\dfrac{di_k(t)}{d_t}=\alpha ks_k(t)\Theta(t)-\beta i_k(t)\\[2ex]\dfrac{dr_k(t)}{d_t}=\beta i_k(t)+\gamma ks_k(t)\Theta(t)\end{cases}\tag{6.7}$$

6.2.3　随时间变化的状态转移率函数的构建

在传统的 SIR 模型中，状态转移率是固定值，然而对于嵌入风险信息在网络空间中的传播过程来说，转移率的影响因素众多，与传播节点的度数、节点的风险偏好、信息时效性、平台干预、极端信息拥护者的比重都有关系，因此不能简单地用固定值表示。基于以上考虑，本书对状态转移率进行修正，构建了随时间变化的状态转移率函数。

6.2.3.1　状态转移率 α 函数的构建

在网络中节点的度越大，说明其连接的邻近节点越多，影响力越大（Tsvetovat & Kouznetsov，2013)[339]。因此，度值较低的节点越容易接受度值较高的、影响力较大的权威用户的观点，也较易由风险未知者转变为风险传播者。因此，本书根据网络中不同节点的度值引入节点的权重参数 $\omega(g_i)$，给出该参数的表达式如下（薛娟等，2016)[340]：

$$\omega(g_i)=\log\left(1+\frac{\langle k\rangle}{k(g_i)}\right) \tag{6.8}$$

在式(6.8)中，$k(g_i)$表示节点 g_i 的度值，$\langle k\rangle$为网络的平均度值。当节点的度值 $k(g_i)$越小时，得到的 $\omega(g_i)$越大，说明节点越容易相信风险信息并传播风险。当节点的度值 $k(g_i)$越大时，得到的 $\omega(g_i)$越小，说明节点越不容易受风险信息的影响，而直接变为风险免疫者。

此外，在网络空间中，网民由于消费习惯以及偏好不同，可能只关心其嵌入程度高的网络平台的风险信息，对其他平台的风险信息选择忽略，从而不对其进行传播，即网民在网络平台的嵌入程度不同会导致不同的风险传播偏好，进而不同网民对嵌入风险的传播欲望不同，并且网民对风险的传播欲望会随着时间的延长而下降。用 $D_i(t)$ 表示 t 时刻，网民 g_i 对 B2C 网络平台嵌入风险信息的传播欲望，传播欲望的初值是在[0，1]连续区间内随机生成的，$D_i(t)=0$ 表示网民 i 在 t 时刻对嵌入风险信息的传播欲望为 0，网民在接收信息后不会对风险信息进行传播，而是直接变为风险免疫者；$D_i(t)=1$ 表示网民 i 在 t 时刻时对嵌入风险信息的传播欲望为 1，在接收到风险信息后一定会传播风险信息。用式 $D_i(t)=d_i-a\times t$ 表示网民对嵌入风险信息的传播欲望随时间变化的函数，其中 d_i 为传播欲望的初值，a 为风险信息时效性的衰退因子，表示网民传播欲望随时间变化的速率，取值可以根据实际情况调整，$a>0$（姜金贵，2015)[341]。

因此在考虑节点权重参数和偏好等因素后，将网络节点由风险未知者到风险传播者的状态转移率的表达式修正如下：

$$\alpha(t)=\omega(g_i)\times D_i(t)\times\alpha_0=\log\left(1+\frac{\langle k\rangle}{k(g_i)}\right)(d_i-a\times t)\times\alpha_0 \tag{6.9}$$

其中，α_0 为未知节点接触传播节点后转变为传播节点的初始概率。

风险未知者向风险免疫者转变的状态转移率的表达式修正如下：

$$\gamma(t)=1-\alpha(t) \tag{6.10}$$

6.2.3.2 状态转移率 β 函数的构建

在嵌入风险传播的不同阶段，B2C 网络平台的干预会影响人们对风险信息的认知和辨别能力，使风险信息波及范围及对网络平台产生的负面影响不同。在风险传播初期，由于网民的同理心，结合自己不悦的购物经历，网民极易相信并传播风险信息，从而具有较高的风险传播率。随着嵌入风险信息的传播，B2C 网络平台企业会意识到嵌入风险传播的危害，从而对风险信息做出回应，向消费者道歉并保证以后积极整改，对网民的情绪进行安抚，这大大降低了风险信息传播的速率，风险信息传播者变为风险免疫者的概率变大。但网络中可能存在一些极端的风险拥护者，无论 B2C 网络平台怎么道歉和承诺，他们都不会相信 B2C 网络平台，始终坚信风险信息，使得嵌入风险传播的免疫率最终无法达到。假设网络平台干预的速度为 v，v 越大，说明干预越早，那么免疫率达到稳定的时间就越短；v 越小，则免疫率达到稳定的时间就越长。综上所述，嵌入风险信息传播的免疫率随时间变化的趋势是由低到高，但始终小于等于 1。逻辑斯蒂函数（The Logistic Function）的变化趋势正好与上面所描述的免疫率的变化规律相符（Berkson，1944）[342]，它最初用于研究人口增长（Wachenheim et al.，2003）[343]，后常用来描述动植物增值过程（Hsu，1984）[344]、技术扩散（Olson，1982）[345] 等。所以，嵌入风险免疫率函数如下：

$$\beta(t)=\frac{\varepsilon}{1+\frac{\varepsilon-\beta_0}{\beta_0}e^{-v\rho t}},\ 0<\varepsilon\leqslant 1,\ 0<v\leqslant 1,\ \rho>0 \tag{6.11}$$

其中，$1-\varepsilon$ 为极端的风险信息拥护者的比重，v 为平台干预速度，ρ 为信息时效性随时间的变化率；β_0 为传播节点转变为免疫节点的初始概率。当 $v=0$ 时，$\beta(t)=\beta_0$，即风险传播的免疫率为常数。

6.2.3.3 模型中符号含义

$s_k(t)$：t 时刻网络中度值为 k 的节点组中处于风险未知状态的节点所占比例。

$i_k(t)$：t 时刻网络中度值为 k 的节点中处于风险传播状态的节点所占比例。

$r_k(t)$：t 时刻网络中度值为 k 的节点中处于风险免疫状态的节点所占比例。

N：网络中网民节点总数。

k：网络中某一节点的度值。

k_{max}：网络中节点的最大度值。

$P(k)$：网络中度值为 k 的节点所占比例。

$N_k=P(k)N$：具有度值 k 的网民的个数，且满足$\sum_{k=1}^{k_{max}}N_k=N$。

$<k>$：网络中节点的平均度值。

$\Theta(t)$：表示一个度为 k 的易感者个体与感染者相连的概率。

α：处于风险未知状态的节点接触风险传播状态节点后转变为风险传播者的概率。

γ：风险未知状态节点接触风险传播状态节点后直接转变为风险免疫状态的概率。

β：处于风险传播状态的节点转变为风险免疫状态节点的概率。

$D_i(t)$：t 时刻网民 g_i 的传播欲望。

d_i：为传播欲望的初值。

a：为衰退因子，表示网民传播欲望随时间变化的速率。

v：网络平台干预风险传播的速度。

$1-\varepsilon$：极端的风险信息拥护者的比重。

ρ：信息时效性随时间的变化率。

6.3 模型仿真分析

由于 B2C 网络平台嵌入风险在网络空间中传播的复杂性，真实的风险传播数据实在难以获取，同时考虑到真实的嵌入风险信息传播数据的可操作性不高，采用真实数据进行实证分析较为困难。随着计算机技术的发展，通过计算机软件生成信息网络传播数据，并在此基础上进行仿真分析已发展成为风险信息在网络传播研究中的重要方法（周涛等，2010）[346]。因此，本书采用 Matlab 对嵌入风险的传播过程进行建模，对嵌入风险在网络空间中的传播动力学模型进行仿真，设定无标度网络的节点总数为 1000，$m_0=2$，$m=2$，得到的无标度网络图以及度分布如图 6. 3、图 6. 4 所示。

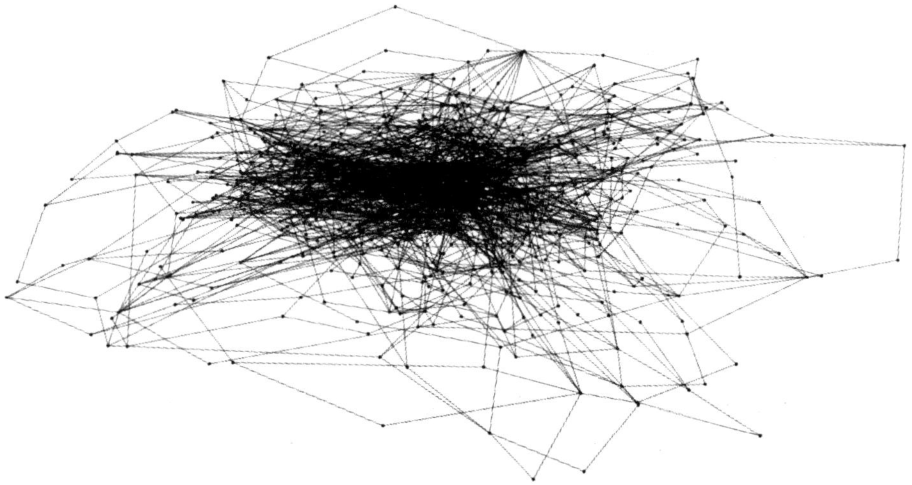

图 6. 3　生成的无标度网络

资料来源：笔者绘制。

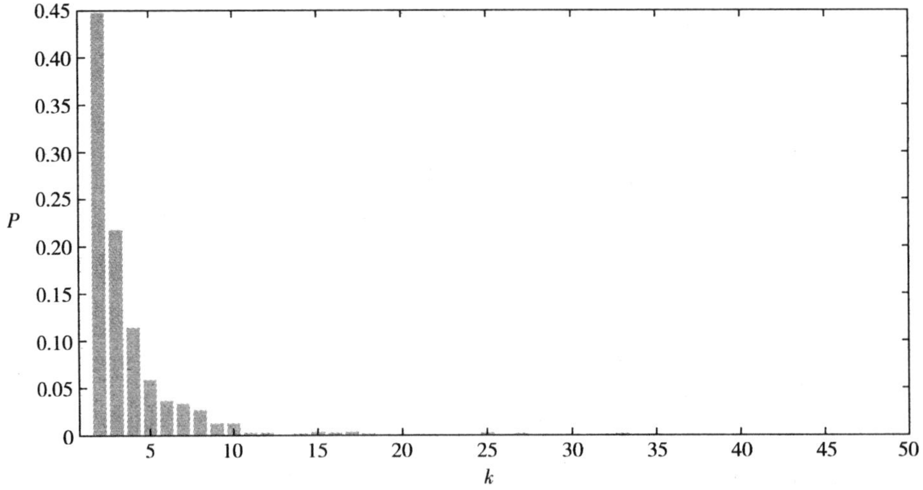

图 6. 4　无标度网络的度分布

资料来源：笔者绘制。

在仿真实验中控制其他仿真参数不变，改变风险传播网络的平均度、初始情况下处于风险传播状态节点的度值与个数、传播欲望随时间变化率、极端拥护者比重、平台干预速度、初始状态转移率的值，来分析某一参数变化下系统稳定时处于未知者、传播者和免疫者三种状态节点占总节点数的比例，以及达到稳定状态所用的时间，进而发现参数与风险传播过程的内在联系和本质机理，进而得出控制嵌入风险在网络空间中传播具有指导意义的普适性结论。

6.3.1 网络结构对风险传导的影响

6.3.1.1 网络平均度对嵌入风险传导的影响

控制网络中的其他参数不变：初始节点个数 $m_0=5$，网络总节点数为 1000；初始情况下，网络中处于传播状态的节点个数为 10 且随机选取；初始状态转移率 α_0 取值为 0.9，$\beta_0=0.5$，$\varepsilon=0.9$，传播欲望随时间的变化率 $a=0.01$，平台干预速度 $v=0.1$，信息时效性随时间的变化率 $\rho=0.1$，改变 m 的取值，分别取 2、3、4，得到不同网络平均度下的嵌入风险的传播情况，如图 6.5 所示。

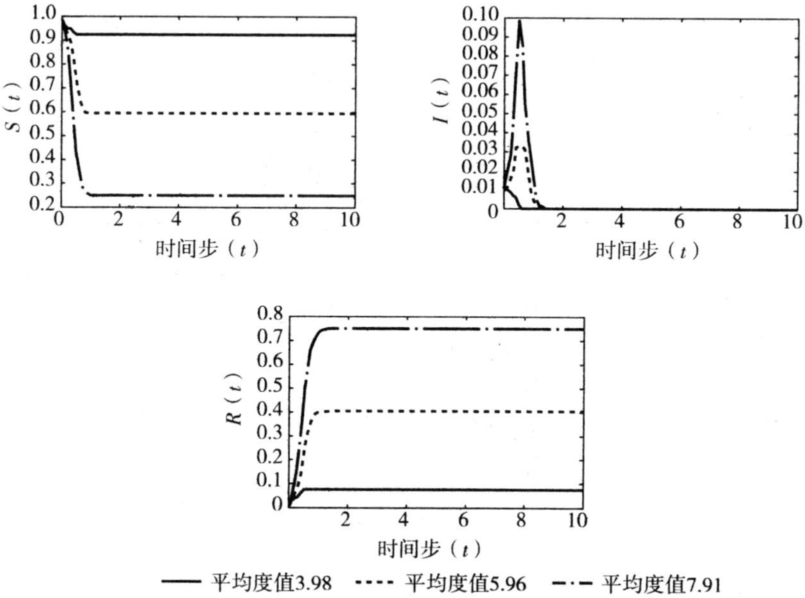

图 6.5　不同网络平均度对嵌入风险传导过程的影响

资料来源：笔者绘制。

从图 6.5 可以看出，BA 无标度网络的平均度对嵌入风险的传播有较大影响，在平均度不同的网络中，网络中网民节点所处的状态比例即 $S(t)$、$I(t)$、$R(t)$ 随时间的变化趋势大致相同：网络中处于未知状态的节点占比呈逐渐减少的趋势，处于免疫状态的节点呈逐渐增大的趋势，而处于传播状态的节点呈先增加后下降的趋势，平均度较小的网络的传播状态的曲线变化较为平缓，而平均度较大的网络中曲线变化的趋势较陡峭。平均度越大的网络中，系统达到稳定状态时免疫状态节点的比例越大，说明在平均度较大的网络中，嵌入风险传播的范围越广，越有利于风险的传播。结合实际，B2C 网络平台的风险信息在网民连接紧密的空间中传播的范围越大。

6.3.1.2　初始传播节点度值对嵌入风险传导的影响

控制网络中其他参数：初始节点个数 $m_0=5$，$m=3$，网络总节点数为 1000；初始情况下处于传播者状态的节点个数为 10；初始状态转移率 α_0 取值为 0.9，$\beta_0=0.5$，$\varepsilon=0.9$，传播欲望随时间的变化率 $a=0.01$，平台干预速度 $v=0.1$，信息时效性随时间的变化率 $\rho=0.1$，改变初始传播节点的度值范围，得到的嵌入风险传播过程如图 6.6 所示。

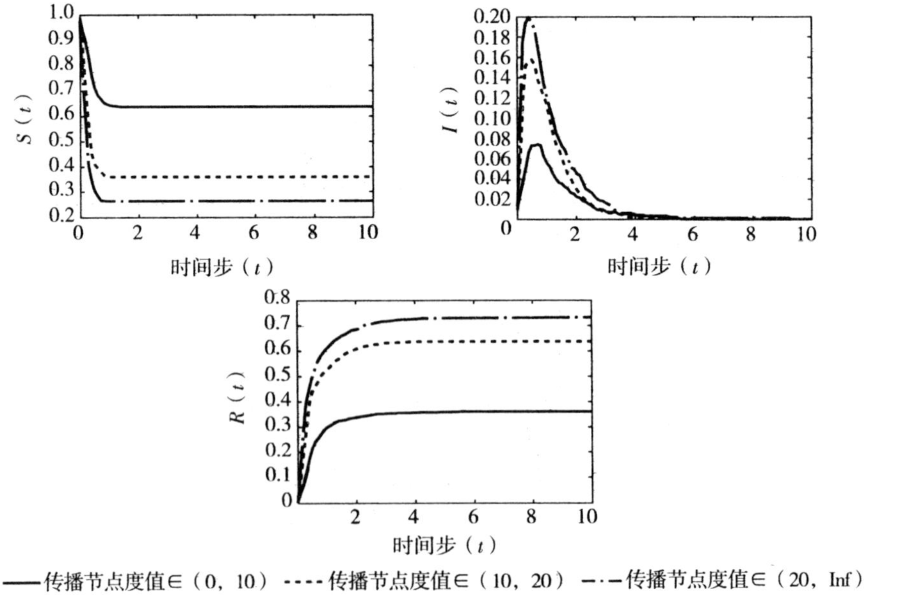

图 6.6　传播节点度值对嵌入风险传导过程的影响

资料来源：笔者绘制。

由图 6.6 可知，初始传播节点的度值对嵌入风险的传播有重要影响。当初始传播节点的度值越大，传播节点占比达到稳定的时间越长，但随时间变化越快，峰值越高；未知节点比例随时间变化越快，达到稳定状态时比例越小；免疫状态节点随时间变化得越快，达到稳定时的比例越大。这说明初始传播节点的度值越大，风险传播的范围越广，越有利于嵌入风险的传播。

6.3.1.3　初始传播节点个数对嵌入风险传导的影响

控制网络中的参数：初始节点个数 $m_0=5$，$m=3$，网络总节点数为 1000；初始状态转移率 α_0 取值为 0.9，$\beta_0=0.5$，$\varepsilon=0.9$，传播欲望随时间的变化率 $a=0.01$，平台干预速度 $v=0.1$，信息时效性随时间的变化率 $\rho=0.1$，随机选取初始情况下处于传播者状态节点，设置初始传播节点的个数分别为 10、50 和 100，得到的嵌入风险传导过程如图 6.7 所示。

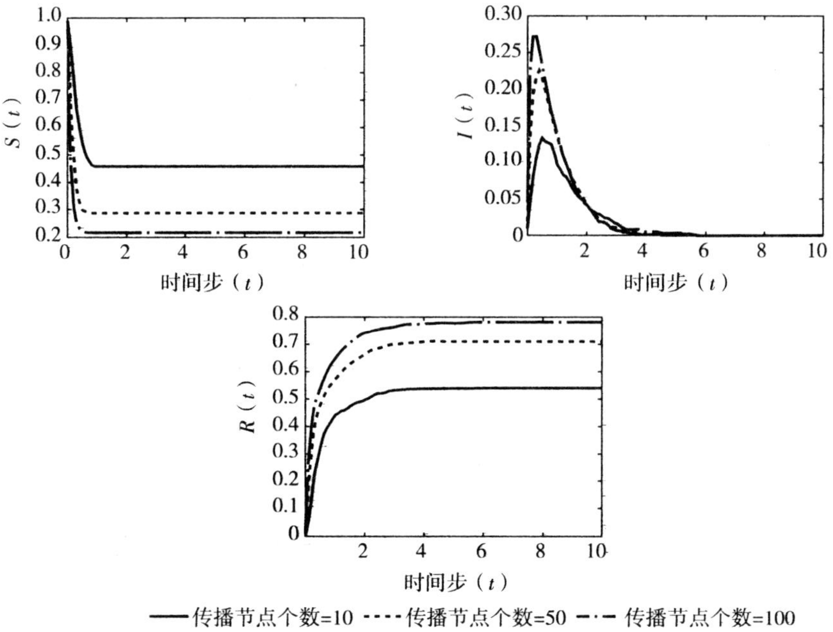

图 6.7　传播节点个数对嵌入风险传导过程的影响

资料来源：笔者绘制。

由图 6.7 可知，初始时刻传播状态节点个数越多，系统中节点状态变化越快，当系统达到稳定时，未知状态节点比例越小，免疫状态节点比例越高，传播状态节点比例均为 0，但传播状态节点的峰值随初始传播节点个数的增大而增大，这说明初始传播状态节点个数越多，嵌入风险传导波及的范围越广。

6.3.2 嵌入风险传导阈值分析

6.3.2.1 α_0 对嵌入风险传导过程的影响

控制网络中的其他参数：初始节点个数 $m_0=5$，$m=3$，网络总节点数为 1000；初始情况下处于传播者状态节点的个数为 10 且随机选取；$\beta_0=0.5$，$\varepsilon=0.9$，传播欲望随时间的变化率 $a=0.01$，平台干预速度 $v=0.1$，信息时效性随时间的变化率 $\rho=0.1$，给初始状态转移率 α_0 赋值为 0.1、0.5 和 0.9，得到系统中不同状态节点随时间的变化如图 6.8 所示。

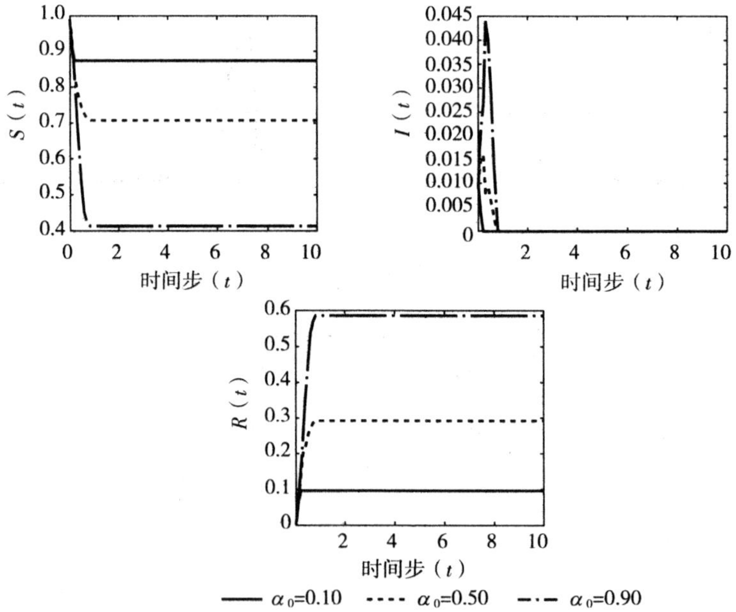

图 6.8 不同 α_0 对嵌入风险传播过程的影响

资料来源：笔者绘制。

由图6.8可知，α_0的值越大，风险信息传播的时间越久，系统达到稳定的时间越长，不同状态节点随时间变化速率越快，传播状态节点在传播过程中达到的峰值越高；在系统达到稳定时，α_0的值越大，未知状态节点比例占比越小，免疫状态节点占比越大，说明风险波及的范围越广。

6.3.2.2　传导阈值的确定

由传播动力学理论可知，疾病或信息在网络中的传播过程都存在一个传播阈值λ_c，它决定了风险信息能否传播以及传播的趋势（廖晓昕，2000）[347]。当$\lambda>\lambda_c$时，疾病或信息会在一定范围内传播；当$\lambda\leqslant\lambda_c$时，风险信息会被淹没，得不到传播。根据郭世泽和陆哲明（2016）[303]的做法，有效传播率$\lambda=\alpha/\beta$，不失一般性，令β的值为1（这样只是改变演化时间的尺度），则改变有效传播率λ，可观察网络中风险传播情况，并判断系统的嵌入风险传播阈值。

由图6.9可知，稳定时免疫状态节点的比例随着有效传播率的增大而增大，说明有效传播率越大，嵌入风险的传播范围越广。根据以往的研究可知，在网络节点数较大的无标度网络中，风险信息的传播阈值为0，也就是说，即使风险信息传播的有效传染率接近零，只波及非常少的个体，也能在网络中引起较大规模的传播。当有效传播率较小时，虽然免疫状态节点的比例增长缓慢，但也呈现增长态势，因此，本书进一步降低λ的值，得到嵌入风险在网络空间的传播情况如图6.10所示。

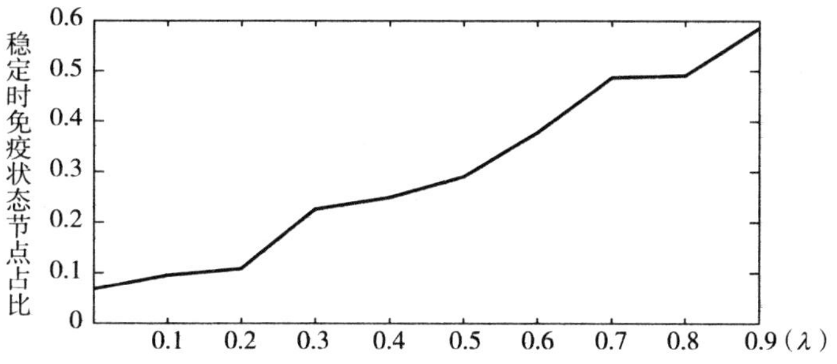

图6.9　有效传播率λ对嵌入风险传播范围的影响

资料来源：笔者绘制。

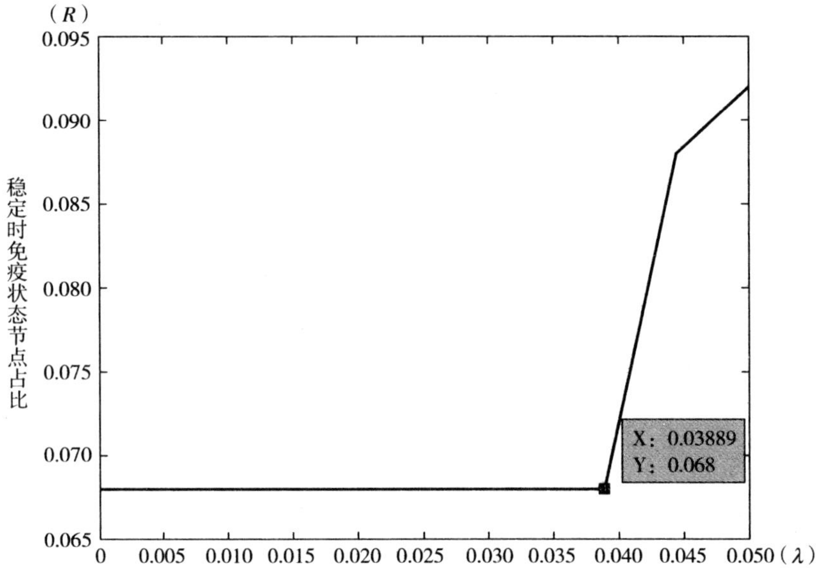

图 6.10 嵌入风险传导阈值分析

资料来源：笔者绘制。

由图 6.10 可知，当有效传播率 λ 小于 0.03889 时，稳定状态下免疫节点占比一直为 0.068，不随 λ 值的增加而增加，当 λ 大于 0.03889 时，稳定状态下免疫节点占比随 λ 的增大而增大，说明嵌入风险在网络空间中的传导阈值 λ_c 为 0.03889。当有效传播率 λ 大于传导阈值时，嵌入风险才能在网络中传播，小于该阈值时，嵌入风险信息无法传播，这说明在实际中，网络的节点总是有限的，因此风险传导阈值不会等于 0，但在通常情况下会比较小（胡志浩和李晓花，2017）[348]。

6.3.3 改进模型中参数对嵌入风险传导的影响

6.3.3.1 传播欲望随时间的变化率

在网络总节点数为 1000，$m_0=5$，$m=3$，初始情况下处于传播状态的节点个数为 100 且随机选取；初始状态转移率 α_0 取值为 0.9，$\beta_0=0.5$，$\varepsilon=0.9$，平台干预速度 $v=0.1$，信息时效性随时间的变化率 $\rho=0.1$，改变传播欲望随时间变化率 a 的值，得到嵌入风险的传导过程如图 6.11 所示。

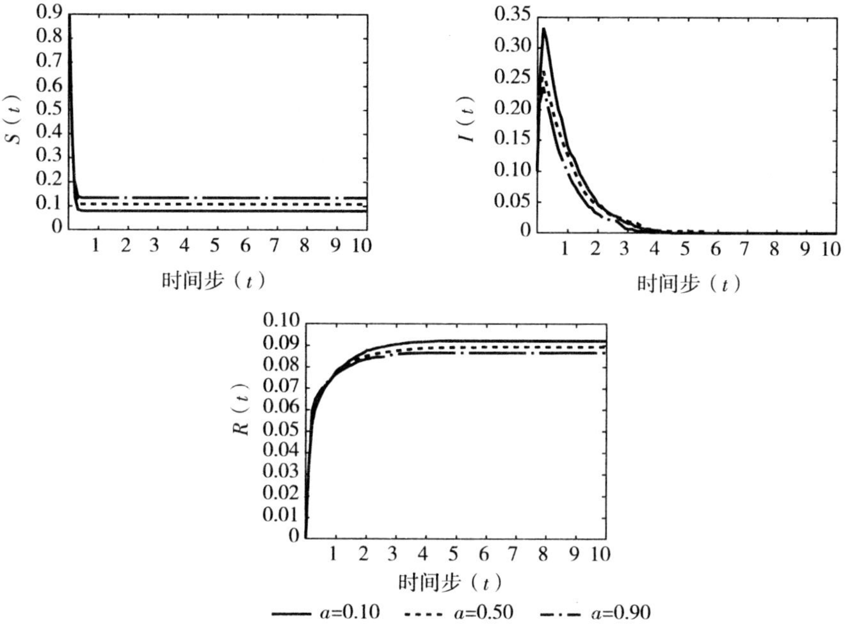

图 6.11 不同 α 对嵌入风险传导过程的影响

资料来源：笔者绘制。

由图 6.11 可知，其他参数不变，传播欲望随时间的变化率 α 的取值分别为 0.1、0.5 和 0.9，得到系统中不同状态节点随时间的变化趋势相同；α 越大，系统达到稳定时处于免疫状态节点比例越小，处于风险未知状态节点比例越大。这是因为传播欲望随时间变化越快，传播概率随时间降低的速率越快，免疫率随时间增大的速度越快，系统达到稳定的时间越短，因此，嵌入风险传播的范围越小。

6.3.3.2 平台干预速度

在网络总节点数为 1000，$m_0=5$，$m=3$，初始情况下处于传播状态的节点个数为 100 且随机选取；初始状态转移率 α_0 取值为 0.9，$\beta_0=0.5$，$\varepsilon=0.9$，传播欲望随时间变化率 $a=0.01$，信息时效性随时间的变化率 $\rho=0.1$，改变平台干预速度 v 的值，得到嵌入风险的传导过程如图 6.12 所示。

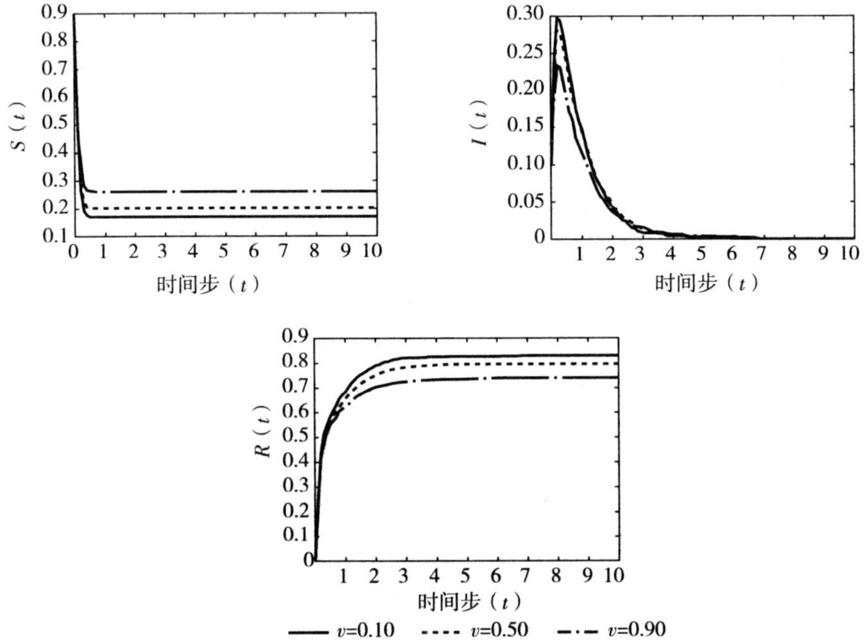

图 6.12 不同 v 对嵌入风险传导过程的影响

资料来源：笔者绘制。

由图 6.12 可知，网络平台干预速度对嵌入风险的传播有重要影响，干预速度越快，达到稳定时免疫状态节点比例越小，未知状态节点比例越大，传播状态节点的峰值越小，这是因为网络平台对嵌入风险传导的干预速度越快，那么传播状态节点转变为免疫状态节点的概率 $\beta(t)$ 随时间增大越快，因此传播状态节点转变为免疫状态节点越快，传播状态节点变为 0 的时间越短，因此风险波及范围越小。

6.3.3.3 极端风险信息拥护比重

在网络总节点数为 1000，$m_0=5$，$m=3$，初始情况下处于传播者状态的节点个数为 100 且随机选取；初始状态转移率 α_0 取值为 0.9，$\beta_0=0.1$，传播欲望随时间变化率 $\alpha=0.01$，信息时效性随时间的变化率 $\rho=0.1$，平台干预速度 $v=0.1$ 的值，改变极端风险信息拥护比重 $1-\varepsilon$ 的值，得到嵌入风险的传导过程如图 6.13 所示。

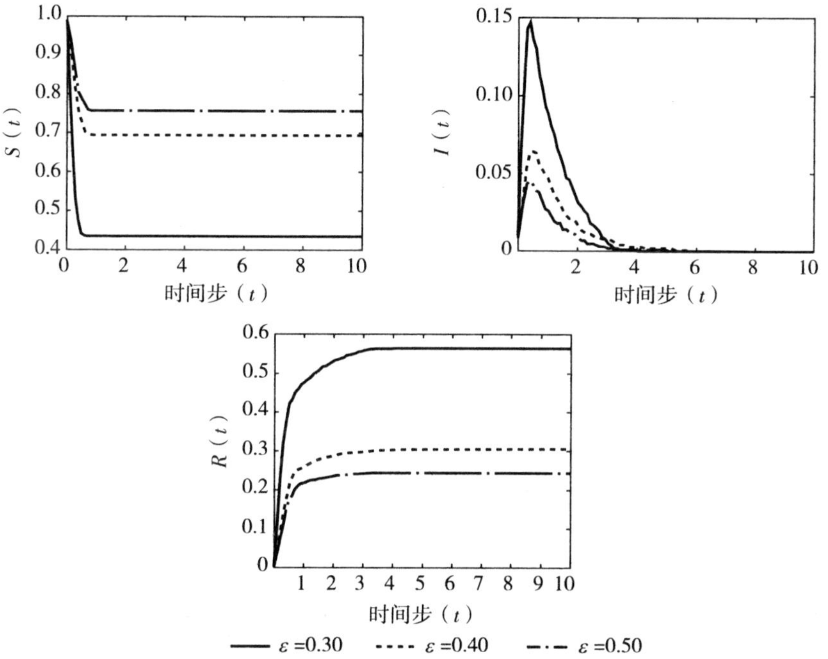

图 6.13　不同 ε 对嵌入风险传导过程的影响

资料来源：笔者绘制。

由图 6.13 可知，不同 ε 对风险传导过程有一定的影响，当 ε 取值越大，极端风险信息拥护者的比重越小，风险传播者转变为风险免疫者的概率的极限值越大，风险传播者变为风险免疫者的速率越快，系统达到稳定的时间越短。ε 越大，当嵌入风险在网络空间中的传播达到稳定状态时，风险未知状态的比例越大，免疫状态的比例越小，说明嵌入风险在网络空间中传播的范围越小；相反，当 ε 取值越小，系统稳定时免疫状态节点比例越大，说明嵌入风险在网络空间中传播的范围越大。

6.3.3.4　风险信息时效性变化参数对嵌入风险传播的影响

在网络总节点数为 1000，$m_0=5$，$m=3$，初始情况下处于传播者状态的节点个数为 100 且随机选取；初始状态转移率 α_0 取值为 0.9，$\beta_0=0.1$，传播欲望随时间变化率 $\alpha=0.01$，平台干预速度 $v=0.1$ 的值，极端风险信息拥护比重 $1-\varepsilon=0.1$ 的值，改变信息时效性随时间的变化率 ρ 的值，得到嵌入风险的传导过程如图 6.14 所示。

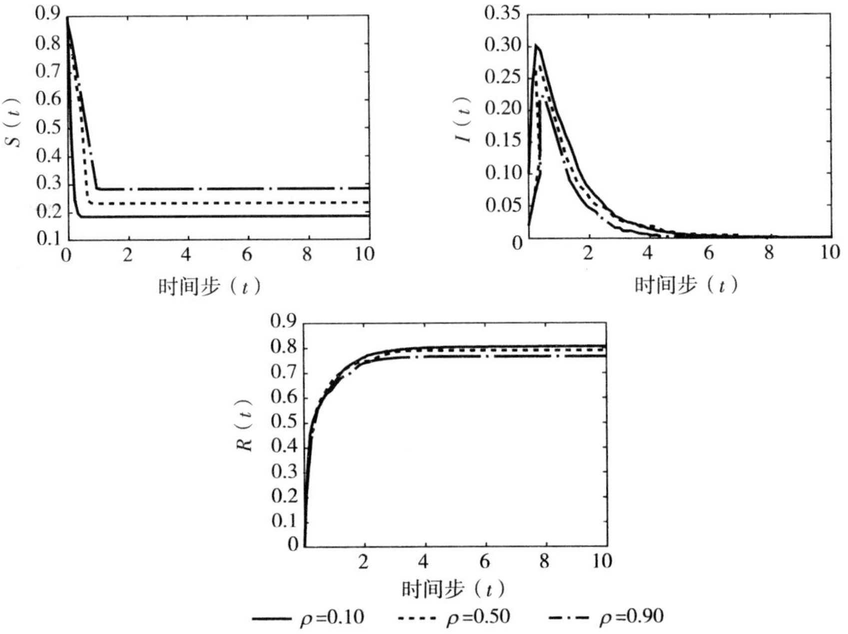

图 6.14　不同 ρ 对嵌入风险传导过程的影响

资料来源：笔者绘制。

由图 6.14 可知，当 ρ 越大，嵌入风险信息的时效性随时间衰减的速度越快，风险传播者变为风险免疫者的概率 $\beta(t)$ 达到极限值的时间越短，因此系统较早达到稳定状态。随着风险时效性变化参数的增大，在系统达到稳定状态时，未知状态节点的占比不断增大，传播状态节点的峰值不断减小，免疫状态节点的占比不断降低。这说明随着 ρ 的增大，系统达到稳定的时间不断缩短，风险信息传播范围不断降低，越有利于风险信息的控制。

6.4　本章小结

本章首先分析了嵌入风险在网络平台外部传导的特征，说明了 BA 无标度网络和 SIR 模型分析嵌入风险在网络空间中传导的适应性，其次构建了嵌入风险在网络空间中传导的动力学模型，结合嵌入风险传导的特性，考虑到节点权重、风险偏好、极端风险信息拥护比重、网络平台干预速度以及风险信息时效性随时间变化率等因素对嵌入风险传导过程的影响，对不同网络节点的状态转移率进行了修正，构建了状态转移率随时间变化的 SIR 模型，最后用 Matlab 软件对嵌入风险在网络空间中的传导过程进行数值仿真，分析了网络结构、节点权重、传播欲望、平台干预速度、极端信息拥护比重以及风险信息时效性变化参数对嵌入风险传导过程的影响，并得出如下结论：

（1）网络结构特征对嵌入风险传导过程有着重要影响。风险传播网络的网络平均度越大，嵌入风险传导的速度越快，风险波及范围越广，对 B2C 网络平台企业声誉造成的影响越大；初始传播节点的个数对嵌入风险传导过程有着重要影响，初始传播节点个数越多，嵌入风险传播越快，嵌入风险信息波及范围越广，对网络平台企业声誉造成的影响和损失越大；初始传播节点的度值对嵌入风险的传导有重要影响，初始传播节点度值越大，嵌入风险传导速度越快，系统稳定时得知到风险信息的网民数量越大，嵌入风险波及范围越广，对网络平台企业声誉影响越大。

（2）嵌入风险传导阈值为 0.03889，接近 0。稳定时免疫状态节点的比例随着有效传播率的增大而增大，说明有效传播率越大，嵌入风险的传播范围越广。当有效传播率 λ 小于 0.03889 时，系统稳定时免疫节点占比一直为 0.068，不随 λ 值的增加而增加；当 λ 大于 0.03889 时，稳定时免疫状态节点占比随 λ 的增大而增大，说明嵌入风险在网络空间中的传播阈值 λ_c 为 0.03889，这与现有研究的结论相符，即少数风险传播节点，在很小传播率的情况下也能引起嵌入风险在网络空间中的大量传播。

（3）模型参数对嵌入风险的传导过程有重要影响。传播欲望随时间的变化率越大，稳定时系统中免疫状态节点比例越低，嵌入风险在网络空间中传播的范围越小，对 B2C 网络平台企业的影响越小；网络平台干预速度越大，传播状态节点向免疫状态节点转移概率随时间增大得越快，系统达到稳定的时间越短，稳定时系统中免疫状态节点占比越小，嵌入风险波及范围越小，嵌入风险传导对 B2C 网络平台企业的影响越小；极端风险信息拥护比重越大，在稳定时系统中免疫状态节点占比越大，嵌入风险波及范围越广，嵌入风险传导对网络平台企业的影响越大；风险时效性变化参数越大，稳定时系统中免疫状态节点占比越小，嵌入风险在网络空间中波及范围越小，嵌入风险传导对 B2C 网络平台企业的影响越小。

第7章　研究结论与未来展望

7.1　研究结论

本书立足于当前B2C网络平台发展的现实背景及理论研究现状，围绕“B2C网络平台嵌入风险的生成与传导”的命题，按照“提出问题—分析问题—解决问题—总结问题”的研究思路，提出了本书的研究框架和技术路线。据此本书设计了7个章节来分析该研究命题。本书综合运用了文献分析法、扎根理论法、三方演化博弈、复杂网络、传染病模型和模拟仿真等研究方法，逐层分析了B2C网络平台嵌入风险生成的驱动因素、嵌入风险类型以及嵌入风险在网络平台内部和外部的动态传导过程。具体来说，首先，本书以第三方交易平台类的B2C网络平台为研究对象，采用扎根理论探索式案例研究的方法构建了B2C网络平台嵌入风险的驱动因素与生成机理模型，分析了嵌入风险生成的驱动因素、直接诱因、中介条件以及生成的风险类型。其次，在此基础上分析了嵌入风险的传导机理，通过构建包含“网络平台—入驻商家—消费者”的嵌入风险主体间的演化博弈模型，以入驻商家违规策略比例随时间的变化情况来分析嵌入风险在网络平台内部的传导过程；通过构建BA无标度网络上的SIR模型，以免疫状态节点占比随时间的变化情况来分析嵌入风险在平台外部的传导情况。本书得出的研究结论有：

第一，构建了 B2C 网络平台嵌入风险驱动因素与生成机理的概念模型，明确了 B2C 网络平台生成的平台对商家的“锁定失效”、入驻商家间的“竞争扭曲”、消费者对平台的“关系失信”这三类嵌入风险。在 B2C 网络平台嵌入风险生成分析中，采用“天猫”这一典型的 B2C 网络平台为典型案例，采用扎根理论的分析方法，通过对收集的调研访谈资料、文献书籍资料以及网络资料的开放式编码、主轴编码和选择性编码，构建了 B2C 网络平台嵌入风险的驱动因素和生成机理模型。研究发现：过度竞争的网络市场环境是嵌入风险生成的主要驱动因素，入驻商家的道德风险高是嵌入风险生成的内驱因素，网络平台中“赢者通吃”的网络效应为嵌入风险生成的外部情景因素；在这些因素的驱动下生成了“锁定失效”“竞争扭曲”和“关系失信”三类嵌入风险，其中入驻商家的违规行为是嵌入风险生成的主要行动策略，是嵌入风险生成的直接诱因，平台对入驻商家的弱势锁定是“锁定失效”嵌入风险生成的中介条件，入驻商家之间的传染效应是“竞争扭曲”嵌入风险生成的中介条件，网络平台的信息失真和消费者权益受损是“关系失信”嵌入风险生成的中介条件。

第二，在 B2C 网络平台嵌入风险传导机理分析部分，将嵌入风险传导的内涵界定为平台内部传导和外部传导两层含义，并结合 B2C 网络平台的特点分析得出嵌入风险传导具有潜在性、复杂性、不可逆性、动态性和涌现性特征。B2C 网络平台嵌入风险传导要素包括嵌入风险源、嵌入风险流、嵌入风险传导载体、嵌入风险传导通道、嵌入风险传导阈值和嵌入风险接受者六大构成要素。其中嵌入风险源包括网络平台外部嵌入主体和网络平台本身的特性因素；嵌入风险流包括物流风险流、资金风险流、价格风险流、信息风险流等；嵌入风险传导载体包括商品、价格、人员、数据等显性载体以及技术、信息、行为等隐性载体；嵌入风险的传导通道主要有纵向的委托代理链、商品交易链和横向的社会关系链；风险阈值是风险能够传导的临界值；风险接受者包括消费者、入驻商家和 B2C 网络平台企业。嵌入风险传导的路径包括链式传导路径、网状辐射式传导路径、网状聚集式传导路径、网状交互式传导路径。嵌入风险的传导过程包括潜伏增长期、爆发传导期、消退恢复期三个阶段。

第三，构建了嵌入风险主体间的包含“网络平台—入驻商家—消费者”的三方演化博弈模型，刻画了 B2C 网络平台嵌入风险在平台内部传导的动态过程，找出了嵌入风险收敛或扩散的稳定条件。具体来说，以网络平台中选择违规行为策略的商家占比对嵌入风险进行度量，基于入驻商家和消费者的双重嵌入性、参与者行为的交互影响以及有限理性的假设条件，构建了包含“网络平台—入驻商家—消费者”的嵌入风险主体间的演化博弈模型，运用李雅普诺夫判别法分析了均衡点的渐进稳定性及系统的演化稳定策略，并使用Matlab软件对三方主体行为策略的演化过程进行仿真分析，分析了嵌入风险在平台内部传导的动态过程。研究结果发现：当入驻商家的违规收益大于违规成本，平台监管收益小于监管成本时，此时系统将稳定于（不监管，违规，购买）的策略组合，在这一状态消费者的嵌入程度较低，入驻商家的嵌入度大小与均衡稳定状态无关，此时对应于网络平台的初始扩展期，嵌入风险处于潜伏增长期。当平台的监管收益与罚金之和大于监管成本，入驻商家的违规收益大于违规成本与罚金之和，消费者的购买收益大于不购买收益时，系统将稳定于（监管，违规，购买）的策略组合。在这一状态下，入驻商家的嵌入程度较高，说明在入驻商家嵌入程度高的情况下，由于消费者客户资源的限制以及消费者低价策略的选择，入驻商家为了获得利润会采取更加隐蔽和温和的违规手段，此时系统处于从不规范到规范的转变阶段，嵌入风险处于衰退期。当平台监管收益与罚金之和大于监管成本，且对入驻商家的监管有效时，经过长期演化系统将稳定于（监管，不违规，购买）的策略组合，在这一状态下不管消费者的嵌入程度如何，都会选择购买策略，入驻商家的嵌入度较低，此时对应于网络平台的规范阶段，嵌入风险得到控制。

第四，基于BA无标度网络，构建了B2C网络平台嵌入风险在网络平台外部传导的SIR模型，揭示了嵌入风险在网络平台外部传导的动态过程和影响因素。具体来说，结合嵌入风险在网络空间中传导的复杂性特征，基于BA无标度网络，考虑到节点度值的权重参数、风险偏好、风险信息时效性以及网络平台干预速度等因素，构建了状态转移率随时间变化的B2C网络平台嵌入风险在网络空间传播的SIR模型，以免疫状态节点占比随时间的变化来刻画嵌入风险在网络平台外部的传导情况，并用Matlab软件仿真模拟了嵌入风险在网络空间中的传播过程，求解了风险传播阈值，分析了网络结构以及节点度值、风险偏好、平台干预速度等因素对风险传播过程的影响。研究发现：网络的平均度越大、初始传播节点个数越多、初始传播节点的度值越大越有利于嵌入风险的传播；在BA无标度网络中，改进的 SIR 模型的传播阈值为 0.03889，接近于 0；传播欲望随时间的变化率越小、网络平台干预速度越小、极端风险信息拥护比重越大、风险时效性变化参数越小，越有利于嵌入风险的传播。

7.2 研究启示

随着互联网技术的发展，B2C 网络平台实现了入驻商家和消费者之间的连接价值，拓宽了交易空间和时间的限制，但是网络空间的虚拟性也给平台监管带来很大难题，入驻商家的不当嵌入行为给网络平台的运营带来多重嵌入风险。本书采用扎根理论的案例研究方法，分析研究了 B2C 网络平台嵌入风险的驱动因素和生成机理，构建了嵌入风险在网络平台内部传导的三方演化博弈模型，嵌入风险在网络平台外部传导的 BA 无标度网络上的 SIR 动力学模型，揭示了嵌入风险在平台内部和外部传导的机理，明晰了嵌入风险生成和传导的过程与规律，根据本书的研究结论，提出了对应的政策建议。

7.2.1 防范嵌入风险生成的应对策略

B2C 网络平台作为一种介于科层与市场之间的组织形式，是一种准市场化的交易环境，其治理机制具有独特的复杂性、开放适应性与动态演化特征。Jones 等（1997）[193] 认为，网络治理是一个有选择的、持久的和结构化的自治企业集合。在 B2C 网络平台中，治理主体是平台企业、入驻企业、消费者等，平台的诸多参与方以暗含或开放契约为基础从事生产与服务，并对动态多变的环境进行适应，以协调和维护交易的进行。进一步地，B2C 网络平台中的契约多是社会性联结而非法律联结，传统的二元视角已经难以与数字经济的现实相吻合，还需要新的理论研究为平台治理机制的设计奠定基础。本书基于扎根理论的案例分析得出的三个核心范畴，进一步剖析每个风险成因后，提出如下防范 B2C 平台型企业嵌入风险生成的应对策略。

首先，优化平台规则。平台规则包括排名规则、交易规则和活动规则等，通过对平台规则的不断优化，可防止入驻商家利用规则的漏洞实施违规行为，杜绝通过影响搜索顺序获得利润的逐利行为，杜绝虚假信息默许而导致劣币驱逐良币的现象发生。其次，提高平台准入机制，将不良商家拒之门外。以“天猫”为例，根据访谈资料，“天猫的入驻资质审核由最初的对公司年限没有要求到后来要求公司成立2年以上，要求公司资质、注册资金限制、生产厂家的品牌授权、注册商标，对一些类目还有3年资质要求，而且需要一年3万~6万元的技术支持费用，到现在的邀请制入驻，也就是有违规店铺关闭后才会邀请新的店铺入驻”，这在一定程度上提高了入驻店铺的质量，降低了嵌入风险。再次，实施监督行为，对交易数据和平台信息进行检测，降低交易双方的信息不对称。提供或者筛选出有效且可靠的高质量信息是平台实现盈利的关键，为了帮助消费者准确地了解产品质量，网络平台可通过更新算法，不断提高算法价值，对入驻商家提供的虚假商品信息进行有效甄别与删除，降低交易双方之间的信息不对称。对商家行为进行监督能够帮助网络平台预先发现潜在的机会主义行为，降低代理成本，抑制入驻商家的道德风险，规范平台参与者的行为，促进整个平台组织的有效运行。最后，设立科学有效的声誉评价系统，通过声誉评价系统，平台可以有效地帮助合规商家向潜在消费者传递正面信号，更好地实现信号传递的效果，这可以在一定程度上约束入驻商家行为，维持网络平台市场的绩效，遏制网络平台嵌入风险的生成。

7.2.2 防范嵌入风险在网络平台内部传导的应对策略

通过对嵌入风险演化博弈模型的渐进稳定性的条件和仿真分析结果可知，网络平台监管成本越大、惩罚力度越小、违规成本越小，在系统达到稳定时，入驻商家越倾向于选择违规策略。因此，B2C网络平台企业可以从以下几个方面入手，对嵌入风险在网络平台内部传导过程进行控制：

首先，B2C网络平台企业应采取措施降低对入驻商家的监管成本，提高监管效率。网络平台可以通过更新模型“算法”，不断升级打假技术来降低监管成本。其次，应加大对商家违规行为的打击力度，形成执法机关、品牌权力人、平台、消费者等多方共同组成的“共治系统”，对违规商家进行全面打击，让违规商家无处藏身。再次，应提高入驻商家的违规成本，加大惩罚力度，使制假售假者付出付不起的成本，才能遏制网络平台中制假售假的违规违法行为，防止其他商家趋之若鹜、铤而走险，降低制售假货案件中惯犯、累犯的概率，对制假售假者形成实质上的威慑力。最后，还需要优化维权体验，促使维权更加普惠、高效。对品牌商家来说，可以建立原创保护计划，上线知产服务市场，运用图片算法技术以及云计算等技术，从“电子存证”“商家首发”“原创备案”“投诉维权”“IP 商业化”等角度为平台首发的原创商品保驾护航，缩减知识产权的确权时间。对于消费者来说，开通 12315 投诉维权中心，建立大众评审项目，设立网络交易纠纷在线调节平台，引入行政调解、协会调解、人民调解、平台调解等多元调解的模式，利用大数据、云计算和人工智能技术，创新在线纠纷解决机制，通过在线交涉、在线调节、在线仲裁提高纠纷的处理效率，使商家和消费者的维权渠道更加普惠高效，促使大众参与到维权打假的行动中来。

7.2.3 防范嵌入风险外部传导的应对策略

结合嵌入风险在网络平台外部的传导机理和影响因素的分析结果可知，传播欲望随时间的变化率越小、网络平台干预速度越小、极端风险信息拥护比重越大、风险时效性变化参数越小，越有利于嵌入风险的传导。因此，本书为 B2C 网络平台企业防范嵌入风险在网络平台外部的传导提出以下建议：

首先，应采取措施降低网民对嵌入风险信息的传播欲望，减少极端嵌入风险信息拥护者的比例。具体来说，B2C 网络平台企业可积极利用互联网等信息技术，通过开设官方账号或利用新媒体向大众宣传平台对入驻商家的监管措施、普及消费者维权的方法途径、发布对入驻商家的监管成效等，提高民众对平台运营的了解，增强企业自身公信力。其次，B2C 网络平台应加大对客服人员的培训，不断提升客服人员素质和职业素养，提高网络平台内部投诉信息核实和处理的能力，与消费者进行积极交流互动，了解消费者关注的问题，对于消费者投诉较高的热点问题，可通过改变平台规则或改进算法等措施对平台内部进行统一整改，对嵌入风险进行防范和治理。再次，B2C 网络平台企业应建立风险信息监测系统，及时发现嵌入风险信息，提高风险干预的速度。一旦发现风险信息，平台企业应尽快对风险信息做出积极回应，第一时间平复网民情绪，承诺加强自身整改，以提升消费者购物体验为目标，不断加强对入驻商家的监管。最后，风险信息的持续发酵，很大程度上是由于信息闭塞，因此网络平台企业还应该及时处理风险信息涉及的违规商家，并将处理结果公开透明地公之于众，给网民及广大消费者一个交代，这有利于降低网民对网络平台嵌入风险信息的关注力，提高风险信息时效性随时间变化的参数值，缩短嵌入风险传导持续的时间，进而降低嵌入风险对平台企业的负面影响。

7.3　研究局限与未来展望

本书对B2C网络平台嵌入风险的演化与传导过程的研究还存在一些不足，主要体现在以下四个方面：

首先，本书基于扎根理论构建了B2C网络平台嵌入风险驱动因素及生成机理模型，但该模型是基于探索性研究提出的，在进行访谈时，受访者难免出现记忆偏差，使访谈数据产生回溯性偏差。另外本书是单案例研究，缺少多案例的交叉比较分析，其信度、适用度尚未经过大样本统计检验。未来可选择多个B2C网络平台企业进行跨案例研究，并开发量表通过大规模问卷调查以检验概念模型中变量之间的确切关系。

其次，本书构建了包含网络平台企业、入驻商家和消费者三方主体的嵌入风险演化博弈模型来分析B2C网络平台嵌入风险在平台内部的传导过程，并创新性地引入入驻商家和消费者的平台嵌入度来分析双重嵌入情景下B2C网络平台嵌入风险的演化过程，拓展了三个博弈主体的演化博弈问题。但本书只研究了博弈方仅有两种策略选择的情形，且忽略了政府在B2C网络平台交易过程中的作用，未考虑同类主体间的差异性，对网络平台参与主体多元特征突出得不够。在未来的研究中可考虑多博弈方、多策略的演化博弈问题，分析政府监管对B2C网络平台市场健康发展的影响，并考虑参数变量为函数变量的博弈分析。

再次，在B2C网络平台嵌入风险外部传导的分析中，虽然考虑了消费者对风险信息偏好、网络平台干预、风险信息时效性等因素的影响，构建了随时间变化的状态转移率的BA无标度网络的SIR模型，但是本书只研究了单个风险信息的传播情况，并没有考虑多个同时传播风险信息的情况，并且本书只是用数值仿真的方法对嵌入风险的传导过程进行模拟，模型中的参数均是直接给定的，虽然其变动符合风险传导的规律，但由于没有实际案例的佐证，结果缺乏真实性。未来可研究多个嵌入风险信息同时传播的情况，并通过数据挖掘技术，收集现实中的风险传播数据进行实证分析。

最后，由于 B2C 网络平台中 B 端和 C 端群体的多归属特性，致使网络平台之间必然也存在着风险相关性，一个网络平台企业发生的风险必然会影响到其他网络平台企业，甚至会传导到整个社会利益链网络，从而形成一个外在网络平台企业间的风险传导流程。因此企业风险传导不但是一个纯粹的物理活动过程，更是一个经济活动过程。本书只研究了嵌入风险对 B2C 网络平台企业本身的影响，未研究该平台风险对其他 B2C 网络平台或者说整个电子商务行业的影响，因此未来研究可进一步关注单个 B2C 网络平台嵌入风险对其他网络平台的影响。

附　录

为了保证第 6 章仿真结果的正确性，本书进行了多参数检验。假设：初始节点个数 $m_0=3$，网络总节点数为 2000；在初始情况下，网络中处于传播状态节点的个数为 100 且随机选取；初始状态转移率 $\alpha_0=0.8$，$\beta_0=0.7$，$\varepsilon=0.9$，传播欲望随时间的变化率 $a=0.01$，平台干预速度 $v=0.2$，信息时效性随时间的变化率 $\rho=0.2$，在以上参数条件下，改变不同参数取值，分析发现得到的结论与前文分析结果一致。在该参数条件下，系统中免疫状态节点占比随时间变化过程如附图 1～附图 8 所示。

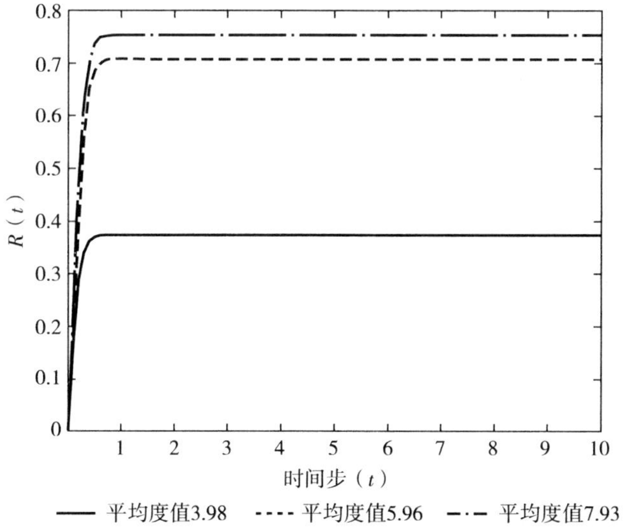

附图 1　网络平均度对嵌入风险传播的影响

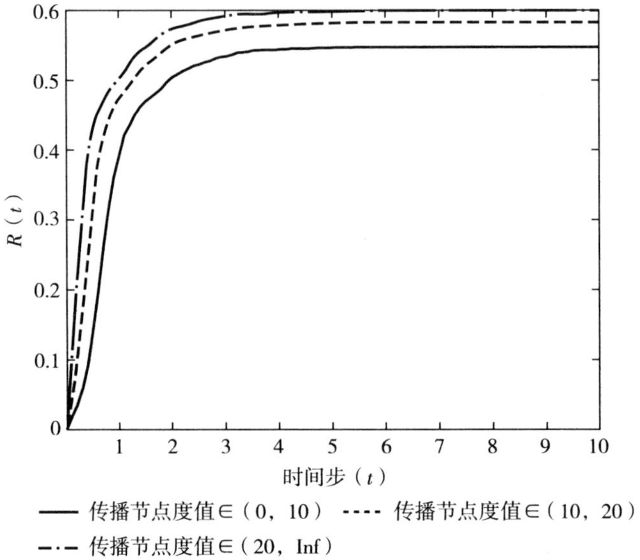

附图 2　初始传播节点度值对嵌入风险传导的影响

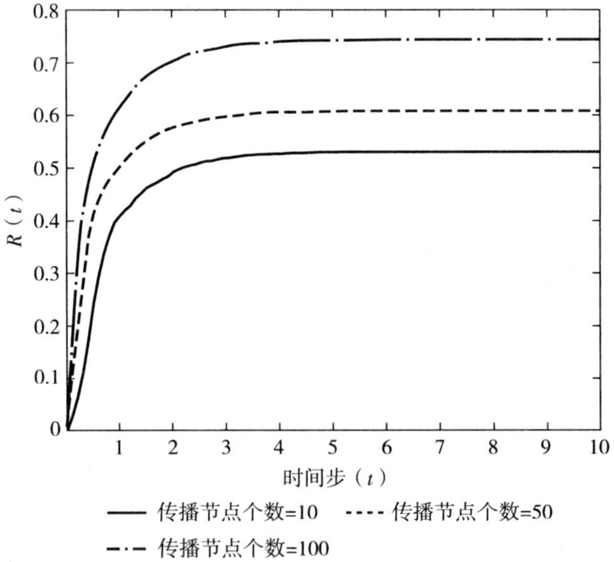

附图 3　初始传播节点个数对嵌入风险传导的影响

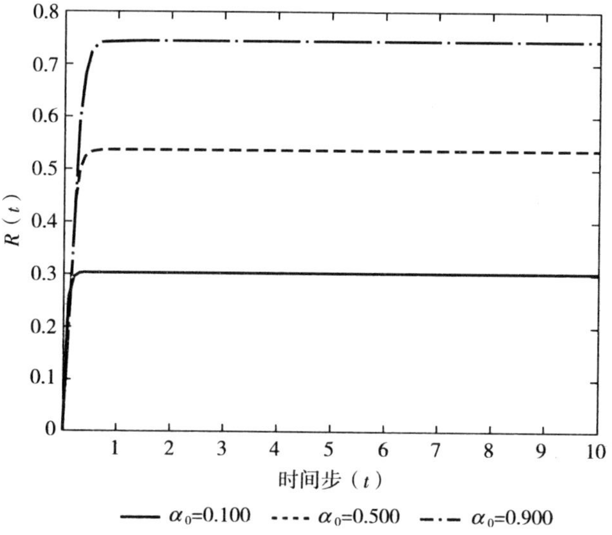

附图 4　不同α_0对嵌入风险传播过程的影响

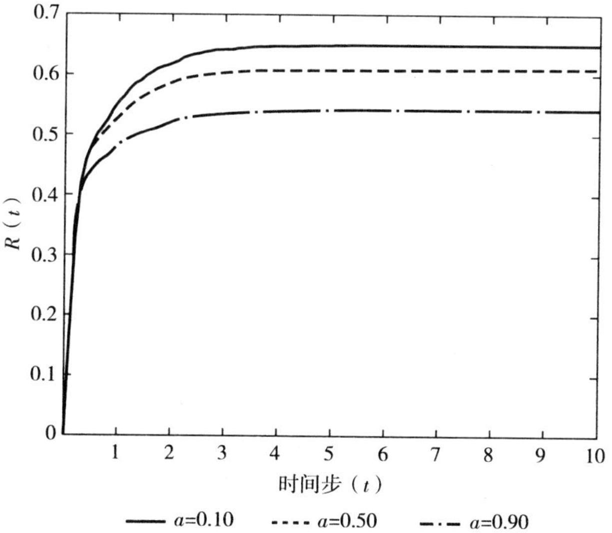

附图 5　不同α对嵌入风险传导过程的影响

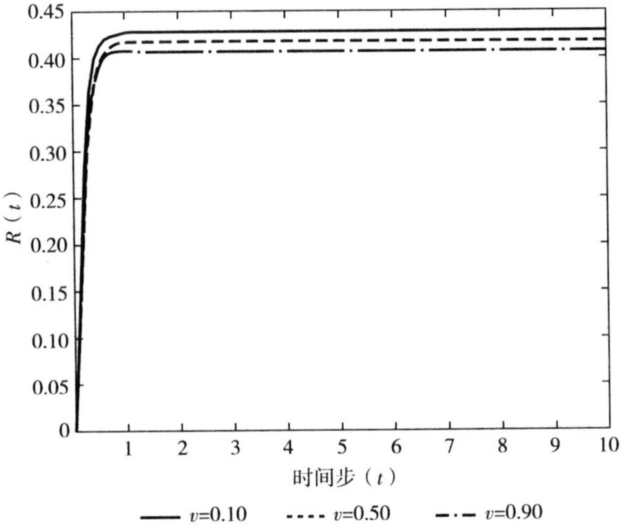

附图 6　不同 v 对嵌入风险传导过程的影响

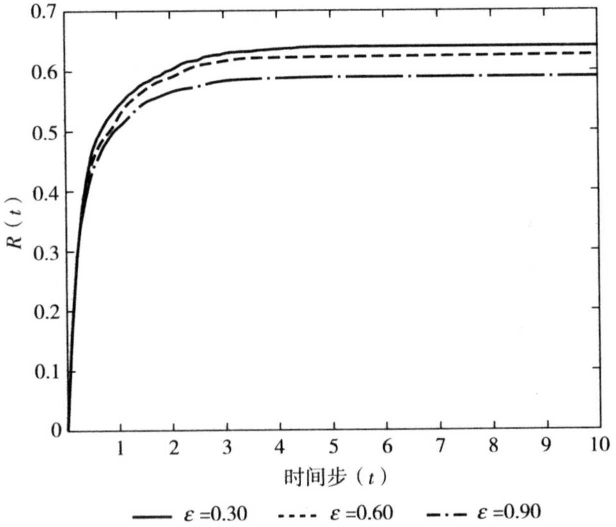

附图 7　不同 ε 对嵌入风险传导过程的影响

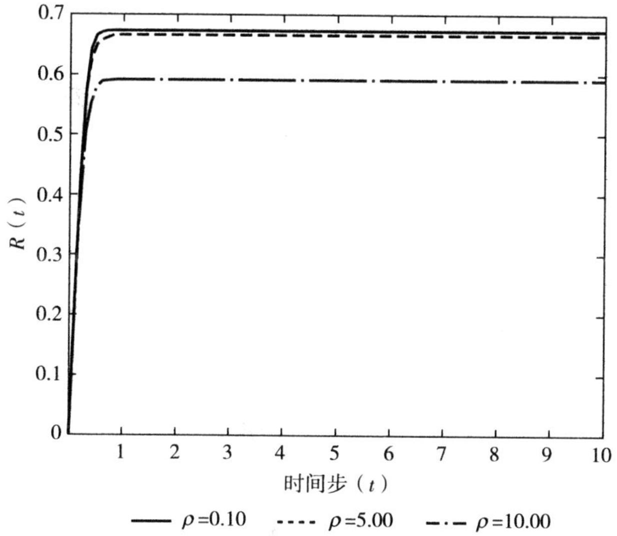

附图 8　不同 ρ 对嵌入风险传导过程的影响

参考文献

引文文献

[1] 徐晋，张祥建. 平台经济学初探 [J]. 中国工业经济，2006 (5)：40-47.

[2] 孟晔. 浮现中的新经济形态——平台经济、共享经济、微经济三位一体 [J]. 互联网经济，2016 (3)：12-15.

[3] Uzzi B. Social Structure and Competition in Interfirm Networks：The Paradox of Embeddedness [J]. Administrative Science Quarterly，1997，42 (2)：35-67.

[4] Polanyi K. The Great Transformation：The Political and Economic Origins of Our Time [M]. Boston MA：Beacon Press，1944：167-182.

[5] Sitkin Sim B，Pablo L. Reconceptualizing the Determinants of Risk Behavior [J]. Academy of Management Review，1992，17 (1)：9-38.

[6] 刘子龙. B2C 商业模式比较研究 [J]. 电子商务，2009 (1)：55-59.

[7] 陈威如，余卓轩. 平台战略：正在席卷全球的商业模式革命 [M]. 北京：中信出版社，2013：87-93.

[8] 李文莲，夏健明. 基于"大数据"的商业模式创新 [J]. 中国工业经济，2013 (5)：83-95.

[9] Rochet J C，Tirole J. Two-Sided Markets：A Progress Report [J]. The RAND Journal of Economics，2006，37 (3)：645-667.

[10] Chakravorti S，Roson R. Platform Competition in Two-Sided Markets：The Case of Payment Networks [J]. Social Science Electronic Publishing，2004，5 (1)：118-

143.

[11] Rochet J C, Tirole J. Platform Competition in Two-Sided Markets [J]. Journal of the European Economic Association, 2003, 1 (4): 990-1029.

[12] Amit R, Christoph Z. Value Creation in E-Business [J]. Strategic Management Journal, 2001, 22 (6): 493-520.

[13] Eisenmann T R, Parker G, Alstyne M V. Opening Platforms: How, When and Why? [J]. Chapters, 2009, 12 (3): 133-142.

[14] Evans D S. Some Empirical Aspects of Multi-Sided Platform Industries [J]. Social Science Electronic Publishing, 2003, 2 (3): 191-209.

[15] Ring P S, Van A H. Developmental Process of Cooperative Interorganizational Relationships [J]. Academy of Management Review, 1994 (19): 90-118.

[16] Kumar K, Van Dissel H G. Sustainable Collaboration: Managing Conflict and Cooperation in Interorganizational Systems [J]. MIS Quarterly, 1996, 20 (3): 279-300.

[17] 张雄辉. 电子商务企业资源竞争风险的评估与控制研究 [J]. 电子商务, 2013 (2): 18-19.

[18] 魏明侠. 电子商务信用风险系统研究 [J]. 预测, 2005 (5): 49-52.

[19] 刘伟江, 张朝辉. 电子商务中的机会主义、信任和合作 [J]. 首都经济贸易大学学报, 2008 (6): 86-89.

[20] 李莉, 杨文胜, 谢阳群. 信息不对称下电子商务市场质量相关定价决策分析 [J]. 管理评论, 2005 (5): 17-23.

[21] 蹇洁, 牛舒, 陈思祁. 产品信息欺诈中网络消费者识别行为研究 [J]. 图书馆学研究, 2018 (9): 74-81.

[22] Nakasumi M. Credit Risk Management System on E-Commerce: Case Based Reasoning Approach [C]. International Conference on Electronic Commerce, Pittsburgh, Pennsylvania, Usa, September 30-October. DBLP, 2003: 438-449.

[23] 杨丰梅, 王安瑛, 吴军, 等. 基于博弈论的 C2B2C 模式下电商信用监管机制研究 [J]. 系统工程理论与实践, 2017 (8): 2102-2110.

[24] Jiang H. Platform Based E-Commerce Credit Evaluation System Based on

Fuzzy Comprehensive Evaluation [C]. International Conference on Intelligent Transportation, 2016: 105-121.

[25] 崔剑峰. 感知风险对消费者网络冲动购买的影响 [J]. 社会科学战线, 2019 (4): 254-258.

[26] 王子贤, 吕庆华. 感知风险与消费者跨境网购意愿——有中介的调节模型 [J]. 经济问题, 2018 (12): 61-67.

[27] 张祥, 陈荣秋. 顾客参与链: 让顾客与企业共同创造竞争优势 [J]. 管理评论, 2006 (1): 56-64.

[28] Nee V. Norms and Networks in Economic and Organizational Performance [J]. American Economic Review, 2001, 88 (2): 85-89.

[29] Knuth M. Broken Hierarchies, Quasi-Markets and Supported Networks-A Governance Experiment in the Second Tier of Germany's Public Employment Service [J]. Social Policy & Administration, 2014, 48 (2): 240-261.

[30] Cornwell B, Harrison J A. Union Members and Voluntary Associations: Membership Overlap as a Case of Organizational Embeddedness [J]. American Sociological Review, 2004, 69 (6): 862-881.

[31] Chatfield A T, Yetton P. Strategic Payoff from EDI as a Function of EDI Embeddedness [J]. Journal of Management Information Systems, 1999, 16 (4): 195-224.

[32] Johannes M, Michèle A, Christian T. Embeddedness and the Repatriation Intention of Company-Backed and Self-Initiated Expatriates [C]. Academy of Management Annual Meeting Proceedings, 2016.

[33] Lu N X. A Framework for E-commerce Data Exchange Service of B2B and B2C with XML Embedded Documents [C]. Services Systems and Services Management, Proceedings of ICSSSM' 05. 2005 International Conference on IEEE, 2005: 735-739.

[34] Sitkin S B, Pablo A L. Reconceptualizing the Determinants of Risk Behavior [J]. Academy of Management Review, 1992, 17 (1): 9-38.

[35] 冯华, 陈亚琦. 平台商业模式创新研究——基于互联网环境下的时空契合分析 [J]. 中国工业经济, 2016 (3): 99-113.

[36] Ferrante M. China's Renewed Attention to the Fight Against Counterfeit Products Sold Online: The Impact of Taobao's New Policy and Punishments [J]. Journal of Internet Law, 2015, 18 (12): 3-9.

[37] 郭晓莉. 假货治理在电商时代遭遇的法律困境及其应对 [J]. 湖南科技大学学报（社会科学版），2016 (2): 98-104.

[38] Auer B C F, Silverstein, Louise B. Qualitative Data: An Introduction to Coding and Analysis [M]. New York: New York University Press, 2003: 213-215.

[39] Michel M H, Pamela B. Examining How Image Restoration Strategy Impacts Perceptions of Corporation Social Responsibility, Organization-public Relationships and Source Credibility [J]. Corporate Communications: An International Journal, 2017, 15 (4): 453-466.

[40] Lichtenstein D, Minette R, Drumwrigh E, et al. The Effect of Corporate Social Responsibility on Customer Donations to Corporate Supported Nonprofits [J]. Journal of Marketing, 2017, 68 (4): 16-32.

[41] Mak T. Undivided Corporate Responsibility: Towards a Theory of Corporate Integrity [J]. Journal of Business Ethics, 2016, 82 (2): 353-368.

[42] 李广乾，陶涛. 电子商务平台生态化与平台治理政策 [J]. 管理世界，2018 (6): 104-109.

[43] Katz M L, Shapiro C. Network Externalities, Competition and Compatibility [J]. American Economic Review, 1985, 75 (3): 94-99.

[44] Economides N. The Economics of Networks [J]. International Journal of Industrial Organization, 1996, 14 (6): 673-699.

[45] Liebowitz S J, Margolis S E. Network Externality: An Uncommon Tragedy [J]. Journal of Economic Perspectives, 1994, 8 (2): 133-150.

[46] 卢珂，周晶，林小围. 考虑交叉网络外部性的网约车平台市场定价研究 [J]. 运筹与管理，2019 (7): 169-178.

[47] Tian Wu, Mengbo Zhang, Xin Tian, et al. Spatial Differentiation and Network Externality in Pricing Mechanism of Online Car Hailing Platform [J]. International Journal of Production Economics, 2020 (Jana): 275-283.

[48] Yi Y, Yang H. Wholesale Pricing and Evolutionary Stable Strategies of Retailers under Network Externality [J]. European Journal of Operational Research, 2017 (1): 37-47.

[49] 杨丽．平台分化、交叉平台效应与平台竞争——以淘宝网的分化与竞争为例 [J]. 研究与发展管理，2018 (1)：151-160.

[50] 池毛毛，刘姝君，卢新元，等．共享住宿平台上房东持续参与意愿的影响机理研究：平台网络效应的视角 [J]. 南开管理评论，2019 (4)：103-113.

[51] Chen S H, Yu P W. The Benefits of Network Externality by Social Network Site [C]. IIAI 3rd International Conference on Advanced Applied Informatics, 2014.

[52] 姜翰，金占明．企业间关系强度对关系价值机制影响的实证研究——基于企业间相互依赖性视角 [J]. 管理世界，2008 (12)：114-125.

[53] 常亚平，刘艳阳，阎俊，等．B2C 环境下网络服务质量对顾客忠诚的影响机理 [J]. 系统工程理论与实践，2009 (6)：94-106.

[54] 张旗．基于复杂性理论的企业风险评价与防范及其实证研究 [D]. 天津：天津大学，2014.

[55] 刘骅，卢亚娟．转型期地方政府投融资平台债务风险分析与评价 [J]. 财贸经济，2016 (05)：48-59.

[56] Abiodun R. What is E-Business: How the Internet Transforms Organizations [M]. New Jersey: Wiley Blackwell Publishers Inc., 2007: 254-269.

[57] Mahadevan B. Business Models for Internet-Based E-Commerce: An Anatomy [J]. California Management Review, 2000, 42 (4): 55-69.

[58] 王学东，杜晓曦，谢辉．企业电子商务管理 [M]. 重庆：重庆大学出版社，2012：247-260.

[59] Turban E, Outland J, King D, et al. Retailing in Electronic Commerce: Products and Services [M]. Switzerland: Springer International Publishing, 2015: 111-126.

[60] 游柏荣．B2C 模式电子商务发展的现状与前景分析 [J]. 网络安全技术与应用，2014 (5)：48-53.

[61] 张博．B2C 商业模式评价研究 [D]. 哈尔滨：哈尔滨理工大学，2009.

[62] Turban E, Outland J, King D, et al. Retailing in Electronic Commerce:

Products and Services [M]. Electronic Commerce. Springer International Publishing, 2015: 111-126.

[63] Granovetter. Economic Action and Social Structure: The Problem of Embeddedness [J]. American Journal of Sociology, 1985, 91 (3): 481-510.

[64] Kenneth H, Wathne, Jan B Heide. Opportunism in Interfirm Relationships: Forms, Outcomes, and Solutions [J]. Journal of Marketing, 2000, 64 (4): 36-51.

[65] Park S H. Managing an Interorganizational Network: A Framework of the Institutional Mechanism for Network Control [J]. Organization Studies, 1996, 17 (5): 795-824.

[66] 杨震宁，李东红，范黎波．身陷“盘丝洞”：社会网络关系嵌入过度影响了创业过程吗？[J]．管理世界，2013 (12)：101-116.

[67] 孙国强，石海瑞．网络组织负效应的实证分析 [J]．科学学与科学技术管理，2011 (7)：24-30.

[68] Baker T. Predicting Corporate Governance Risk: Evidence from the Directors' & Officers' Liability Insurance Market [J]. University of Chicago Law Review, 2006, 74 (2): 487-544.

[69] Maurer I, Ebers M. Dynamics of Social Capital and Their Performance Implications: Lessons from Biotechnology Start-Ups [J]. Administrative Science Quarterly, 2006, 51 (2): 262-292.

[70] Bergman E M. Industrial Cluster Sustainability at Austria's Accession Edge: Better or Worse than Regional Sustainability Environment and Sustainable Development in the New Central Europe: Austria and Its Neighbors [R]. Western Regional Science Meetings, 2001.

[71] Burt R S. Firms, Directors and Time in the Directorate Tie Market [J]. Social Networks, 1983, 5 (1): 13-49.

[72] Rowley T, Behrens D, Krackhardt D. Redundant Governance Structures: An Analysis of Structural and Relational Embeddedness in the Steel and Semiconductor Industries [J]. Strategic Management Journal, 2000, 21 (3): 369-386.

[73] Quintas P, Lefrere P, Jones G. Knowledge Management: A Strategic

Agenda [J]. Long Range Planning, 1997, 30 (3): 385-391.

[74] 石军伟，付海艳．企业的异质性社会资本及其嵌入风险——基于中国经济转型情境的实证研究 [J]. 中国工业经济，2010 (11): 109-119.

[75] Siegel J. Contingent Political Capital and International Alliances: Evidence from South Korea [J]. Administrative Science Quarterly, 2007, 52 (4): 621-666.

[76] Sun P, Mellahi K, Wright M, et al. Political Tie Heterogeneity and the Impact of Adverse Shocks on Firm Value [J]. Journal of Management Studies, 2015, 52 (8): 1036-1063.

[77] Barabasi A L, Albert R. Emergence of Scaling in Random Networks [J]. Science, 1999 (286): 509-512.

[78] Rochet J, Tirole J. Two-Sided Markets: A Progress Report [J]. Mimeo, IDEI, Universite de Toulouse, 2005 (15): 247-286.

[79] Rochet J, Tirole J. Tying in Two-Sided Markets and the Honor All Cards Rule [J]. International Journal of Industrial Organization, 2008, 26 (6): 136-154.

[80] 张云秋，唐方成．平台网络外部性的产生机理与诱导机制研究 [J]. 北京交通大学学报（社会科学版），2014 (4): 39-45.

[81] 戚聿东，李颖．新经济与规制改革 [J]. 中国工业经济，2018 (3): 5-23.

[82] 胡保亮．商业模式、创新双元性与企业绩效的关系研究 [J]. 科研管理，2015 (11): 29-36.

[83] 刘建刚，张美娟，陈昌杰，等．互联网平台企业商业模式创新影响因素研究——基于扎根理论的滴滴出行案例分析 [J]. 中国科技论坛，2017 (6): 185-192.

[84] 王节祥，蔡宁．平台研究的流派、趋势与理论框架——基于文献计量和内容分析方法的诠释 [J]. 商业经济与管理，2018 (3): 20-35.

[85] 孟凡新．共享经济模式下的网络交易市场治理：淘宝平台例证 [J]. 改革，2015 (12): 104-111.

[86] 申尊焕，龙建成．网络平台企业治理机制探析 [J]. 西安电子科技大学学报（社会科学版），2017 (4): 66-72.

[87] 谢佩洪，陈昌东，周帆．平台型企业生态圈战略研究前沿探析 [J]. 上海对外经贸大学学报，2017 (5)：54-65.

[88] Cennamo C, Santal J. Platform Competition: Strategic Trade-Offs in Platform Markets [J]. Strategic Management Journal, 2013, 34 (11): 1331-1350.

[89] 陈威如，徐玮伶．平台组织：迎接全员创新的时代 [J]. 清华管理评论，2014 (Z2)：46-54.

[90] 胡国栋，王琪．平台型企业：互联网思维与组织流程再造 [J]. 河北大学学报，2017 (2)：110-117.

[91] Thomas L, Autio E, Gann D. Architectural Leverage: Putting Platforms in Context [J]. The Academy of Management Perspective, 2014, 28 (2): 198-219.

[92] 田洪刚．平台企业对产业链重塑的影响研究 [D]. 济南：山东大学，2017.

[93] Evans D S. The Antitrust Economics of Multi-Sided Platform Markets [J]. Yale Journal on Regulation, 2003, 20 (2): 102-109.

[94] Armstrong M. Competition in Two-Sided Markets [J]. The RAND Journal of Economics, 2005, 37 (3): 56-71.

[95] 徐晋．平台经济学 [M]. 上海：上海交通大学出版社，2007：89-97.

[96] 汪旭晖，张其林．平台型网络市场"平台—政府"双元管理范式研究——基于阿里巴巴集团的案例分析 [J]. 中国工业经济，2015 (3)：135-147.

[97] 陈应龙．双边市场中平台企业的商业模式研究 [D]. 武汉：武汉大学，2014.

[98] 方军，程明霞，徐思彦．平台时代 [M]. 北京：机械工业出版社，2018：125-136.

[99] Caillaud B, Jullien B. Chicken & Egg: Competition among Intermediation Service Providers [J]. RAND Journal of Economics, 2003, 34 (2): 309-328.

[100] 李震，王新新．平台内网络效应与跨平台网络效应作用机制研究 [J]. 科技进步与对策，2016 (20)：18-24.

[101] 杜玉申，楚世伟．平台网络成长的动力机制与复杂平台网络管理 [J]. 中国科技论坛，2017 (2)：44-50.

［102］ Parker G, Alstyne V M, Jiang X Y. Platform Ecosystems: How Developers Invert the Firm ［J］. MIS Quarterly, 2017, 41 (1): 255-266.

［103］ 傅瑜，隋广军，赵子乐．单寡头竞争性垄断：新型市场结构理论构建——基于互联网平台企业的考察［J］．中国工业经济，2014（1）：140-152.

［104］ 罗珉，李亮宇．互联网时代的商业模式创新：价值创造视角［J］．中国工业经济，2015（1）：95-107.

［105］ 江积海，李琴．平台型商业模式创新中连接属性影响价值共创的内在机理——Airbnb 的案例研究［J］．管理评论，2016（7）：252-260.

［106］ Roson R. Two-Sided Markets: A Tentative Survey: Review of Network Economics ［J］. Review of Network Economics, 2005a, 4 (2): 142-160.

［107］ Hagiu A. Pricing and Commitment by Two-Sided Platforms ［J］. The RAND Journal of Economics, 2006, 37 (3): 720-737.

［108］ 程贵孙，陈宏民，孙武军．双边市场下电视传媒平台兼并的福利效应分析［J］．管理科学学报，2009（2）：9-18.

［109］ Doganoglu T, Wright J. Exclusive Dealing with Network Effects ［J］. International Journal of Industrial Organization, 2010, 28 (2): 145-154.

［110］ 陈宏民，胥莉．双边市场：企业竞争环境的新视角［M］．上海：上海人民出版社，2007：171-183.

［111］ 骆品亮，傅联英．零售企业平台化转型及其双边定价策略研究［J］．管理科学学报，2014（10）：1-12.

［112］ 张千帆，于晓娟，张亚军．网络平台企业合作的定价机制研究——基于多归属情形［J］．运筹与管理，2016（1）：231-237.

［113］ Aaron S. Open and Closed Systems of Two-Sided Networks ［J］. Information Economics and Policy, 2003 (15): 425-442.

［114］ Gabszewicz J, Wauthy J. Two-Sided Markets and Price Competition with Multi-Homing ［J］. CORE, Mimeo, 2004 (12): 25-46.

［115］ Roson R. Auctions in a Two-Sided Network: The Market for Meal Voucher Services ［J］. Networks and Spatial Economics, 2005b, 5 (4): 339-350.

［116］ 唐方成，郭欢．考虑交叉网络外部性下平台竞争的定价策略研究

[J]. 中国管理科学：1-20 [2023-10-27]. https：//doi. org/10. 16381/j. cnki. issn1003-207x. 2021. 0703.

[117] 程贵孙. 平台型网络产业的微观结构、特征及竞争策略 [J]. 华东师范大学学报（哲学社会科学版），2010（6）：104-109.

[118] 段文奇，余俊平. 慷慨策略提升平台运营商竞争力的效果和机理 [J]. 系统工程学报，2019（5）：700-708+720.

[119] 郑春梅，陈志超，赵晓男. 双边市场下软件平台企业竞争策略研究 [J]. 经济问题，2016（10）：52-56.

[120] 曲创，刘重阳. 平台竞争一定能提高信息匹配效率吗？——基于中国搜索引擎市场的分析 [J]. 经济研究，2019（8）：120-135.

[121] 程贵孙，陈宏民，孙武军，等. 网络外部性与企业纵向兼并分析 [J]. 中国管理科学，2005（6）：131-135.

[122] Baldwin C Y，Woodard C J. The Architecture of Platforms：A Unified View [J]. Harvard Business Schoool Finance Working Paper，2008（9）：9-34.

[123] Frandsen T. Evolution of Modularity Literature：A 25-year Bibliometric Analysis [J]. International Journal of Operations & Production Management，2017，37（6）：215-366.

[124] Armstrong M，Wright J. Two-Sided Markets，Competitive Bottlenecks and Exclusive Contracts [J]. Economic Theory，2007，32（2）：353-380.

[125] 曹俊浩，陈宏民，孙武军. 多平台接入对 B2B 平台竞争策略的影响——基于双边市场视角 [J]. 财经研究，2010（9）：91-99.

[126] 纪汉霖. 用户部分多归属条件下的双边市场定价策略 [J]. 系统工程理论与实践，2011（1）：75-83.

[127] 吕正英，顾锋，李毅，等. 双边规模不对称情形下平台型企业竞争策略研究 [J]. 软科学，2016（7）：62-69.

[128] 谢运博，陈宏民. 多归属、互联网平台型企业合并与社会总福利 [J]. 管理评论，2018（8）：115-125.

[129] 彭正银，吴晓娟. 制度压力下平台型企业合法性获取演化研究——以滴滴出行为例 [J]. 商业经济与管理，2019（4）：58-70.

［130］符平，李敏．平台经济模式的发展与合法性建构——以武汉市网约车为例［J］．社会科学，2019（1）：76-87.

［131］魏江，张莉，李拓宇，等．合法性视角下平台网络知识资产治理［J］．科学学研究，2019（5）：856-865.

［132］晁罡，林冬萍，王磊，等．平台企业的社会责任行为模式——基于双边市场的案例研究［J］．管理案例研究与评论，2017（1）：70-86.

［133］阳镇．平台型企业社会责任：边界、治理与评价［J］．经济学家，2018（5）：79-88.

［134］肖红军，李平．平台型企业社会责任的生态化治理［J］．管理世界，2019（4）：120-144.

［135］Emekter Tu，Jirasakuldech Lu，et al. Evaluating Credit Risk and Loan Performance in Online Peer－to－Peer（P2P）Lending［J］. Applied Economics, 2015，47（1）：54-70.

［136］李苍舒，沈艳．风险传染的信息识别——基于网络借贷市场的实证［J］．金融研究，2018（11）：98-118.

［137］吴成浩，张池慧．P2P 网络借贷平台的风险控制研究［J］．经济研究导刊，2019（1）：75-80.

［138］Mlitwa N，Raqa N M. The Socio－Technical Dynamics of E－commerce Adoption in the Mainstream Grocery Supermarkets in South Africa［J］. Ibusiness, 2012，4（4）：350-361.

［139］左文明，陈华琼，张镇鹏．基于网络口碑的 B2C 电子商务服务质量管理［J］．管理评论，2018（2）：94-106.

［140］艾瑞学院．蜕变：传统企业如何向电子商务转型［M］．北京：清华大学出版社，2012：88-97.

［141］蹇洁，牛舒，陈思祁．产品信息欺诈中网络消费者识别行为研究［J］．图书馆学研究，2018（9）：72-79.

［142］汪旭晖，张其林．平台型网络市场中的“柠檬问题”形成机理与治理机制——基于阿里巴巴的案例研究［J］．中国软科学，2017（10）：31-52.

［143］Harridge M S，Quinton S. Initiation of Trust and Management of Risk in on-line Retailing: UK on-line Wine Market [J]. International Journal of Wine Marketing, 2005, 17 (2): 5-20.

[144] 杨东，苏伦嘎. 股权众筹平台的运营模式及风险防范 [J]. 国家检察官学院学报，2014 (4): 157-168.

[145] 卢馨，李慧敏. P2P 网络借贷的运行模式与风险管控 [J]. 改革，2015 (2): 60-68.

[146] Willett A H. The Economic Theory of Risk and Insurance [M]. Philadelphia: University of Pennsylvania Press, 1951: 269-297.

[147] Knight F H. Risk, Uncertainty and Profit [J]. Books on Demand, 1921 (4): 682-690.

[148] Atkinson, John W. Motivational Determinants of Risk-Taking Behavior [J]. Psychological Review, 1957, 64 (6): 359-378.

[149] Burt R S. Structure Holes: The Social Structure of Competition [M]. Cambridge: Harvard University Press, 1992: 254-269.

[150] 富越，董保华. 电子商务垃圾评论者识别研究 [J]. 科学决策，2015 (9): 79-94.

[151] Dobson G, Karmarkar U S. Competitive Location on a Network [J]. Operations Research, 1993, 66 (35): 565-574.

[152] 石文华，龚雪，张绮，等. 在线初次评论与在线追加评论的比较研究 [J]. 管理科学，2016 (4): 45-58.

[153] Herzenstein M, Andrews R L. The Democratization of Personal Consumer Loans Determinants of Success in Online Peer-to-Peer Loan Auctions [J]. Bulletin of the University of Delaware, 2008, 15 (3): 274-277.

[154] Liang W, Yajun G, Mei Q. A Reputation-Based Trust Evaluation Model for P2P E-Commerce [J]. International Journal of Distributed Sensor Networks, 2009, 5 (1): 39.

[155] 陈金波. 基于生态学的企业集群内在风险与对策研究 [J]. 当代财经，2005 (6): 68-72.

[156] 李超. B2B 电子商务企业信用评价体系研究 [D]. 成都：西南石油大

学，2018.

[157] Eisenmann T, Parker G, Alstyne M. Strategies for Two-sided Markets [J]. Harvard Business Review, 2006, 84 (10): 92-101.

[158] 贲金锋，郑维敏．市场经济中的正反馈机制研究 [J]. 系统工程理论与实践，1997 (6): 2-7.

[159] 彭本红，鲁倩．平台型企业开放式服务创新的风险成因及作用机制 [J]. 科学学研究，2018 (1): 183-192.

[160] 张洁梅，王钰沛，张玉平．利益相关者视角的地方政府融资平台风险管理研究 [J]. 管理评论，2019 (3): 61-70.

[161] Holmstrom B, Milgrom P. Multitask Principal-Agent Analyses: Incentive Contracts, Asset Ownership, and Job Design [J]. Journal of Law Economics & Organization, 1991 (7): 24-52.

[162] 吴本家．电子商务市场的发展与风险规避 [J]. 经济管理，2007 (16): 72-75.

[163] Lim N. Consumers' Perceived Risk: Sources Versus Consequences [J]. Electronic Commerce Research and Applications, 2003, 2 (3): 216-228.

[164] 孙祥，张硕阳，尤丹蓉，等. B2C 电子商务中消费者的风险来源与风险认知 [J]. 管理学报，2005 (1): 45-48.

[165] 孙祥，张硕阳，陈毅文，等. B2C 电子商务中消费者的风险来源及其影响 [J]. 心理学报，2006 (4): 607-613.

[166] Sonia S M G, Izquierdo C C, Rebeca S J C. Product and Channel-Related Risk and Involvement in Online Contexts [J]. Electronic Commerce Research and Applications, 2010, 9 (3): 263-273.

[167] 余永权．基于博弈论的进口 B2C 电子商务信用问题的研究 [D]. 南宁：广西大学，2019.

[168] Figueiredo J M. Finding Sustainable Profitability in Electronic Commerce [J]. Sloan Manage Review, 2000, 41 (4): 41-52.

[169] 魏明侠，肖开红．电子商务信用图章经济功能：基于中国背景样本的实验研究 [J]. 商业经济与管理，2006 (8): 13-25.

[170] 邵兵家，鄢智敏，鄢勇俊. B2C电子商务中感知风险降低策略的有效性研究 [J]. 软科学，2006 (4)：131-135.

[171] Choi S Y, Choi B, Lee H. Categorizing Commercial Products for Customer Oriented Online Retailing [J]. Computers & Industrial Engineering, 2006, 51 (1): 90-101.

[172] Kiang M Y, Ye Q, Hao Y, et al. A Service-Oriented Analysis of Online Product Classification Methods [J]. Decision Support Systems, 2011, 52 (1): 28-39.

[173] Cho V. A Study of the Roles of Trusts and Risks in Information-Oriented Online Legal Services Using an Integrated Model [J]. Information & Management, 2006, 43 (4): 502-520.

[174] Aghekyan S M, Sandra F, Wisuk K, et al. The Role of Product Brand Image and Online Store Image on Perceived Risks and Online Purchase Intentions for Apparel [J]. Journal of Retailing and Consumer Services, 2012 (19): 325-331.

[175] Lopez N C, Molina C F J. Customer Knowledge Management and E-Commerce: The Role of Customer Perceived Risk [J]. International Journal of Information Management, 2008, 28 (2): 102-113.

[176] Mccole P, Ramsey E, Williams J. Trust Considerations on Attitudes towards Online Purchasing: The Moderating Effect of Privacy and Security Concerns [J]. Journal of Business Research, 2010, 63 (9): 1018-1024.

[177] Yael S, Michael A, Kamins, David Mazursky, Avraham Noy. Tingking or Feeling the Risk in Online Auctions: The Effects of Priming Auction Outcomes and the Dual System on Risk Perception and Amount Bid [J]. Journal of Interactive Marketing, 2013 (27): 47-61.

[178] Mou J, Shin D H, Cohen J F. Trust and Risk in Consumer Acceptance of E-Services [J]. Electronic Commerce Research, 2017, 17 (2): 255-288.

[179] 牛静，孟筱筱. 社交媒体信任对隐私风险感知和自我表露的影响：网络人际信任的中介效应 [J]. 国际新闻界，2019 (7)：91-109.

[180] 潘煜，张星，高丽. 网络零售中影响消费者购买意愿因素研究——基

于信任与感知风险的分析 [J]. 中国工业经济，2010 (7)：115-124.

[181] 杨青，钱新华，庞川. 消费者网络信任与网上支付风险感知实证研究 [J]. 统计研究，2011 (10)：89-97.

[182] 高维和. 网络外部性、专用性投资与机会主义行为——双边锁定与关系持续 [J]. 财经研究，2008 (8)：120-132.

[183] Sun M, Tse E. The Resource-Based View of Competitive Advantage in Two-Sided Markets [J]. Journal of Management Studies, 2009, 46 (1): 45-64.

[184] 项显生. 我国政府购买公共服务监督机制研究 [J]. 福建论坛（人文社会科学版），2014 (1)：167-175.

[185] Sui X. An Old Problem in a New Market: Public and Private Regulation of Counterfeit Consumer Goods in the Chinese C2C Market [M]. Durham: Duke University, 2014: 14-37.

[186] 李波，温德成. 网络购物中商品质量问题发生机理及监管研究述评 [J]. 财贸研究，2013 (2)：20-28.

[187] Murry J P, Heide J B. Managing Promotion Program Participation within Manufacturer-Retailer Relationships [J]. Journal of Marketing, 1998, 62 (1): 58-68.

[188] Shneiderman B. Designing Trust into Online Experiences [J]. Communications of the ACM, 2000, 43 (12): 57-59.

[189] Grewal R, Chakravarty A, Saini A. Governance Mechanisms in Business-to-Business Electronic Markets [J]. Journal of Marketing, 2010, 74 (4): 45-62.

[190] Liang C, Hong Yu, Gu B. Effects of IT-Enabled Monitoring Systems in Online Labor Markets [J]. Social Science Electronic Publishing, 2016 (3): 35-54.

[191] Wadleigh J, Drew J, Moore T. The E-commerce Market for Lemons: Identification and Analysis of Websites Selling Counterfeit Goods [C]. Proceedings of the 24th International Conference on World Wide Web, 2015.

[192] 丁庆洋，朱建明. 区块链视角下的 B2C 电商平台产品信息追溯和防伪模型 [J]. 中国流通经济，2017 (12)：41-49.

[193] Jones C, Hesterly W S, Borgatti S P. A General Theory of Network Go-

vernance: Exchange Conditions and Social Mechanisms [J]. Academy of Management Review, 1997, 22 (4): 911-945.

[194] Mayer R C, Davis J H, Schoorman F D. An Integrative Model of Organizational Trust [J]. Academy of Management Review, 1995, 20 (3): 709-734.

[195] Morgan R M, Hunt S D. The Commitment-Trust Theory of Relationship Marketing [J]. Journal of Marketing, 1994, 58 (3): 20-38.

[196] Zucker L. Production of Trust: Institutional Sources of Economic Structure 1840-1920 [J]. Research in Organization Behavior, 1986, 8 (1): 53-111.

[197] McKnight D H, Cummings L L, Chervany N L. Initial Trust Formation in New Organizational Relationships [J]. Academy of Management Review, 1998, 23 (3): 473-490.

[198] Kimery K M, McCord M. Third-Party Assurances: Mapping the Road to Trust in E-retailing [J]. Journal of Information Technology Theory and Application, 2002, 4 (2): 63-78.

[199] Davies G, Miles L. Reputation Management: Theory versus Practice [J]. Corporate Reputation Review, 1998, 2 (1): 16-27.

[200] Doney P M, Cannon J P. An Examination of the Nature of Trust in Buyer-Seller Relationships [J]. Journal of Marketing, 1997, 61 (2): 35-51.

[201] Ozakca M, Lim Y K. A Study of Reviews and Ratings on the Internet [C]. CHI'06 Extended Abstracts on Human Factors in Computing Systems, 2006.

[202] 李维安，吴德胜，徐皓. 网上交易中的声誉机制——来自淘宝网的证据 [J]. 南开管理评论，2007 (5): 36-46.

[203] 周黎安，张维迎，顾全林，等. 信誉的价值：以网上拍卖交易为例 [J]. 经济研究，2006 (12): 81-91.

[204] 汪旭晖，张其林. 平台型电商声誉的构建：平台企业和平台卖家价值共创视角 [J]. 中国工业经济，2017 (11): 174-192.

[205] Golbeck J, Hendler J. Inferring Binary Trust Relationships in Web-based Social Networks [J]. ACM Transactions on Internet Technology, 2006, 6 (4): 497-529.

[206] Dellarocas C. The Digitization of Word of Mouth: Promise and Challenges of Online Feedback Mechanisms [J]. Social Science Electronic Publishing, 2004, 49 (10): 1407-1424.

[207] Joseph A, Divya V R, Mathew L S. Fake Product Detection and Reputation System for E-Commerce [J]. International Journal of Scientific Research in Science, 2016, 2 (3): 300-304.

[208] Lewin K. Field Theory in Social Science: Selected Theoretical Papers [J]. Psychological Bulletin, 1951, 48 (6): 520-521.

[209] Zukin S, Dimaggio P. Structures of Capital: The Social Organization of Economy [M]. Cambridge: Cambridge University Press, 1990: 223-246.

[210] Barber B. All Economies Are "embedded": The Career of Aconcept, and Beyond [J]. Social Research, 1995, 62 (2): 387-413.

[211] Uzzi B. The Source and Consequences of Embeddedness for the Economic Performance of Organizations: The Network Effect [J]. American Sociological Review, 1996, 61 (4): 674-698.

[212] Lee T W, Mitchell T R, Sablynski C J, et al. The Effects of Job Embeddedness on Organizational Citizenship, Job Performance, Volitional Absences, and Voluntary Turnover [J]. The Academy of Management Journal, 2004, 47 (5): 711-722.

[213] Whiteman G, Cooper W H. Ecological Embeddedness [J]. Academy of Management Journal, 2000, 43 (6): 1265-1282.

[214] 邹思明. 网络嵌入性社会资本对企业技术标准化能力的影响研究 [D]. 长沙：湖南大学，2015.

[215] 李金茹. 后发企业海外本土化的关键影响因素研究 [D]. 大连：大连理工大学，2017.

[216] 应洪斌. 产业集群中关系嵌入性对企业创新绩效的影响机制研究：基于关系内容的视角 [D]. 杭州：浙江大学，2011.

[217] Gulati R. Alliances and Networks [J]. Strategic Management Journal, 1998, 19 (4): 25.

[218] 杜欣. 网络视角下联盟组合创新合作行为的演化与创新绩效研究

[D]. 成都：电子科技大学，2017.

[219] Andersson U, Forsgren M, Holm U. The Strategic Impact of External Networks: Subsidiary Performance and Competence Development in the Multinational Corporation [J]. Strategic Management Journal, 2002, 23 (11): 979-996.

[220] Hagedoorn J. Understanding the Cross-Level Embeddedness of Interfirm Partnership Formation [J]. The Academy of Management Review, 2006, 31 (3): 670-680.

[221] Granovetter M. Economic Institutions as Social Constructions: A Framework for Analysis [J]. Acta Sociologica, 1992, 35 (1): 3-11.

[222] Sun P, Mellahi K, Thun E. The Dynamic Value of MNE Political Embeddedness: The Case of the Chinese Automobile Industry [J]. Journal of International Business Studies, 2010, 41 (7): 1161-1182.

[223] Dunning J H. Multinational Enterprises and the Globalization of Innovatory Capacity [J]. Research Policy, 1994, 23 (1): 60-88.

[224] Brass D J, Butterfield K D, Skaggs B C. Relationships and Unethical Behavior: A Social Network Perspective [J]. The Academy of Management Review, 1998, 23 (1): 14-31.

[225] Dyer J H, Singh H. The Relational View: Cooperative Strategy and Sources of Interorganizational Competitive Advantage [J]. Academy of Management Review, 1998, 23 (4): 660-679.

[226] Chung S, Singh H, Lee K. Complementarity, Status Similarity and Social Capital as Drivers of Alliance Formation [J]. Strategic Management Journal, 2000, 21 (1): 1-22.

[227] Ring P S, Ven A H. Structuring Cooperative Relationships between Organizations [J]. Strategic Management Journal, 1992, 13 (7): 483-498.

[228] Zaheer A, Mcevily B, Perrone V. Does Trust Matter? Exploring the Effects of Interorganizational and Interpersonal Trust on Performance [J]. Organization Science, 1998, 9 (2): 141-159.

[229] 易朝辉，罗志辉．网络嵌入、技术能力与大学衍生企业绩效 [J]. 科

研管理，2015（10）：94-103.

［230］李雯，夏清华．大学知识溢出驱动的双元创业能力构建研究［J］．科学学研究，2016（12）：1847-1855.

［231］崔海云，魏国辰．创新网络嵌入、外部知识获取与物流企业市场绩效关系［J］．中国流通经济，2017（1）：41-47.

［232］田红云，贾瑞，刘艺玲．网络嵌入性与企业绩效关系文献综述——基于元分析的方法［J］．商业研究，2017（5）：129-136.

［233］吴文清，石昆，黄宣．科技企业孵化器网络嵌入、知识能力与孵化绩效［J］．天津大学学报（社会科学版），2019（3）：208-220.

［234］张琛，孔祥智．组织嵌入性对农民合作社绩效的影响研究——基于多案例的实证分析［J］．财贸研究，2019（2）：64-73.

［235］George G，Dahl Ander L，Griffin S D. Reputation and Status：Expanding the Role of Social Evaluations in Management Research［J］. Academy of Management Journal，2016，59（1）：1-13.

［236］Subrahmanyam A. Social Networks and Corporate Governance［J］. European Financial Management，2008，14（4）：633-662.

［237］李德辉，范黎波，杨震宁．企业网络嵌入可以高枕无忧吗——基于中国上市制造业企业的考察［J］．南开管理评论，2017（1）：67-82.

［238］钟军委，张祥建，钱有飞．连锁董事网络、社会资本与企业投资效率——来自 A 股上市公司的经验证据［J］．产业经济研究，2017（4）：56-66.

［239］孙国强．网络组织负效应研究［M］．北京：经济科学出版社，2013：71-92.

［240］罗长青，朱慧明，欧阳资生．跳跃 扩散条件下信用风险相关性度量的变结构 Copula 模型［J］．中国管理科学，2014（3）：1-12.

［241］杨康．基于复杂网络理论的供应链网络风险管理研究［D］．北京：北京交通大学，2014.

［242］Dore R. Trust with a Lower Cost of Doing Business in Japan［J］. Academy of Management Review，1987，52（3）：589-600.

［243］Grabher G. The Embedded Firm：On the Socioeconomics of Industrial Networks [M]. London and New York: Routledge, 1993.

[244] Gulati R, Nohria N, Zaheer A. Strategic Networks [J]. Strategic Management Journal, 2000, 21 (3): 203-215.

[245] 林竞君. 网络、社会资本与集群生命周期研究 [M]. 上海: 上海人民出版社, 2005: 102-131.

[246] Miles R E, Snow C C. Causes of Failure in Network Organizations [J]. California Management Review, 1992, 34 (4): 53-72.

[247] 蔡宁, 徐梦周. 产业集群网络失灵及其政策启示 [J]. 重庆大学学报 (社会科学版), 2008 (5): 23-27.

[248] Teece D J. Profitingfrom Technological Innovation: Implications for Integration, Collaboration, Licensing and Public Policy [J]. Research Policy, 1993, 15 (6): 285-305.

[249] Das T K, Teng B S. Trust, Control, and Risk in Strategic Alliances: An Integrated Framework [J]. Organization Studies, 2001, 22 (2): 251-283.

[250] 邓明然, 夏喆. 基于耦合的企业风险传导模型探讨 [J]. 经济与管理研究, 2006 (3): 66-68.

[251] 夏喆. 企业风险传导的机理与评价研究 [D]. 武汉: 武汉理工大学, 2007.

[252] 戴胜利. 企业营销风险传导机理与实证研究 [D]. 武汉: 武汉理工大学, 2009.

[253] 沈俊. 企业财务风险传导机理及控制研究 [D]. 武汉: 武汉理工大学, 2011.

[254] 叶厚元. 企业风险传导的六种方式及其特征 [J]. 管理现代化, 2005 (6): 38-40.

[255] 王建秀, 林汉川, 王玉燕. 企业风险传导的关联耦合效应研究——基于业务关联的视角 [J]. 经济问题, 2015 (1): 89-93.

[256] 刘纳新, 伍中信, 林剑峰. 科技型小微企业融资风险传导过程研究——基于小世界网络视角 [J]. 会计研究, 2015 (1): 56-60.

[257] 刘纯霞. 供应链中断风险传导机理及中断风险预测研究 [D]. 长

沙：湖南大学，2016.

［258］林萍，黄卫东，张冲．基于产品网络舆情话题的供应链风险特征研究［J］．情报杂志，2017（12）：114-118.

［259］Cheng S，Kam B. A Conceptual Framework for Analyzing Risk in Supply Networks［J］. Journal of Information Management，2008，21（4）：345-360.

［260］翟运开．基于知识转移的合作创新风险传导研究［J］．武汉理工大学学报（社会科学版），2007（6）：747-750.

［261］张剑光．供应链风险传导的要素及过程研究［J］．物流工程与管理，2011（11）：139-141.

［262］陈爱早．供应链中企业财务风险传导要素分析［J］．武汉理工大学学报（社会科学版），2009（5）：14-16.

［263］万幼清，胡强．产业集群协同创新的风险传导路径研究［J］．管理世界，2015（9）：178-179.

［264］程国平，邱映贵．供应链风险传导研究［J］．武汉理工大学学报（社会科学版），2009（22）：36-41.

［265］陈志．企业风险传导过程的数理分析［J］．理论月刊，2010（7）：159-162.

［266］叶厚元，洪菲．不同生命周期阶段的企业风险传导强度模型［J］．武汉理工大学学报（信息与管理工程版），2010（3）：437-441.

［267］祝江斌，王超，冯斌．城市重大突发事件的扩散机理刍议［J］．华中农业大学学报（社会科学版），2006（5）：65-68.

［268］孙琦，季建华．基于快速恢复的供应链突发事件演化过程分析［J］．软科学，2012（11）：58-62.

［269］马丽，张光明，李平．供应链风险的传递机制与传递路径研究［J］．科技情报开发与经济，2007（31）：96-98.

［270］李刚．供应链风险传导机理研究［J］．中国流通经济，2011（1）：41-44.

［271］刘志学，张艳，郑长征．供应链提前期风险空间传递机理与控制策略［J］．管理评论，2012（6）：151-159.

[272] Wang W D. A Study on the Causes and Evolution Mechanism of Network Structure Risk of Industrial [C]. 2011 2nd IEEE International Conference on Emergency Management and Management Sciences, 2011.

[273] 张志强，冯立杰，王金凤. 煤矿水灾害影响因子的系统动力学研究[J]. 工业工程，2012 (2)：128-133.

[274] 张圣忠，庞春媛，李倩. 供应链违约风险传染度量模型 [J]. 科技管理研究，2014 (14)：167-170.

[275] 范建昌，倪得兵，唐小我. 基于变异系数的供应链风险传导分析[J]. 中国管理科学，2014 (1)：427-432.

[276] 徐龙顺，李婵. 数字图书馆资源共享风险演化博弈分析 [J]. 图书馆建设，2017 (12)：56-62.

[277] 李婵，徐龙顺，张文德. 网络信息资源著作权风险演化博弈分析[J]. 情报科学，2018 (1)：32-37.

[278] 张鹤冰，袭希，白世贞. 基于贝叶斯网络的中国电子商务信用风险因素研究 [J]. 运筹与管理，2019 (5)：99-107.

[279] Seadle M. Copyright in the Networked World：Gray Copyright [J]. Library Hi Tech，2008，26 (2)：305-310.

[280] Kelvey M N，Clifton M，Quigley C，et al. Internet Copyright Laws and Digital Industries [J]. International Journal of E-Business Development，2013 (6)：174-178.

[281] 吴光东，杨慧琳. 基于演化博弈的建设项目承包商道德风险及防范机制 [J]. 科技进步与对策，2018 (24)：56-63.

[282] 王瑞琦，郑冉. 我国商业银行风险传导研究：机理和实证 [J]. 江西社会科学，2010 (12)：70-75.

[283] 高鹏，李雪，董纪昌，等. 我国房地产金融风险形成机制的演化博弈研究 [J]. 现代管理科学，2012 (5)：21-23.

[284] 古定威，丁岚，骆品亮. P2P 网贷平台信用风险控制的演化博弈分析[J]. 研究与发展管理，2018 (3)：12-21.

[285] 杜志平，付帅帅，王丹丹. 基于系统动力学的跨境物流联盟运作风险演化博弈 [J]. 商业研究，2018 (4)：68-77.

［286］陈海涛，杨明珠，徐永顺．PPP 项目提前终止风险及传导网络研究［J］．经济纵横，2019（6）：68-75.

［287］刘宏，孙浩，李宗活．PPP 模式下政府与投资方项目风险管理演化博弈分析［J］．系统科学学报，2017（2）：102-105.

［288］赵泽斌，满庆鹏．基于前景理论的重大基础设施工程风险管理行为演化博弈分析［J］．系统管理学报，2018（1）：109-117.

［289］Rohlfs J. A Theory of Interdependent Demand for a Communications Services［J］. Bell Journal of Economics，1974，5（1）：16-37.

［290］黄纯纯．网络产业组织理论的历史、发展和局限［J］．经济研究，2011（4）：147-160.

［291］Smith J M，Price G R. The Logic of Animal Conflict［J］. Nature，1973，246（5427）：15-18.

［292］Taylor P，Jonker L. Evolutionary Stable Strategies and Game Dynamics［J］. Mathematical Biosciences，1978，40（12）：145-156.

［293］Weibull J. An Introduction to Evolutionary Game Theory［J］. The Industrial Institute for Economic and Social Research，Stockholm，1992（347）：111-123.

［294］贾根良．理解演化经济学［J］．中国社会科学，2004（2）：33-41.

［295］易余胤，刘汉民．经济研究中的演化博弈理论［J］．商业经济与管理，2005（8）：8-13.

［296］黄凯南．演化博弈与演化经济学［J］．经济研究，2009（2）：154-158.

［297］Watts D J，Strogatz S H. Collective Dynamics of "Small-World" Networks［J］. Nature，1998，393：440-442.

［298］郭世泽，陆哲明．复杂网络基础理论［M］．北京：科学出版社，2016：211-236.

［299］Toivanen M. Contagion in the Interbank Network：An Epidemiological Approach［J］. SSRN Electronic Journal，2013（11）：125-136.

［300］庞晓波，王姗姗，王克达．金融危机国际传染研究述评——基于传染病学视角［J］．浙江社会科学，2015（8）：130-139.

[301] 马颖，张园园，宋文广．食品行业突发事件风险感知的传染病模型研究［J］．科研管理，2013（9）：123-130.

[302] 王书斌，谭中明，陈艺云．P2P 网贷债权市场中违约舆情的传染机制［J］．金融论坛，2017（11）：56-69.

[303] 钱茜，周宗放，李永奎．管控策略对关联企业网络稳定状态的影响——基于关联信用风险传染的视角［J］．中国管理科学，2019（6）：21-29.

[304] Eisenhardt K M. Building Theories from Case Study Research [J]. The Academy of Management Review, 1989, 14 (4): 532-550.

[305] Eisenhardt K M, Graebner M E. Theory Building from Cases: Opportunities and Challenges [J]. The Academy of Management Journal, 2007, 50 (1): 25-32.

[306] Yin R K. Case Study Research: Design and Methods [J]. Journal of Advanced Nursing, 2010, 44 (1): 108-108.

[307] 靳代平，王新新，姚鹏．品牌粉丝因何而狂热？——基于内部人视角的扎根研究［J］．管理世界，2016（9）：102-119.

[308] Creswell J W. Qualitative Inquiry and Research Design: Choosing among Five Approaches [with CD-ROM]. Second Edition [J]. Sage Publications, 1998, 16 (4): 473-475.

[309] 陶厚永，李燕萍，骆振心．山寨模式的形成机理及其对组织创新的启示［J］．中国软科学，2010（11）：123-135.

[310] Strauss A, Corbin J. Basics of Qualitative Research: Grounded Theory Procedures and Techniques [J]. Modern Language Journal, 2006, 77 (2): 129.

[311] 卡麦兹．构建扎根理论：执行研究实践指南［M］．重庆：重庆大学出版社，2009：234-269.

[312] 李海舰，田跃新，李文杰．互联网思维与传统企业再造［J］．中国工业经济，2014（10）：135-146.

[313] 李小玲，任星耀，郑煦．电子商务平台企业的卖家竞争管理与平台绩效——基于 VAR 模型的动态分析［J］．南开管理评论，2014（5）：73-82.

[314] 卢向华．竞价排名广告的关键词投放策略及其绩效研究——基于淘宝网的实证分析［J］．管理科学学报，2013（6）：1-9.

［315］王娟，张鹏．服务转型背景下制造业技术溢出突破“锁定效应”研究［J］．科学学研究，2019（2）：86-100.

［316］Melnik M I，Alm J. Seller Reputation，Information Signals，and Prices for Heterogeneous Coins on eBay［J］. Southern Economic Journal，2005，72（2）：305-328.

［317］陶晓波，张欣瑞，杨建坤，等．在线评论、感知有用性与新产品扩散的关系研究［J］．中国软科学，2017（7）：162-171.

［318］Mavlanova T，Benbunan F R，Koufaris M. Signaling Theory and Information Asymmetry in Online Commerce［J］. Information & Management，2012，49（5）：240-247.

［319］Dewally M，Ederington L. Reputation，Certification，Warranties，and Information as Remedies for Sellera? Buyer Information Asymmetries：Lessons from the Online Comic Book Market［J］. Journal of Business，2006，79（2）：693-729.

［320］Nelson P. Advertising as Information［J］. Journal of Political Economy，1974，82（4）：729-754.

［321］Lanham R A. The Economics of Attention：Style and Substance in the Age of Information［M］. Ann Arbor：University of Chicago Press，2006：171-192.

［322］汪旭晖，张其林．平台型电商企业的温室管理模式研究——基于阿里巴巴集团旗下平台型网络市场的案例［J］．中国工业经济，2016（11）：108-125.

［323］彭正银．网络治理：理论与模式研究［M］．北京：经济科学出版社，2003：156-178.

［324］蔡宁，王节祥，杨大鹏．产业融合背景下平台包络战略选择与竞争优势构建——基于浙报传媒的案例研究［J］．中国工业经济，2015（5）：96-109.

［325］Roehm M L，Tybout A M. When Will a Brand Scandal Spill over，and How Should Competitors Respond?［J］. Journal of Marketing Research，2006，43（3）：366-373.

［326］程立茹．互联网经济下企业价值网络创新研究［J］．中国工业经济，2013（9）：82-94.

［327］辛杰．企业生态系统社会责任互动：内涵、治理、内化与实现［J］．经济管理，2015（8）：189-199.

［328］ Kaiser U，Wright J. Price Structure in Two-Sided Markets：Evidence from the Magazine Industry［J］. International Journal of Industrial Organization，2006，24（1）：10-28.

［329］ 肖红军，李平．平台型企业社会责任的生态化治理［J］．管理世界，2019（4）：120-144.

［330］ 孙国强，邱玉霞．网络组织的风险及其治理：风险悖论的视角［J］．经济问题，2016（1）：90-95.

［331］ Mitchell T R，Holtom B C，Lee T W，et al. Why People Stay：Using Job Embeddedness to Predict Voluntary Turnover［J］. Academy of Management Journal，2001，44（6）：1102-1121.

［332］ Aldrich H E，Cliff J E，Venturing J O B，et al. The Pervasive Effects of Family on Entrepreneurship：Toward a Family Embeddedness Perspective［J］. Journal of Business Venturing，2003，18（5）：573-596.

［333］ Granovetter M. The Strength of Weak Ties［J］. American Journal of Sociology，1973，78（6）：1360-1380.

［334］ 曹霞，邢泽宇，张路蓬．政府规制下新能源汽车产业发展的演化博弈分析［J］．管理评论，2018（9）：82-96.

［335］ 吴洁，车晓静，盛永祥，等．基于三方演化博弈的政产学研协同创新机制研究［J］．中国管理科学，2019（1）：165-176.

［336］ 祁凯，杨志．政府参与下旅游公共危机演化的三方博弈分析［J］．旅游学刊，2018（4）：46-58.

［337］ 徐恪，张赛，陈昊，等．在线社会网络的测量与分析［J］．计算机学报，2014（1）：165-188.

［338］ 马知恩，周义仓，王稳地，等．传染病动力学的数学建模与研究［M］．北京：科学出版社，2004：111-132.

［339］ Tsvetovat M，Kouznetsov A. 社会网络分析：方法与实践［M］．北京：机械工业出版社，2013：71-82.

［340］ 薛娟，丁长青，陈莉莎，等．基于 SIR 的众包社区知识传播模型研究［J］．科技进步与对策，2016（4）：125-136.

[341] 姜金贵. 管理建模与仿真 [M]. 哈尔滨: 哈尔滨工程大学出版社, 2015: 232-233.

[342] Berkson J. Application of the Logistic Function to Bio-Assay [J]. Publications of the American Statistical Association, 1944, 39 (227): 357-365.

[343] Wachenheim D E, Patterson J A, Ladisch M R. Analysis of the Logistic Function Model: Derivation and Applications Specific to Batch Cultured Microorganisms [J]. Bioresource Technology, 2003, 86 (2): 157-164.

[344] Hsu F H, Nelson C J, Chow W S. A Mathematical Model to Utilize the Logistic Function in Germination and Seedling Growth [J]. Journal of Experimental Botany, 1984, 35 (11): 1629-1640.

[345] Olson J A. Generalized Least Squares and Maximum Likelihood Estimation of the Logistic Function for Technology Diffusion [J]. Technological Forecasting & Social Change, 1982, 21 (3): 241-249.

[346] 周涛, 等. 社会网络分析及其在舆情和疫情防控中的应用 [J]. 系统工程学报, 2010 (6): 742-754.

[347] 廖晓昕. 动力系统的稳定性理论和应用 [M]. 北京: 国防工业出版社, 2000: 45-46.

[348] 胡志浩, 李晓花. 复杂金融网络中的风险传染与救助策略——基于中国金融无标度网络上的 SIRS 模型 [J]. 财贸经济, 2017 (4): 156-177.

阅读型文献

[349] 崔香梅, 黄京华. 信用评价体系以及相关因素对一口价网上交易影响的实证研究 [J]. 管理学报, 2010 (1): 50-56.

[350] 黄洁莉, 李孟哲. 企业风险传导与收益形成的路径演化——基于我国 2009—2013 年业绩最优与最差百家上市公司的对比实证分析 [J]. 求索, 2014 (7): 89-94.

[351] 江红莉, 蒋鹏程. 实体经济部门杠杆的溢出效应及对系统性金融风险的传导研究 [J]. 金融监管研究, 2019 (6): 103-114.

[352] 金帆. 价值生态系统: 云经济时代的价值创造机制 [J]. 中国工业经

济，2014（4）：97-109.

［353］李维安，林润辉，范建红．网络治理研究前沿与述评［J］. 南开管理评论，2014（5）：42-53.

［354］马汉武，刘兴祥．B2C 平台的价格结构及其收益的比较研究［J］. 中国管理科学，2013（2）：513-518.

［355］孙祥，张硕阳，陈毅文，等．B2C 电子商务中消费者的风险来源及其影响［J］. 心理学报，2006（4）：607-613.

［356］张军．网络空间的低度嵌入与深度融入：电商经济发展转型研究［J］. 江海学刊，2016（4）：109-115.

［357］赵宏霞，杨皎平．B2C 电子商务中介的道德风险与声誉模型［J］. 电子科技大学学报，2009（1）：83-86.

［358］周耿，王全胜，朱洲．信誉、第三方标记与网上购买行为——基于淘宝网的实证研究［J］. 经济管理，2010（8）：143-152.

［359］董靖巍．基于复杂网络的网络舆情动态演进影响机制研究［D］. 哈尔滨：哈尔滨工业大学，2016.

［360］Anderson R M，May R M. Infectiious Diseases of Humans［M］. Oxford：Oxford University Press，1991.

［361］Akerlof，George A. The Market for "Lemons"：Quality Uncertainty and the Market Mechanism［J］. Quarterly Journal of Economics，1970，84（3）：488-500.

［362］Allen F，Carletti E. Credit Risk Transfer and Contagion［J］. Journal of Monetary Economies，2006，53（1）：89-111.

［363］Allen F，Gale D. Financial Contagion［J］. Journal of Political Economy，2000（108）：1-33.

［364］Alm M J. Seller Reputation，Information Signals，and Prices for Heterogeneous Coins on eBay［J］. Southern Economic Journal，2005，72（2）：305-328.

［365］Armstrong M. The Theory of Access Pricing and Interconnection［R］. MPRA Paper，2001（15608）：295-384.

［366］Badcock C. Trust：Making and Breaking Cooperative Relations，by Diego Gambetta［J］. Contemporary Sociology，1988，21（3）：401.

[367] Chakravarty A, Kumar A, R Grewal. Customer Orientation Structure for Internet-based Business-to Business Platform Firms [J]. Journal of Marketing, 2014, 78 (5): 1-23.

[368] Chebat J C, Sirgy M J, St-James V. Upscale Image Transfer from Malls to Stores: A Self-image Congruence Explanation [J]. Journal of Business Research, 2006, 59 (12): 1296.

[369] Gail Whiteman, William H Cooper. Ecological Embeddedness [J]. Academy of Management Journal, 2000, 43 (6): 1265-1282.

[370] Hagiu A, Jullien B. Why do Intermediaries Divert Search? [J]. RAND Journal of Economics, 2011, 42 (2): 337-362.

[371] Klein B, Crawford R G, Alchian A A. Vertical Integration, Appropriable Rents, and the Competitive Contracting Process [J]. The Journal of Law and Economics, 1978, 21 (2): 297-326.

[372] Lv L, Chen D, Zhou T. The Small World Yields the Most Effective Information Spreading [J]. New Journal of Physics, 2011 (13): 1-11.

[373] Min Han C. Country Image: Halo or Summary Construct? [J]. Journal of Marketing Research (JMR), 1989, 26 (2): 222-229.

[374] Tiwana A. Evolutionary Competition in Platform Ecosystems [J]. Information Systems Research, 2015, 26 (2): 266-281.

[375] Vargo S L, Lusch R F. Institutions and Axioms: An Extension and Update of Service-Dominant Logic [J]. Journal of the Academy of Marketing Science, 2016, 44 (1): 5-23.

[376] Wrong D H. The Oversocialized Conception of Man in Modern Sociology [J]. American Sociological Review, 1961, 26 (2): 183-193.

[377] Zheng M, Lü L, Zhao M. Spreading in Online Social Networks: The Role of Social Reinforcement [J]. Physical Review E. Statistical Nonlinear & Soft Matter Physics, 2013, 88 (1): 1539-3755.